미술치료의 이해

장선철, 이은진, 양대종

태영출판사

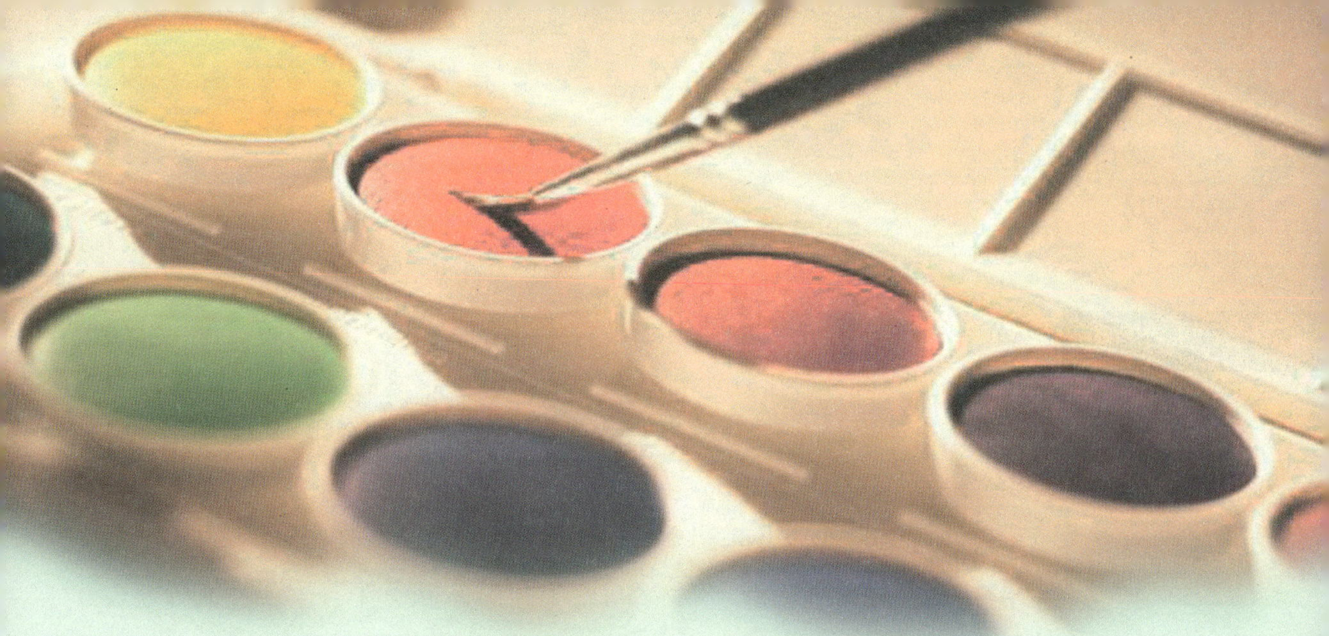

머리말

미술을 상담이나 심리치료 분야에서 적극적으로 활용하게 된 이유는 언어보다 미술이 인간의 내적인 욕망이나 꿈, 환상을 직접적으로 하며, 무의식의 세계가 그림에 투사됨으로써 언어적 표현이 지니는 검열기능이 약화되어 치료과정이 촉진된다고 보았기 때문이다. 또한 그림의 영속성이 지닌 특성 때문에 '내담자가 표현한 내용'이 망각되지 않음으로 내담자가 그 내용에 보다 정직하게 직면하도록 도우며, 전이문제가 쉽게 해결될 수 있어 내담자의 통찰에 미술작품이 유효하다는 장점이 밝혀지기 시작했기 때문이다.

이런 점에 착안하여 벌써 20여 년 전 J. Beuys는 인간이 지닌 창조성을 기초로 예술을 치료에 접목하는 시도를 했다. 그는 인간은 예술을 통하여 깊은 내면의 세계를 통찰하고 삶의 현장에서 겪는 위기를 극복하여 보다 효율적이고 긍정적으로 사회활동에 참여하는 적응력을 높여갈 수 있다고 믿었다. 예술을 통하여 모든 인간은 삶의 의미를 보다 적극적으로 부여한다고 믿은 그는 미적 활동이 지닌 치료적 기능을 강조하였다. 이렇듯 인간의 무의식과 창의성에 관심을 가진 미술가들은 미술이 지닌 치유적 힘을 고찰하기 시작하였으며, 정신치료 분야에서도 미술을 치료적 목적으로 사용하기 시작하였다.

이후, 미술치료는 아동, 청소년, 성인, 노인 모두를 대상으로 다양한 상황에서 건강한 심리발달, 생활적응, 정신건강 등 다양한 목적을 위해 상담이나 치료에 미술활동을 활용해 왔다.

이 책은 미술의 이런 치료적 기능에 기초하여 현대사회에서 육체적, 정신적, 영적으로 건강하게 살아가기를 소망하거나, 나를 비롯해 너를 깊이 이해하고, 내담자들의 전인적인 성장 · 발달을 돕기 원하는 사람들을 위하여 집필되었다. 이 책에는 인간을 깊이 이해하고, 그들의 생각, 감정을 마음껏 표현하게 하고, 나아가 그들을 치료하도록 돕는 미술치료의 핵심적인 이론이 담겨 있다. 모두 7장으로 구성된 이 책의 화두는 '예술은 바로 치료'로 미술치료의 과정을 상담과 심리치료란 시각에서 분석하였다.

저자들은 이 책에서 인간이 지닌 창의성이 예술을 치료로 연결시키는 일을 가능케 한다는 것과, 미술치료가 지닌 심상의 시각화, 상징적 표현, 구체적인 자료의 구성, 작품의 객관적인 관찰 가능성 등이 상담이나 심리치료의 주매체가 되는 언어적 표현을 넘어서서 심리치료나 상담의 매우 유용한 한 방법이 될 수 있다는 사실을 강조하였다.

미술치료의 개론서인 이 책의 제1장에서는 미술치료의 개념 및 이론적 배경, 그리고 모형과 미술치료의 기법을 개략적으로 진술하였다. 제2장과 3장에서는 자유연상 이미지 그림검사와 풍경 그림검사기법(LMT)을, 제4장과 제5장에서는 집 · 나무 · 사람 그림검사(HTP, KHTP)와 가족 그림검사를, 제6장과 7장에서는 통합 그림검사법과 만다라 그림검사를 설명하였다.

이 책에 현대미술치료의 이론과 기법을 개략적으로나마 다 담고 싶다는 것이 저자들의 바램이었다. 하지만 탈고 후 언제나 느끼는 것이지만 공저의 한계가 여실히 드러난다. 그렇기에 어쩔 수 없이 또다시 내일을 기약한다. 부족한 부분은 판을 거듭하면서 수정 · 보완하고자 한다.

먼저 이 책이 만들어지기까지 자료를 수집하고 분류하며 정리해 준 제자들에게 감사한 마음을 전한다.

그리고 언제나 기도와 후원을 아끼지 않는 태영출판사 김현태 사장님과 책을 편집하고 제작해 준 오세복 상무님을 비롯한 제작팀에게도 감사함을 전하며, 이 책이 미술치료에 관심을 갖고 있는 대학생, 대학원생, 미술치료사, 상담사, 교사, 부모, 사회복지사, 임상심리사, 그리고 상담과 정신건강에 관심을 갖는 많은 사람들에게 조그마한 도움이 되었으면 좋겠다.

2014년 10월

저자 씀

차 례

제 1 장

미술치료의 기초

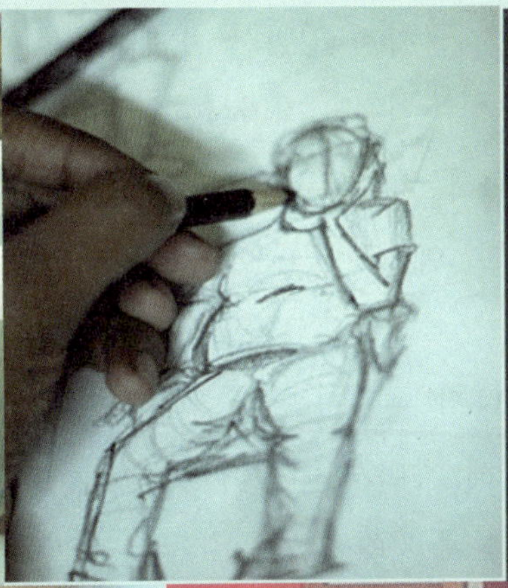

1. 미술치료의 개념

미술치료라는 용어는 1961년 Bulletin of Art Therapy의 창간호에서 편집자인 Ulman에 의해 처음으로 사용된 이래 교육, 재활, 정신치료 등 다양한 분야에서 널리 사용되었다.

미술치료의 도구인 조형활동은 개인의 갈등을 조정하고 동시에 자기표현과 승화작용을 통하여 자아성장을 촉진시킨다. 또한 자발적인 조형활동은 개인의 내적 세계와 외적 세계간의 조화를 이룰 수 있도록 도와 준다.

미술치료의 목적은 심신의 어려움을 겪고 있는 사람들을 대상으로 하여 그들의 미술작업, 다시 말하면 그림이나 조소, 디자인기법 등과 같은 미술활동을 통해서 그들의 심리를 진단하고 치료하는 데 있다. 또한 자발적인 미술활동을 통해서 개인의 내적 세계와 외적 세계간의 조화를 이룰 수 있도록 도와주는 미술치료는 비언어적 커뮤니케이션 기법으로서, 반복시행함에 따라 언어성 이미지와 시각적 이미지를 통해 지금까지 해왔던 자기의 상실, 왜곡, 방어, 억제 등의 상황에서 보다 명확한 자기 동일시와 자기실현을 꾀하게 한다. 이렇듯 미술활동은 내담자의 무의식을 의식화하는데 매우 유용한 기법으로써 음악, 레크리에이션, 무용, 문학 등과 같은 다양한 예술장르 중에서 미술이라는 기법을 통해 내담자를 이해하고 문제를 해결해가는 심리치료기법 중의 하나다.

인간이 태어나서 무언가를 표현하고자 할 때, 언어 이외의 첫 표현이 바로 미술이며, 성장해 가면서 미술이 인간의 심리적, 정서적, 교육적, 사회적 영역 등 전반적인 발달에 지대한 영향을 주는 것이 사실이다. 미술이 가진 속성은 내면의 욕구가 그대로 의식화됨으로써, 이는 밖으로 표현될 때 다듬어지고 걸러지는 성향이 많은 언어와는 분명 차이가 있다. 미술의 속성이 상담기법으로 적용되면서 미술치료(Art Therapy), 혹은 미술심리치료(Art Psychotherapy)라는 용어가 등장하게 되었다.

미술치료는 이미지 표출과정에 있어 비언어적인 커뮤니케이션기법으로서 우위를 차지하고 있다. 이 기법을 반복적으로 시행함에 따라 언어적 이미지와 시각적 이미지에서 지금까지 상실, 왜곡, 방어, 억제되어 있는 상황에서 보다 명확한 자기상, 자기 자신의 세계를 재발견하여 자기동일화, 자기실현을 꾀하게 된다고 보는 것이다.

궁극적으로 미술치료는 심신의 어려움을 겪고 있는 사람들을 대상으로 하여 미술작업을 통해서 그들의 심리를 진단하고 치료하여 심신이 병든 사람을 현실과 공상, 즉 의식과 무의식을 재통합시키는 데 목적이 있다.

2. 미술치료의 이론적 배경

미술치료가 다른 심리치료기법들과 비교했을 때 따르는 제한점과 연구되어야 할 부분들이 비록 많이 있긴 하나, 독특한 이점이 있는 것도 사실이다. 미술활동의 심리치료적 속성에 비추어 볼 때 몇 가지 입장과 장점을 요약해 볼 수 있다(Rubin, 1987).

1) 정신분석적 미술치료

정신분석적 미술치료란 치료자와 내담자 사이의 치료적 관계형성과 전이와 역전이의 해결, 자유연상, 자발적 그림표현과 해석, 그림의 상징성 등을 중시하는 입장은 심리치료의 과정에서 그림과 그림을 매개체로서 이용하는 방법이다(Naumburg, 1958).

Naumburg(1958)는 정신분석 지향적 미술치료에 있어서 미술의 장점을 다음과 같이 주장하고 있다.

첫째, 말보다는 그림으로써 자신에게 일어나는 내적 욕망이나 꿈, 환상을 직접적으로 표현하도록 한다.

둘째, 무의식을 그림으로 투사하면 언어적 표현보다는 검열 기능을 약화시키기 때문에 치료과정이 촉진된다.

셋째, 그림으로 나타난 것은 영속성이 있어서 내용 자체가 망각에 의해 지워지지 않으며 그 내용을 부정하기 힘들다.

넷째, 전이문제가 더 쉽게 해결된다. 즉 내담자의 자율성은 자신의 그림을 해석할 수 있는 능력에 의해 고무된다.

2) 자아심리학적 미술치료

자아심리학적 미술치료에서는 창조와 자아성장, 그림의 치료적 속성은 그림에 대한 내담자의 연상을 통하여 자기표현과 승화작용을 함으로써 자아가 성숙하는 데 있다고 본다. 즉 내담자가 미술작업을 통하여 파괴적, 반사회적 에너지를 분출함으로써 그것을 감소시키거나 전환시킨다고 주장한다. 내담자는 미술작업 과정에서 자신의 원시적 충동이나 환상에 접근하면서 갈등을 재경험하고 자기훈련과 인내를 배우는 과정 속에서 그 갈등을 해결하고 통합한다는 것이다. 그래서 Kramer의 견해를 토대로 Ulman(1961)은 작품을 만드는 과정 자체가 치료가 된다고 보고 치료로서의 미술(Art as Therapy)이라고 표현하였다.

3) 통합적 미술치료

Ulman(1977)은 치료와 창조의 통합적 입장에서 미술활동의 전 과정은 가장 광범위한 인간능력의 범위를 필요로 한다고 하였다. 일반적인 성숙과정에서처럼 그것은 충동과 통제, 공격과 사랑, 환상과 실제, 무의식과 의식 사이에서 필연적으로 갈등하는 요소들의 통합을 요구한다. 미술의 기능은 수많은 이론에서 찾아볼 수 있다. 이러한 많은 관점을 통합하는데 따르는 일반적인 위협은 미술의 통합적인 특징을 인정하는 것이다. 즉 성격 내에서 반대하는 힘을 단합시키거나 개인의 욕구와 외부세계의 욕구를 화해시키는 힘이다. 삶의 과제의 진정한 미스터리는 훈육된 자유에 있으며 이 모델이 미술과정에서 나타난다.

미술치료 실행에 있어서는 두 측면의 융통성 있는 적용 타당성을 인정해야 한다. Ulman(1977)은 미술심리치료와 치료로서의 미술은 같은 시점에 같은 방에 있는 두 측면이거나 다른 시기에 같은 치료자가 일을 하는 것과 같다고 했다. 그녀는 내담자의 작품이 예술이냐 아니냐를 논하는 것보다는 대상에 따라서 상동적인 표현이나 강박적 표현도 허용되어야 한다고 했다. 다시 말하면 때로는 예술적 성취감을 중시해야 하며 미술치료는 치료적 측면과 창조적 측면을 모두 내포하고 있다는 것이다.

이상과 같은 입장에서 보면 미술치료의 입장이나 성격에 논의가 있을 수 있지만 나름대로 제한점과 더욱 연구되어져야 할 부분이 많이 남아 있고 심리치료의 한 방법으로서의 독특한 이점도 가지고 있다. 이상 미술치료 이론에 대한 세 사람의 견해를 간단히 살펴보았다.

다음은 Wadeson(1980)이 제시한 장점을 몇 가지 요약한 것이다.

첫째, 미술은 심상의 표현이다.

우리는 심상(image)으로 생각을 한다고 볼 수 있다. 즉 말이라는 것은 형태를 취하기 전에 심상으로 사고하는 것이다. 즉 엄마라는 말을 하기 전에 '어머니'에 대한 심상을 떠올릴 것이다.

인간은 삶의 초기의 경험이 중요한 심상의 요소가 되며, 그 심상은 성격형성에 중요한 역할을 하게 된다. 미술치료에서는 꿈이나 환상, 경험이 순수한 언어적 치료법에서처럼 말로 해석하기보다는 심상으로 그려진다. 그러므로 예술 매체는 종종 심상의 표출을 자극하는, 즉 일차적 과정의 매체를 자극하여 창조적 과정으로 나아가게 한다.

인간의 심상은 결국 주관적인 경험이 그대로 마음의 형상적 모습으로 나타나기 때문에 가장 구체적이고 솔직한 표현인 것이며, 미술이 심상의 표현을 돕는데 매우 유용하게 사용된다.

둘째, 미술은 방어를 감소시킨다.

상담은 언어적 특성이 강한 반면 미술은 언어가 많이 사용되지 않는 비언어적 작업활동으로 표출시키기 때문에 부담이 적고 자기방어기제의 영향을 적게 받는다. 미술은 비언어적 수단이므로 통제를 적게 받는다. 예상치 않았던 작품이 그림이나 조소에서 능동적으로 제작될 수 있는데 가끔 창작자의 의도와는 완전히 반대가 되기도 한다. 이러한 것은 미술치료의 가장 흥미있는 잠재성 중의 하나다. 또한 미술이 갖는 투사적 특성과 예상치 않았던 인식은 가끔 내담자의 통찰, 학습, 성장으로 유도되기도 한다.

셋째, 미술은 구체적인 유형의 자료를 즉시 얻을 수 있다.

우선 미술활동을 통해 시각적, 촉각적인 결과물이 남게 되며, 이러한 결과물은 특정 문제나 갈등에 대해 재인식하고 바람직한 방향으로 나아갈 수 있도록 하는데 도움을 준다. 나아가 결과물을 창조해 나가는 그 활동 자체가 바로 치료적 의미를 지닌다. 즉, 눈으로 볼 수 있고 만져 볼 수 있는 자료가 내담자로부터 생산되는 것이다. 미술의 이런 측면은 많은 의미를 가지는데, 예컨대, 내담자가 만든 어떤 유형의 대상화를 통해서 치료자와 내담자 사이에 하나의 다리가 놓여진다. 저항적인 내담자들의 경우는 내담자를 직접 다루는 것보다 그들의 그림을 통해 접근하는 것이 더 쉽다고 할 수 있다. 또한, 내담자들의 감정이나 사고 등이 그림이나 조소와 같은 하나의 사물로 구체화되기 때문에 언젠가는 자신도 모르게 자신이 만든 작품을 보고 실존을 깨닫게 된다. 어떤 내담자는 단 한 번의 작품에서도 자신의 감정을 느끼기도 하며, 저항이 강한 사람은 더 오랜 시간이 걸리기도 한다.

넷째, 미술은 자료의 영속성이 있어 회상할 수 있다.

미술작품은 자료가 실물이든 그림파일이든지 계속적으로 남겨지게 된다. 미국 미술치료학회(AATA)의 윤리강령에 따르면, 7년까지는 그 결과물들을 철저한 관리 속에 보존하도록 하고 있다. 미술활동을 통해 얻어진 결과물은 주로 치료 종결 시에 결과물들을 통한 회상과 통찰, 마음의 재정리 등에 중요한 역할을 하며,

자료를 보관함으로써 내담자의 존재에 대한 인식과 존중의 의미를 가진다.

미술 작품은 보관이 가능하기 때문에 내담자가 만든 작품을 필요한 시기에 재검토하여 치료 효과를 높일 수 있다. 때로는 새로운 통찰이 일어나기도 하며, 내담자 자신도 이전에 만든 작품을 다시 보면서 당시의 자신의 감정을 회상하기도 한다. 즉, 작품으로 나타난 그림이나 미술 매개물이 주관적인 기억의 왜곡을 방지할 수 있다는 것이다. 또한, 내담자의 작품 변화를 통하여 치료의 과정을 한 눈으로 이해할 수 있으며, 치료 팀의 회의에서도 작품을 통해 그 내담자의 생생한 목소리를 들을 수 있다.

다섯째, 미술은 공간성을 지니고 있다.

언어는 일차원적인 의사소통 방식인 반면 미술활동 혹은 미술작품은 그 자체로써 공간적 특성을 지닌다. 이로 인해 문제를 쉽게 이해하고, 해결해 가는데 도움을 준다. 공간성의 의미는 미술작품으로써의 공간성 뿐만 아니라, 가족 혹은 타인과의 관계에 있어서 치료활동 속에서의 공간성과 결과물 속에서의 공간성을 모두 포함한다.

또한 언어는 대체로 한 가지씩 순서대로 나간다. 그러나 미술 표현은 문법, 통사론, 논법 등의 언어 규칙을 따를 필요가 없다. 즉, 본질적으로 공간적인 것이며 시간적인 요소가 없다.

미술에서는 공간에서의 연관성들이 발생한다. 이를테면, 우리가 가족을 소개할 때에도 먼저 아버지, 어머니를 소개하면서 두 분의 관계를 얘기하고, 그리고 형제들과 그들의 관계 그리고 나서 이 모든 식구들과 나와의 관계를 말할 것이다. 그러나 미술활동에서는 이 모든 것을 동시에 경험할 수 있으며 미술의 공간성은 바로 이러한 경험을 동시에 화면 안에 구성하여 복제하는 것이다. 그림 속에서는 나의 가족을 말로 소개하고 그림으로 그것을 동시에 나타낼 수 있다. 가깝고 먼 곳이나 결합과 분리, 유사점과 차이점, 감정, 특정한 속성, 가족의 생활환경 등을 표현하게 되므로 개인과 집단의 성격을 이해하기가 쉽다.

여섯째, 미술은 창조성이 있으며 신체적 에너지를 유발시킨다.

문제를 안고 있는 내담자는 미술작업을 시작하기 전에는 신체적 에너지가 다소 떨어져 있지만 미술 작업을 진행하고, 토론하며, 감상하고, 정리하는 시간에는 대체로 활기찬 모습을 띈다. 체내의 에너지 정도가 변화한다는 것을 느낀 사람이 많다. 그것은 단순한 작업이나 신체적인 운동이라기보다 미술활동을 연극이나 영화에서 역할을 맡은 배우처럼 하나의 놀이와 레크리에이션과 음악과 열정이 있는 창조의 에너지를 발산하는 것이라고 할 수 있다. 따라서 창조능력이 향상되면서 자신에 대한 자신감과 성취감, 자아존중감, 문제해결능력, 통찰, 승화, 객관화, 합리화의 모습들이 생겨나게 되는 것이다.

3. 미술치료의 모형

미술치료의 속성이나 장점에 따라 실제 치료사들이 시행할 수 있는 이론이나 접근 방법은 다음과 같이 몇 가지로 요약할 수 있다.

1) 접근이론 중심 모형

(1) 정신역동적 접근

1 정신분석적 미술치료

정신분석적 미술치료는 Freud를 중심으로 한 정신분석학파 연구자들이 사용하는 자유 연상법이나 꿈의 해석, 저항과 전이의 분석과 해석 등을 기법으로 사용한다. 특히, 자유연상이나 꿈의 내용을 전달하는데 있어서 그림이나 창조적 매체를 활용하여 표현하게 한다.

아동의 경우는 성인에 비해 자유연상의 준비성이 결여되어 있어서 그림의 사용이 언어의 사용을 통한 치료기법보다는 의사소통을 용이하게 해 준다(Freud, 1927). 또한 어떤 내담자의 경우는 무의식적 동기를 각성시켜 의식수준으로 전환시키는 방법에서 꿈보다는 미술작품의 분석이 더 효율적이라는 학자들의 연구도 있다.

성인의 경우에도 난화나 핑거페인팅 등을 그려 자유연상을 하게 하거나 연상되는 것을 그리게 하는 방법을 적용하는 치료사들이 늘어나고 있다. Naumburg (1928)가 오래 전에 발견했듯이, 자발적인 미술표현을 통하여 이미지를 표출(무의식을 의식화하기)하는 것이 치료나 정화, 원활한 의사소통의 효과를 거둘 수 있다.

정신분석적 미술치료는 내담자가 표현한 작품의 소재를 분석하여 미술을 상징적 언어의 형태로 보고 자유롭게 자신을 표현하게 한다. 즉, 상징과 전이를 매우 중시하여, Jung의 집단 무의식개념과 대상관계이론도 치료이론에 통합하고 있다. 미술치료에서의 승화 문제, 자아 심리학적 접근도 프로이드의 이론을 기초로 하고 있다.

이러한 정신분석적 치료모형은 음악치료의 모형으로도 활용하며 내담자에게 음악을 10분 정도 들려주고 음악이 끝나면 자유연상을 하게 한다. 이 때도 시각적 언어인 그림을 사용할 수 있다. 놀이치료에서도 초기에는 친화관계형성을 위해 놀이를 사용했으며, 놀이도구를 통해 아동의 현재 세계를 만들게 하여 힘을 표현하게 하고 있다.

2 융(K. Jung)학파의 분석심리학적 미술치료

Jung은 자신의 개인적 경험을 통하여 그림이 주는 치유력을 스스로 체험하였다. 융학파의 치료자들은 내담자들에게 꿈이나 환상을 시각적으로 표상하도록 하였다. 특히 그는 자신의 개인적 위기에 대해 그림이나 조소활동을 통해 생동감 있는 통찰을 얻었으며, Naumburg도 초기에는 그의 사상에 많이 공감했다.

융은 무의식으로부터 나온 심상을 그려내고 채색하는데 중요한 역할을 했던 능동적 심상화(active imagination)기법에 대해서 많이 논의하고 있으며, 내담자의 그림은 종합적, 즉 지적, 감정적으로 해석하고 이해해야 한다고 했다.

Jung(1964)은 Freud와는 달리 인간의 심상을 임상적 자료라기보다는 내담자의 개인적 요소와 원형적 요소를 종합하는 방식으로 내담자와 치료자간의 상호통찰과 이해의 자료로서 사용하였다. 때문에 Freud의 정신분석학적 미술치료보다는 접근에 어려운 점이 있어 활용의 정도가 낮았다고 할 수 있다.

Jung학파는 미술이 추구하는 작업이 임상적 정보 자료원도 아니며, 그리고 원형적 형상화를 알고자 하는 흥미위주의 지적 탐구도 아닌 내적 및 외적 실체에 대한 잠재적 통찰을 불러일으키는 합성물로써 또한 그 상징으로서 심상을 다루고 있다.

Jung은 심상을 강조하면서 '능동적 심상'이란 방법을 창안하였다. 그는 능동적인 심상을 내적인 심상의 흐름을 관찰하는 내성법이라고 정의하면서 무의식적 심상은 인간에게 위대한 책임을 지우고 있다고 했다. 특히 능동적 심상과 꿈을 구분하여, 능동적 심상은 심상이 일어나는 동안에 무엇이 진행되고 있는가를 깨어있는 상태에서 충분히 볼 수 있다고 하였다.

능동적 심상에서 강조되어야 하는 것은 문답이다. 그 답은 처음에 자신과 시작하여 자신의 내적 마음 속에 있는 많은 사람과 이루어진다. 문답은 직면을 의미하며, 성장과정에서 문답을 통해서 신비적인 결합인 화해가 이루어진다. 즉, 서로 상반되는 것들이 균형을 이루어 함께 평화적으로 살아가게 된다. 이러한 과정은 미술매체를 통해서 촉진시킬 수 있는데 어떤 치료사는 반투명의 색종이를 가지고 꼴라쥬활동을 시켜 자유로운 형상을 만들게 하였으며, 이러한 형상은 더 깊은 정신세계(무의식)에서 나온다고 보고 있다. 또한 이러한 미술활동의 과정을 통해서 결국에는 나타낸 것에 대한 의미를 알게 되고 무의식적 형태 즉, 감각이 더욱 명료해진다고 보는 것이다.

미술치료의 목표는 그림을 그리는 기술을 증진시키는 데 있는 것이 아니라 미술이라는 매체를 통해서 숨겨진 자원(근원)을 찾고, 이해와 성장과 변형을 증진하고자 하는데 있다. 우리는 정신, 영혼 혹은 생의 더 깊은 의미를 찾는 미술가로부터 배워야 할 점이 분명히 있다. 미술작가가 추구하는 표현의 효과성과 심리학자들이 추구하는 효과성이 조금은 다른 면이 있기 때문이다.

(2) 현상학적 미술치료 모형

현상학(Phenomenology)은 어떤 것 그 자체, 그리고 어떤 것들에 대한 선입관이나 추론적인 이론과는 달리 실존하는 현상을 지각하는 사람의 경험 안에 즉각 주어지는 것만을 받아들이는 충분히 주관적인 경험을 강조하는 철학으로서 미술치료에 적합한 이론이다.

현상학의 기본개념은 의도성(intentionality)으로 이 의도성은 내가 보고 있는 것에 열중하는 것이며, 우리들의 의식은 어떤 대상과 항상 관계하고 있다는 것을 의미한다(Husserl, 1913). 그래서 내담자들은 의도성을 통해서 새로운 세계를 의식하고, 생활 속에서 자기와 관계하는 대상들을 찾으려 한다. 의도성은 신체와 더불어 존재하기 때문에 신체는 의도성으로 가득 차 있다. 예컨대 우리는 신체를 통해서 세상을 지각하고 있다. 또한 많은 학자들은 의도성이 정서에도 있다고 한다. 특히 대상과 관련된 정서의 의도성에 있어서는 하나의 추가적 요소가 나타난다.

또한 의식의 현상학은 존재의 숨겨진 차원(무의식의 현상학)을 밝혀 낸다는 점에서 미술치료와 가장 가까울지도 모른다. 현상학적 미술치료 모형에서는 본원적 경험과의 접촉을 되살려(van Manen, 1990) 체험적 현상으로 돌아가 세계에 대한 기본적 경험을 다시 일깨움으로써 세계를 보는 법을 다시 배우는 것임을 보여주었고(Merleeau-Ponty, 1973), 이처럼 체험에 관한 불변의 관심사로 돌아가는 것을 사물 그 자체로라고 표현한다(Husserl, 1952).

이렇게 현상학은 일상생활에서 갖게 되는 경험들의 본성이나 의미들을 보다 깊이 이해하여 내담자가 자유롭게 선택한 미술매체를 가지고 자유롭게 표현하는 과정이나 자신의 미술작품을 감상하고 고찰하는 과정을 통해서 인간이 갖는 경험을 일상의 실존 속에서 겪는 그대로 해명하여 더욱 충실한 본연의 우리가 되는 것을 궁극적 목적으로 삼는다. 현상학적 미술치료의 방법을 간단히 요약하면 다음과 같다.

현상학적 미술치료의 첫 단계는 내담자가 미술재료를 선택하는 것이다. 그리고 미술작업을 통해 현상을 창조하는 것이 두 번째이다. 세 번째는 현상학적 직관단계로서 인지를 촉진시키는 것이 첫 단계이며 현상학적 묘사를 하는 것이 그 두 번째 단계이다. 인지과정은 내담자가 전시된 자기의 작품을 적절한 거리를 두고 의도적으로 관찰하는 과정이다. 그리고 나서 치료자가 "당신은 무엇을 봅니까?"라는 질문에 내담자는 그림 속에 있는 것을 정확하게 묘사하여 답을 하게 되는데 이것이 현상학적 묘사에 해당한다.

이때 치료자가 내담자의 마음을 열도록 도와주고 미술작품에 나타난 요소와 대상들을 설명하면서 토론점을 지적해 주는데 이것이 현상학적 논의의 단계이다. 끝으로 현상학적 통합이다. 여기서는 내담자가 만든 작품의 결과를 놓고 원래 의도와 실제 표현간의 관계를 파악하여 자기를 발견하게 된다. 그리고나서 내담자가 만든 동일한 미술작품을 통해서 유사점과 차이점을 찾는다. 즉, 이전의 작품과 지금의 작품을 비교해서 내담자는 자신의 작품 속에서 되풀이되는 요소와 주제를 발견할 수 있다. 이것은 내담자의 행동양식을 인식하도록 도와주는데 있다. 끝으로 내담자의 미술표현 과정에서의 노력과 실제 생활 경험에 대처하기 위한 노력 사이의 유사점을 찾게 함으로써 미래의 대처 능력과 설계 능력을 기른다.

(3) 게슈탈트 미술치료 모형

실존주의 철학이 현상학적 방법에 기초를 두고 있다면, 게슈탈트치료는 Perls(1950)의 현상학-실존주의의 영향과 정신분석, 게슈탈트 심리학의 영향을 받아 정립된 것으로 개혁적인 치료형태로 인정받고 있다.

펄스는 사건, 혹은 문제가 되고 있는 것을 전체의 관계성 안에서 조망해야 한다는 장(場, field)이론과 경험의 즉각적인 자각을 신뢰하는 현상학적 관점과 경험되는 것을 그대로 인정하는 개인의 실존적인 존재방식을 치료의 기본으로 삼는다(Crosini, 1998).

게슈탈트치료의 인간관은 실존적인 삶을 통한 성숙한 인간에 두며, 치료의 목적은 분석이 아니라 자아의 통합에 있다. 특히 「지금-여기, Here and now」를 강조하며, 미해결 과제를 완성하게 하고, 순수자아의 표출과 의식 훈련의 기법을 사용한다. 즉 여러 가지 연습에 의해 내담자가 도형과 배경을 자연스럽게 변화시킬 수 있도록 돕는다. 때문에 치료자와 내담자의 실존적인 만남이 중시되며 주로 워크숍 형태의 치료법을 사용하는데, 이때 치료자는 연출가의 역할을 하게 된다. 결국 게슈탈트치료는 개인의 생활 과정에 대한 개인의 책임을 강조한다.

게슈탈트 미술치료와 관련된 게슈탈트기법은 다음과 같다. 게슈탈트 꿈작업(dream work)기법은 미술치료기법과 유사하며 시각적 심상에서 자발적으로 표현된 의미에 대한 내담자의 의식을 불러일으킨다. 즉 꿈의 형태를 그들 자신이 만들어 냈다는 것을 인식하게 한다. 즉 꿈을 현실화하고 재연시켜서 지금 일어나고 있는 것처럼 재생시키는 것이 목적이므로 미술매체를 통해 생생하게 끌어낼 수 있다.

또한 점토작업 게임이나 느낌에 대한 그림그리기 기법, 선 게임(line game) 등도 게슈탈트 미술치료방법이 될 수 있다. 때로는 역할놀이, 연주 등과 함께 사용해도 좋을 것이다.

Arnheim(1969)은 내담자가 만들어 낸 심상은 행동 패턴과 동일 구조라고 가정하여 그림에서 인지된 구조의 역동성은 행동패턴의 인지로 바뀌어질 수 있다고 보았다. 구조화된 게슈탈트 미술치료에서는, 내담자에게 정서적으로 괴로움을 겪고 있는 일련의 단어에 대한 추상화를 그리게 하고 (예컨대 분노, 공포, 슬픔, 놀람 등) 그린 그림을 동시에 볼 수 있게 정리하여 토의한다. 치료사는 선과 형에 포함된 방향성에 유의하여 주목을 끄는 형태를 확인하고 시각적 도형이 내담자의 실제 생활에서의 현재의 관심과 어떻게 관련되는지를 질문하여 내담자가 설명하게 한다.

게슈탈트 미술치료는 내담자와 치료자 사이에 책임 있고, 정직하며, 직접적인 의사소통을 이끌어 나가게 한다. 시각적으로 묘사된 진술을 상호간에 탐구하면서 두 사람은 서로 접촉하게 되며 상호작용하는 것이다(Rhyne, 1991). 게슈탈트 미술치료사는 모든 내담자가 그들 자신의 시각적 메시지로 그들의 욕구와 자원을 인지하기 위해 최대한으로 잠재력을 활성화시키는 방향으로 순수자아(authentic)의 성장

표출을 위해 노력해 나간다.

(4) 인간중심 접근의 미술치료 모형

미술치료에서 인간중심치료 모형은 그 출발에서 몇 가지 철학적 신념을 지니고 있다. 예컨대 한 개인은 총체적으로 연구되어야 하고, 적응과 편안함보다는 의미와 주체성을 제공하는 자기실현과 성취가 인간 존재의 기본목표라는 것이다(Rogers, 1983).

인간중심 미술치료에서는, 치료자가 내담자를 정신질환자로 인식하지 않고 삶의 적응과정에서 특정의 문제에 당면한 것으로 본다. 그래서 삶의 의지와 삶의 형태를 창출하는 가운데서 주체성과 의미를 갖게 하는 능력을 발달시키고 강화하는 것이 치료의 하나다. 또한 내담자가 여러 가지 주체성 위기를 창조적-표현적 생활양식으로 통합하고 조절하도록 하며 한층 더 변화의 경험으로 나갈 준비를 하도록 돕는다.

인간중심 미술치료는 정신의 깊은 곳까지 탐색할 수 있는 의지와 힘을 길러주며, 상반되는 양극성(선과 악)의 태도보다는 인간이 사랑할 수도 미워할 수도 있는 존재라는 신념을 확신하게 한다. 인간중심 미술치료에서 강조하는 전인격적 통합은 몸과 마음, 영의 조화로운 협력을 말한다. 그래서 내담자가 두려움이나 불행, 불안에서 탈피하려는 것보다는 진정한 표현의 성취로부터 나오는 기쁨, 유쾌한 흥분을 얻고 이들 느낌들을 어떤 창조적 양상으로써의 정직한 표현으로 변화시키는 것이다.

인간중심치료에서는 창조성을 보는 시각도 다르다. 이들은 창조성을 선천적 인간 충동이라고 보는 이차적 현상의 정의를 수용하지 않는다. 즉 결핍보상 이론보다는 역동적-총체적 이론을 지지하고 있다.

인간중심 미술치료사들은, 문제해결과 창조적 혁신의 동기가 되는 개인적, 집단 무의식으로부터 내담자가 중요한 메시지를 파악하도록 도와주는 꿈의 해석을 응용하고 있다. 이들은 융의 이론과 같이, 꿈을 깊은 무의식에서 나온 상징적 메시지로 간주하는 경향을 지니고 있다. 이들 메시지는 창조적 열망과 관계하며 의식적인 주의집중이 요구되는 자율성, 주체성의 관점에서도 볼 수 있기 때문이다. 노벨상을 수상한 Bohr는 원자의 구성요소를 푸는데 꿈이 결정적 단서를 제공했다고 한다(Gardi, 1976). 아울러 미술치료 과정에서 심상의 중요성을 인식하고 통합적 치료에 활용하고 있다. 예컨대, 꿈의 기억이나 대인관계 개선, 통증의 치료 등에서 소조활동이나 크레용 등으로 그림을 그리게 하는 기법을 사용할 수 있다. 통증을 상상하고 통증을 그림으로 그리고, 통증이 몸에서 떠나가는 것을 상상하고, 그것을 다시 그림으로 그리게 하는 방법을 응용한다. 만약에 정신 생리적 장애를 가진 내담자가 미술작업을 통해서 자신의 갈등을 스스로 해결하고 자아실현이 증가되었다면, 또한 자신의 전체성을 경험하고 삶의 질을 높이기 위한 개인의 노력이 향상되었다면, 인간중심 미술치료 모형에 가치를 부여하는 것이 효과적이다.

특히 Maslow(1991)는 상처받고 파괴된 자아보다는 인간의 잠재된 성장 가능성을 강조하였다. 자신의 전체성을 경험한 사람은 타인의 통합성, 주체성, 개성, 이상주의를 인정하고, 그러한 통합 철학은 관심, 돌봄, 동정의 삶의 방식을 이끌어 낸다. 그러나 그것은 자아실현, 자율성, 진실성의 통합으로부터 유기적으로 흘러나온다. 인간은 자신의 존재가 높은 의미에서 욕구가 이루어지지 않았을 때 문제를 일으키기 때문에 미술치료사는 인간의 잠재력과 성장을 개발시킬 수 있도록 이끌어야 한다.

(5) 행동적 · 인지적 · 발달적 접근의 미술치료 모형

미술치료에서 행동주의적 접근은 행동치료기법을 미술치료에 실제로 적용시킨다는 것을 의미한다. 정신역동적 관점과 행동주의적 관점이 상반되는 이론으로 널리 알려져 왔으나, 사실상 정신역동적 미술치료사들은 내담자의 특성에 따라 행동치료기법을 자주 활용하고 있다. 때문에 심리치료와 행동치료는 상호 공유하는 점이 많음을 인식할 필요가 있다. 예컨대 두 치료가 강화의 이용, 전이현상의 의존, 통찰의 적용 등 유사점이 많기 때문이다.

행동주의적 미술치료 모형은 발달장애아동(예컨대 정신지체아, 정서장애아 등)이나 행동에 문제를 지닌 성인에게 유용하다. 특히, 이 모형에서 실제로 유용한 기법은 '실체적 행동형성법'이다.

이 기법은 미술치료 기법과 행동치료 원리를 결합한 것이며 교육적 조치도 포함되어 치료교육의 의미가 크다. 그 외에도 촉구, 정적 강화, 모델링 등도 유용하다.

미술치료에서 인지적 접근은, 인지가 외부세계의 자극을 조절하는 수단이며, 인지는 언어와 관련이 있고, 인지와 언어는 미술의 상징성과 관련이 있다는 기본적인 이론을 바탕으로 하고 있다. 또한 인지는 창의성과 분리될 수 없으며 생각을 표현하고 받아들이는 중요한 매체로서 미술을 사용하는 것이 유용하다는 것을 전제로 한다.

미술을 통해서 인지나 창조적 기능을 사정할 수 있으며, 또한 인지나 창조적 기능을 개발할 수 있다. 언어를 통해 발달된 개념들은 미술형태를 통해 비언어적으로 발달될 수 있을 것이며 이들 개념에 대한 이해는 스케치나 채색화, 조소와 같은 미술작품의 형태에서 추론되어질 수 있다. Silver(1983)의 연구에서 보듯이 그림을 통해서 공간개념이나 계열적 순서, 부류 등의 개념을 사정할 수 있으며, 특히 신경학적 손상(학습장애 등)의 진단은 매우 유용하다고 할 수 있다.

색채의 농담(유채색+흰색)을 혼합해 가면서 계열성개념을 개발하거나 관찰화를 통한 공간개념의 개발, 찰흙으로 모양 꾸미기를 통한 공간, 순서, 부류의 개념을 발달시킨다면 이것을 인지적 미술치료 기법이라 할 수 있을 것이다.

미술치료의 발달적 접근은 Freud 와 Erikson, Piaget 등의 발달이론을 기초로 하고 있다. 발달적 미술치료라는 용어를 처음 사용한 Williams & Woods(1977)는 인지와 운동능력은 정상이나 정서장애가 있는 아동에게 그들의 기법을 적용하여 효과를 거둔 바 있다.

발달적 미술치료의 사정방법은 내담자의 특성에 따라 다르게 적용되나 〈표 1-1〉을 통해서 내담자의 매체의 사용능력과 조직수준, 매체특성에 대한 반응,

구조적인 형과 비구조적인 형태의 사용, 감정의 표현능력 등을 적용하는 것을 알 수 있다.

표 1-1 미술을 통한 발달적 사정(Feldman & Miller)

방 법 ①	정형의 매체와 비정형매체를 활용한 비지시적 미술활동 : 매체의 선택, 활동, 주제, 내용을 내담자에게 허용
방 법 ②	정형의 매체를 이용한 구조적 · 지시적 미술활동 : HTP검사 등
방 법 ③	비정형의 매체를 이용한 구조적 미술활동 : 내담자의 성향조작조직의 과정에서 관찰

발달적 미술치료는, 아동의 발달과업에 맞추어 각 발달단계에 따라 미술활동 내용이 달라질 수 있다. 예컨대, 어떤 내담자는 생활연령은 6세이나 정신연령은 0~2세(감각운동기)의 수준에 머물러 있는 경우도 있다. 이를테면 감각운동기에 있는 내담자의 경우는 미술매체에 있어서 비정형매체(모래, 물, 밀가루 등)들이 중심을 이루게 될 것이고, 자기와 타인, 사물의 애착과 분화를 촉진시키기(점토활동 등), 긍정적인 감각성향과 단순한 운동도식을 습득하기(때리기, 흔들기 등), 인과관계를 발견하기(색조합활동 등) 등을 치료의 목표로 할 수 있을 것이다. 전조작기(2~7세)의 경우는, 폭넓은 미술매체가 요구되며, 자율성 증진, 감정표현과 분화의 촉진, 감각분화의 발달, 상징화 능력발달에 중점을 두어야 할 것이다.

(6) 인지학적 접근의 미술치료 모형

인지학(Anthropophie)의 창시자 Steiner(1861~1925)는 20세기 초기에 산업문명으로 인한 합리성의 강조와 일방적이고 편협한 경쟁적 교육에 반대하여 인식론적이고 미적 원리에 입각한 인간교육을 지향하여 발드로프학교를 설립하였다. Steiner는 자유를 추구하는 교육을 근거로 인간의 잠재력과 소질을 개발하는데 헌신하며 이에 관련하여 예술을 교육의 기초로 삼았다. 슈타이너의 인지학적 관점은, 인간을 육체와 정신과 영혼으로 이루어진 통일된 존재로 보며(Hauschka-Staverhagen, 1981), 이러한 인지학적 세계관에 기반을 둔 미술치료는 1962년 의사인 Hauschka 박사가 예술치료학교를 건립하면서 출발하였다.

이상에서 미술치료의 행동적 · 인지적 · 발달적 접근을 간단히 살펴보았다. 이러한 미술치료를 성공적으로 시행하기 위해서는 관련 심리학과 교육학, 예술치료, 미술의 각종 기법들에 대한 이론과 실제를 익혀야 할 것이다.

2) 접근실제 중심 모형

접근실제 중심 모형은 다음과 같다.

- 개인치료와 집단치료의 형태 : 특히 집단치료는 사회성, 자긍심, 표현력, 대인관계, 의사소통, 협동심이 강조된다.
- 표현치료의 형태 : 자기표현, 창조성 강조, 치료로서의 미술이다.
- 활동치료의 형태 : 예술의 장르를 모두 통합, 예를 들어 시, 음악, 무용, 연극, 인형극, 팬터마임 등을 치료에 상호통합적으로 적용하는 것이다. 이러한 관점은 단순한 임의적 절충식 접근이 아닌(Petzold, 1991), 미술치료가 다른 예술 형태 및 매체와의 결합을 통하여 내담자에게 다양한 미적 경험을 제시하고, 그들의 감정과 감각을 통합적으로 사용하게 하여 치료의 가능성을 확대시키는 것을 목적으로 한다.

Petzold(1991)는 특히 예술치료를 상위개념으로 두고 미술, 음악, 춤, 동작, 드라마, 시 등의 예술을 치료에 적용하였다. 미술치료의 핵심은 심상, 상징, 치환, 투사, 승화, 진단, 창조성, 활동, 표현, 매체, 지각, 반응, 해석이라 할 수 있다.

그림분석은 심리분석과 동시에 치료가 이루어지므로 진단과 치료를 융통성 있게 활용하는데 의미가 있다. 진단평가보다는 내담자와 함께 의사소통하고 감정과 경험을 나누며 자기표현을 통해서 문제를 탐색하고 해결하기 위한 방법으로서의 의미가 있다.

(1) 선택 방법

대상자에게 알맞은 투사검사를 실시하여 진단을 한 뒤 대상자의 개인차를 고려한 흥미, 관심, 태도, 특성을 파악하여 치료시기와 기법을 치료사가 선택을 한다.

(2) 적용가능한 대상

피험자 자신의 성격이나 갈등, 동기의 반응을 어떻게 구성하고 조직하는가, 자극을 어떻게 지각하는가, 어떤 설명을 부가하는가 하는 개인의 심리적 특성을 이해해야 할 필요성이 있는 누구나에게 적용이 가능하다.

1 그림검사시 주의할 점

구체적인 지시나 설명을 자제하면서 검사자의 암시적인 태도를 피하고 수용적이고 허용적인 태도를 취한다.

좀 더 많은 지시를 요청한 경우에, 그림에 대한 자신감 부족을 표현하는 경우 이것도 내담자의 특성으로 기억해 두거나 메모해 둔다.

2 그림그리기 도중에 검사자가 할 일

피검자의 그리는 행동은(시작하기를 주저하는 행동, 그리는 자세, 도중에 지우는 행동 등) 피검자의 심리상태를 이해하는데 중요한 단서가 되므로 피검자가 그림을 그리는 동안 방해하지 않도록 주의하면서 그림을 그리는 행위를 관찰하는 것이 적절하다.

3 그림그리기에 대한 저항이나 태도

그림 그리는 과정에서 무엇을 투사하고 있는지 혹은 투사하지 않으려고 하였는지를 알기 위해서는 주제를 그리라는 지시를 받았을 때, 혹은 그림을 그리면서 무슨 생각을 하면서 그렸는지를 확인하고 이를 그림그리기 해석의 중요한 자료로 확인할 필요가 있다.

4 그림검사에서 연습의 효과

그림그리기 연습은 일정기간 집그림, 나무그림, 사람그림에 일정한 영향력을 행사할 수 있다. 그림그리기에서 연습이 자아투사에 어떤 영향을 미치는지에 대해서 Hammer(1958)는 그림에 대한 재능은 자아상을 그림으로 표현하는 것을 방해하기보다는 도와줄 수 있다는 것이다.

5 그림 그린 후에 할 일

- 그림이 완성된 후에는 피검자의 이름, 성별, 나이, 그린 날짜, 그려진 순서 등을 그림 측면이나 뒷면에 메모한다.
- 검사자는 피검자 곁에 있다가 그림이 완성된 후에 "그림을 보고 이야기를 만들어 보세요. 내가 쓸테니까", "그림을 보고 떠오르는 생각이 있으면 무엇이든지 말해 보세요."라고 한다.
- 만약 내담자가 이야기를 만들지 못하면 자세한 질문을 한다. 나이, 직업, 무엇을 느끼나, 무엇을 생각하나, 미래에 무슨 일이 일어나나, 무엇을 두려워하지, 무엇이 그를 화나게 만들까, 남편 · 부모 등과 어떻게 지내지, 어떤 때 행복함을 느끼지? 등이다.
- 그림을 보고 연상해 보라고 지시할 수도 있다.
  "그림을 볼 때 무엇이 연상되지요? 이 사람에 대해서 말해 줄래요? 무엇 같지요? 어떻게 보이지요? 그림을 보세요. 무엇이 보이지요. 그것을 써 보세요. 무엇이 느껴지는지 써 보세요".
- 피검자에게 묻고 싶은 것들을 자유롭게 묻는다.
- 입에서 만화 풍선을 그린 후에 "그 사람이 하고 싶은 말이 있으면 써 보라고 한다."

4. 미술치료의 기법

미술치료는 심리진단과 치료가 동시에 이루어진다. 진단을 위한 미술치료 기법으로는 그림이나 조소, 꼴라쥬, 핑거페인팅 등의 미술작업을 통하여 내담자의 심리상태를 진단하려는 노력이 있다. 또한 투사기법이라는 이름 아래 인물화에 의한 지능검사나 성격 검사, 집 · 나무 · 사람(HTP), 나무 그림검사, 가족화에 의한 성격진단 등에 대한 연구가 계속되어 있다. 치료를 위한 미술치료 기법은 미술작업을 통해서 심리상담이나 심리치료를 하는 것을 미술치료적 행위라고 할 수 있다. 대상에 따라 다양한 기법이 적용될 수 있으며 여기서는 아동에게 자주 활용되는 몇 가지만 소개하고자 한다.

1) 치료도구로서의 미술

미술활동 자체가 치료적 속성을 지니고 있으며, 아래에 소개한 것처럼 대상에 따라 치료방법 혹은 활동 속의 테크닉으로써 사용되어질 수 있다.

(1) 테두리기법

테두리기법은 내담자에게 치료자가 도화지를 제시하면서 내담자가 보고 있을 때 용지에 테두리를 그어서 건네 주는 방법이다. 내담자의 조형활동을 자극하고 동기를 부여할 수 있으며 그림그리는 것에 대한 공포를 줄일 수 있어, 자아가 허약한 내담자들에게 많이 사용되고 있다. 테두리를 그릴 때에는 자를 사용하지 않는다. 또 원을 그려 주고 원 안에 그림을 그리거나 채색하게 하여 과잉행동,

주의산만 등을 통제할 수 있다.

그림을 시작하는 데 저항감을 줄이고, 안정감을 제공하며, 장애를 지닌 아동에 대해서는 집중력 제공과 산만성을 줄이는 데 도움을 준다. 풍경구성기법이나 난화 상호이야기 만들기법을 시작할 때에도 많이 사용한다.

(2) 그림 완성하기

그림을 그리는데 저항이 있거나 공포나 수줍음 등으로 그림그리기 능력이 부족하거나 의욕이 없는 아동의 문제 행동을 줄여서 미술표현을 자극하고 촉진하기 위해 출발그림 용지(starter sheet)를 사용한다. 이 방법은 치료사가 종이에 잡지에서 오린 얼굴사진이나 사람의 눈만을 붙여 주어 그림을 완성하게 하는 방법이다. 또 다른 방법의 하나인 그림 완성법은 소정의 용지에 기호가 그려져 있는 8개의 정방형을 제시하고 그 기호를 사용해서 그림을 완성하게 하는 방법이다. 유아나 성인, 정상적인 사람, 정신질환자 등에게 모두 적용할 수 있다. 그린 순서를 적고, 무엇을 그렸는가를 해석하게 한다. 이것은 미술치료 과정이나 초기에 사용할 수 있으며, 내담자의 거부감이나 저항, 공포를 제거할 수 있다. 동그라미를 그리고 그 안에 임의의 점을 찍어 내담자에게 제시함으로써 내담자를 지지해 줄 수도 있다. 특히 그림 그리는 능력이 부족한 장애아동들에게 유용하게 사용되고 있다.

(3) 난화 그리기

누구든지 난화는 쉽게 그릴 수 있기 때문에 미술치료사들은 종종 그림그리기를 어려워하는 내담자들에게 난화를 그리도록 한다. 특별한 도식이나 보편적인 양식에 익숙하여, 특히 상상력이 부족한 아동에게 난화는 도움이 된다. 난화는 내담자로 하여금 긁적거리기를 통해 창조하지 못했던 이미지를 발견하고 그리도록 해주며, '숨어 있는 이미지'가 출현하도록 도와 준다.

이러한 난화의 장점을 이용한 것이 난화상호 이야기 만들기이다. 이 방법은 난화와 난화이야기법을 종합하여 응용한 것이다. 치료자와 내담자가 각기 서로 제시해 준 난화에 이미지를 찾아 형상을 그리고 서로 번갈아 가며 이야기를 만들어 나간다. 이때 난화에서 이끌어 낸 심상의 형성이 치료에 중요한 의미를 지닌다. 최근에는 난화와 꼴라쥬를 함께 사용하기도 한다. 이 기법은 중증장애아보다 경도장애아나 말을 할 수 있는 아동에게 더 좋다. 그러나 말을 못하거나 하지 않는 아동들에게도 발어나 언어화의 자극에 유용한 기법이다.

(4) 난화게임

주로 4, 5세 이상 아동들의 심리치료나 언어치료에 응용되고 있다. 난화를 제시하고 그림을 완성하게 하여, 다 그리고 난 뒤에 질문을 하고 이야기를 꾸며 나가게 한다. 난화는 몇몇 진단기법들처럼 진단적, 치료적 특성을 동시에 포함하고 있다. 최근에는 표현이 부족한 내담자들에게 난화와 꼴라쥬를 합친 기법도 사용되고 있다

(5) 핑거페인팅(finger painting)

특히 치료 초기에 많이 사용되며 정서의 안정과 거부, 저항의 감소, 이완 등의 효과를 가진다. 또한 작업의 촉진, 스트레스 해소에도 큰 도움이 된다. 이것은 나중에 작품으로 게시해도 좋고, 크리스마스카드를 제작해서 사용할 수 있다.

(6) 협동화기법

집단치료에 유용하며, 언어적, 비언어적 협동기법으로 크게 나눌 수 있다. 집단치료의 장점을 함께 활용하면 효과적이다.

가족이나 소집단 구성원들이 크레용을 한 개씩 쥐고 한 장의 종이에 함께 그림을 그리게 한다. 비언어적 방법과 언어적인 방법 모두를 경험하게 한다. 진단 시에는 그 집단의 체계를 분석할 수 있고, 치료 시에는 협동심, 커뮤니케이션기능,

자발성, EQ, 사회성, 집단이해, 인간관계 등을 높일 수 있어 매우 좋은 방법이다. 특히 그림대화는 치료자와 내담자가 비언어적으로 상호역할을 교환해 가면서 실시함으로써 편안한 가운데 자기감정을 표출하고 상대의 감정을 이해하는 훈련을 할 수 있다. 언어장애나 우울증, 내향성, 소극성, 고집성을 지닌 아동에게 사용하면 효과적이다.

(7) 역할 교환기법

채색이나 꼴라쥬, 난화, 그림그리기 등에서 내담자와 치료자가 서로 번갈아 가며 작품을 제작한다. 화면분할법(한 장의 종이에 적당한 선을 그어 나눔)과 같이 사용하기도 한다. 래포 형성이나 거부감 감소, 흥미유발, 촉진 등에 효과적이다.

(8) 갈겨 그리기

내담자에게 사인펜을 주어 손으로 직접 갈겨 그려서 선을 따라 가게 한 후 "어떻게 보이는가?", "어디가 어떻게 되어 있는가?"에 대해 얘기한 후 채색시킨다. 내담자와 치료자가 갈겨 그리기를 하면 내담자와의 관계에 동력을 더욱 강하게 한다.

(9) 이미지 그리기

그림을 내담자와 치료자 사이에 두고 그것이 산출한 이미지를 매개로 하여 내담자와 치료자 사이의 사고수준과 각각 지각수준에서 교류를 도모한다. 언어적 커뮤니케이션을 통한 심리치료법이다. 구체적 이미지, 심리적 이미지, 가족 이미지 등의 과제를 사용할 수 있다. HTP, 색의 연상, 추억, 꿈, 신앙, 선과 악, 애정, 음악 등에서도 연상할 수 있고, 이상적인 아버지, 생각나는 사람 등을 통해서도 이미지를 떠오르게 한다. 자유화 또는 과제화를 모두 사용할 수 있다.

(10) 자아감각 발달기법

심신장애인은 신체영상이나 자아개념이 부정적이다. 이를 높이기 위해서 Starter sheet나 묘화완성법, 손도장과 발도장 찍기, 조소활동, 동그라미기법, 씨앗으로 얼굴 만들기, 가면 만들기, 자기신체 본뜨기(실물 크기), 인체퍼즐 게임, 거울 보고 자기그리기, 손 본뜨기 등을 할 수 있다. 특히 섭식장애 내담자나 신체장애인에게 효과적이다.

(11) 감정차트 만들기

도화지에 몇 개의 칸을 구분하고 최근의 감정을 그리거나 색종이로 나타내게 한다. 감정을 표현한 후에 모든 인간은 불편한 감정을 가지고 있음을 확인시킨다. 또한 칸 없이 한 장의 종이에도 표현할 수 있다. 스펙트럼 형태의 띠로도 나타낼 수 있다.

(12) 생활선 그리기

유아 시절부터 현재까지 그리고, 미래에 대하여 생활선으로 표시하고 연령 단계별로 높낮이, 선의 굵고 가는 정도 등으로 자신의 생의 주기를 나타내게 한다. 그리고 내담자가 설명하면서 자신을 발견하고 느끼게 할 수 있다.

(13) 꼴라쥬기법

자아 정체감을 발달시키기 위하여 실시하고, 소집단에서는 서로 그림을 돌려가면서 피드백을 하고 비교를 통해 통찰한다.

꼴라쥬기법은 최근에 가장 많이 사용되는 미술치료 기법이다. 거부의 감소, 분노의 노출, 희망에 대한 상징 등 다양하게 활용할 수 있다. 표현이 쉽고, 그리기

보다 정확한 감정 전달이 우수하나 선택할 수 있는 사진 매체가 많아야 한다. 자기감정을 나타내기, 가족이나 친구에게 말하고 싶은 것, 주고 싶은 선물, 받고 싶은 선물, 타인에 대한 느낌 표현, 문제의 예방 및 대처 방법 등을 쉽게 표현할 수 있다.

(14) 그림대화기법

짝을 지어 비언어적으로 그림을 통해 의사소통을 하게 한다. 사회성, 편안함, 집단이해 등을 배운다.

(15) 집단만다라 벽화 그리기기법

집단 속의 자기이해, 집단이해, 협동심 등을 기른다. 특히 벽화는 공동화(협동화)를 제작할 때 소집단이 책상 위에서 그리는 것보다 거부감이 적고, 편안하며, 역동성을 더 잘 나타내 준다.

(16) 색채 선택하기

색채선택법은 내담자가 좋아하는 색을 선택하고 그것을 사용하여 그림을 그려 받는 방법이다. 가족체계 진단법에서도 좋아하는 크레용을 골라 사용토록 하는데 내담자에게 자유를 부여하는 데 있다. 자유를 부여하면 책임의식이 많아지는 임상 철학의 원리를 활용한다.

(17) 조소로 표현하기

조소는 촉지각과 관계하는 조형활동이다. 그리기가 중심이 되는 미술치료 영역에서 매체의 연구에 중요한 대상이 되는 것으로서 점토로 인물상을 만들거나 자기의 느낌을 표현하게 하여 해석하게 한다. 묽은 점토는 수채 물감과 같이 액체

도구로서 언어화가 결핍된 내담자에게 유용하며 과도한 언어화를 나타내는 사람들에게는 감각적 요소를 강조할 때 사용한다. 특히 대상관계가 부족한 내담자의 치료에도 유용하다는 연구보고가 있으므로 현장에서 사용하면 좋을 것이다.

이외에도 구체적인 치료기법으로 활용되고 있는 것은 매우 많다. 예컨대 동물가족화 또는 동물자화상 그리기, 난화와 꼴라쥬를 합쳐서 표현하기, 누구에게 받고 싶거나 주고 싶은 선물 표현하기, 상동적 표현을 수정하기 위하여 또는 표현을 자극하기 위하여 무용이나 노래를 도입하는 법, 부부와 같이 짝지어 합동화를 그리기, 만화를 그려 대화하기 등을 활용한다.

(18) 동그라미기법

동그라미를 도화지에 미리 그려 주고 그림을 그리게 하는 방법이다. 동그라미를 그린 후 그 안에 점을 하나 찍어 주어 표현을 촉진할 수 있다. 또한 이러한 방법은 심리적으로 허약한 내담자를 지지해 줄 수 있다. 또한 동그라미를 그려 주는 부모와 자기상 또는 가족전체를 그리게 하는 동그라미 중심가족화도 사용할 수 있다. 이 기법은 동그라미 중심에 중요한 인물이 배치된다는 원리를 응용하고 있다. 최근에 사용되는 '만다라 기법'도 원이 지니고 있는 인간의 마음의 전체성과 인간과 자연과의 관계를 나타내는 우주관 내지는 종교성에서 도래한 것으로서 자아정체감 확립이나 심리적 통합에 유효한 기법이다.

(19) 손과 신체 본뜨기

인간은 자기 신체를 매우 중요시하고 신체개념이나 신체이미지로부터 긍정적 또는 부정적 자기 개념을 형성하게 된다. 자기의 손을 도화지에 놓고 본을 떠서 각 손가락에 자기가 하고 싶은 말을 적어 표현하게 한다. 신체 본뜨기는 큰 종이를 벽에 붙여 놓고 내담자의 신체와 같은 크기로 본을 떠 준 후에 스스로 장식하게 한다. 이러한 활동으로 긍정적인 신체이미지나 자기존중감을 갖게 할 수 있다.

특히 섭식장애 내담자나 신체장애인은 신체영상이나 자아개념이 부정적이다.

그들의 자아감각을 높이기 위해서 동기부여기법이나 묘화완성기법, 손도장과 발도장 찍기, 조소활동, 동그라미 기법, 씨앗으로 얼굴 만들기, 가면 만들기, 석고본뜨기, 신체 본뜨기(실물크기), 인체 퍼즐게임, 거울 보고 자기 그리기, 손 본뜨기 등을 할 수 있다.

(20) 감정차트 감정사전 만들기

감정차트 만들기는 도화지에 몇 개의 칸을 구분하고 최근의 감정을 그리거나 색종이로 나타내게 한다. 감정을 표현한 후에 모든 인간은 불편한 감정을 가지고 있음을 확인시킨다. 또한 칸 없이 한 장의 종이에 표현할 수 있다. 스펙트럼 형태의 띠로도 나타낼 수 있는 방법이다.

(21) 삼자관계 그리기

가족 중의 삼자관계를 알아보거나 내담자가 가족내의 삼자관계를 깨닫게 하기 위해서 실시한다.

(22) 가계도 그리기

가족 치료에서 많이 활용하며 색종이를 사용하여 세대별로 표현한다. 가족의 세대들 사이의 갈등과 가풍의 계승과 순환 등을 이해한다.

(23) 자기집 평면도 그리기

어린 시절(가능하면 유아시절)에 자기가 살았던 집의 평면도를 그려서 가장 무서웠던 곳, 좋아했던 곳, 비밀 장소, 누구와 함께 살았는가 등을 설명하여 자신의 과거를 회상한다. 자기에게 영향을 미친 사람, 자신의 아동기 성격의 형성 등을 발견하고 부적응 행동에 대한 재결심을 유도하여 새로운 삶의 각본과 도식을 형성하게 한다.

(24) 상호의존 역할놀이기법

짝을 지어 서로 역할을 바꾸어 그리도록 한다. 그림을 그리면서 타인의 역할을 함으로써 역할놀이의 효과를 얻는다. 그 후에 경험했던 감정을 서로 얘기하고 교환한다. 부부치료에 효과적이다.

(25) 나의 어머니(아버지), 나의 딸(아들) 그리기

내담자의 어머니(아버지)와 내담자의 딸(아들) 관계를 그리게 한다. 꼭 그림이 아니더라도 난화로 표시해도 좋고, 꼴라쥬를 사용해도 된다.

(26) 기타의 방법

미술치료과정에서 우리는 '가면'을 만들어 쓰고 게임을 할 수도 있고, 자신의 작품에 대해서 자유롭게 표현할 수 있도록 녹음기나 마이크를 사용하여 자신을 표출하게 한다.

글짓기도 사용하며 비디오를 통해 자기가 보존하고 싶은 영상을 복사해 줄 수 있다. 아동 스스로 자기활동을 책으로 엮어 나가게 할 수도 있고 어두움을 두려워하는 아동은 손전등이나 촛불을 켜고 조도를 줄여 작업을 하는 것이 효과적일 수 있다.

이외에도 구체적인 치료기법으로 활용되고 있는 것은 매우 많다. 예컨대 동물가족화 또는 동물자화상 그리기, 난화와 꼴라쥬를 합쳐서 표현하기, 누구에게 받고 싶거나 주고 싶은 선물 표현하기, 상동적 표현을 수정하기 위하여 또는 표현을 자극하기 위하여 무용이나 노래를 도입하는 법, 사진기법, 색채치료기법, 만화그림 방식으로 대화하기 등을 활용한다.

최근에 개발된 '사진미술치료'는 내담자로부터 '즉석 이미지'를 느끼게 하는데 효과적인 기법이자 말기암 내담자나 노인미술치료에서는 옛날의 미해결된 감정을 해결해 줄 수 있는 회상기법으로써의 효과가 있다.

☞ 지금까지 미술치료에 대한 개념과 기법들을 간략하게 소개하였다. 모든 미술치료 기법을 다 소개할 수 없는 아쉬움이 있지만, 무엇보다 중요한 점은 반드시 미술치료가 모든 내담자에게 적용되는 것은 아니며, 치료의 목표나 내담자의 흥미, 특성 등을 고려해 미술매체, 치료 분위기, 개인, 혹은 집단치료의 선택 등이 내담자에 따라 달리 접근되어야 할 것이다.

앞에서 미술치료의 장점에서도 언급하였듯이 상담과정에서 미술을 통해 치료자가 내담자를, 또는 내담자 자신이 스스로를 이해하고 문제를 해결해 가는데 도움을 주는 것이다. 그러나 미술을 통한 심리진단은 일종의 투사기법으로써 치료자의 주관적 의견이 상당 부분 포함될 수 있다. 이로 인해 자칫 잘못된 낙인(labelling)이 내려질 수 있으므로, 전문적인 치료자로부터 다양한 검사를 통한 보다 종합적인 진단과 체계적인 치료과정이 이루어져야 할 것이다.

위에 소개한 여러 가지 기법들 이외에도 다음 장에서는 진단기법에 필요한 몇 가지 기법을 다루고자 한다.

2) 진단도구로서의 미술

(1) 가족화 그리기

가족화와 동적가족화는 가족을 그리게 하여 내담자의 심리나 가족의 체계 및 가족 지각을 파악한다. 가족화(Draw a Family: DAF)와 동적 가족화(Kinetic Family Drawing: KFD)는 지시가 다르며, 후자가 더 역동성 파악에 좋다. 동적가족화는 "당신의 가족 모두가 무엇인가를 하고 있는 그림을 그려 보세요."라고 지시하여, 그린 후에 각 인물상이 누구인가, 연령, 무엇을 하고 있는가를 질문한다. 해석에 있어서는 인물상의 행위와 그림의 양식(구분, 포위 등), 상징(책상 등), 그림의 역동성

(크기, 거리, 방향, 생략 등)을 기준으로 하여 진단한다.

가족화는 진단에도 활용하고 가족치료에도 사용할 수 있다. 예컨대 개별치료는 KFD를 통해서 개인의 내적 문제 및 가족 내의 관계를 드러내게 하여 스스로를 통찰할 수 있게 한다. 합동가족치료는 가족전원이 KFD를 그리게 하여 가족전원이 심상을 형상화하면서 이야기를 드러내게 한다.

(2) 학교생활 그림

학교생활 그림(Kinetic School Drawing: KSD)은 아동의 학교생활을 파악하는데 좋으며, 치료에도 활용하고 가족화와 함께 받아보면 아동생활 전체를 이해하는데 유용하다. 교사, 친구, 본인을 포함해서 그리게 한다. 대부분의 아동은 학교생활에 대한 그림을 거부하는 경향이 적다.

(3) 풍경구성기법

풍경구성기법(Landscape Montage Technique: LMT)은 도화지에 "강, 산, 밭, 길, 집, 나무, 꽃, 동물, 돌 등 만족하지 않다고 생각하는 것"을 순서대로 그려 넣게 하고 하나의 풍경이 되게 채색하도록 한 다음 그것에 대해서 계절, 시각, 기후, 내의 흐르는 방향, 사람과 집, 밭 등의 관계에 대해서 이야기한다. 치료가능성의 평가와 문제점 관찰에 유용하다. 진단과 치료에 모두 사용할 수 있다.

3) 매체의 제시

미술치료는 내담자에 대한 충분한 지식과 이해를 바탕으로 한 매체의 선택이 치료과정에서 매우 중요하다. 매체선택에 있어 가장 중요한 점이 바로 여러 매체에는 내담자를 촉진시키고 통제시키는 특성을 갖고 있다는 점이다. 즉, 내담자의 특성을 주의 깊게 고려하여 소극적이고 에너지가 적은 내담자에 대해서는 보다 편안함과 안정감을 부여해 주고, 작업에 적극적으로 참여할 수 있도록 도울 수 있는 부드럽고, 유동적인 비정형적 매체 위주가 좋다. 과도한 언어 및 행동에 대한 통제에 어려움을 보이거나 에너지가 너무 많은 내담자에 대해서는 비교적 딱딱하고, 결정적인 정형적 매체 위주의 활동이 이루어지는 것이 좋다.

물감과 같은 매체를 마구 그리고 칠해 보기는 행동이 심하게 억압되어 있는 대상에게는 활기를 불어넣을 수 있으며 내담자 자신이 자발적으로 뭔가를 할 수 있다는 용기를 줄 수도 있으므로 자주 매체를 바꾸어 주는 것도 중요하다.

일반적으로 미술매체를 자유로이 선택하도록 하는 것이 가장 좋지만 때로는 미술매체의 제시가 도움이 될 때도 있다. 때때로 가는 붓이 스케치에 더 좋다든지, 조각할 때 점토가 진흙보다 더 적절하다든지 하는 것은 기술적인 문제다. 이런 기술적인 도움을 주기 위해서는 미술매체와 그 성질에 대해 잘 알고 있어야 한다. 또는 정신역동적 관점에서 미술매체나 과정을 이용하라고 제안하는 사람도 있다. 그러나 '미리 규정하는 것'은 잘못된 것이며, 억압된 아이에게 자유로움을 주기 위해 핑거페인팅을 사용하도록 '말하는' 것은 권위적 관계를 강화할 뿐만 아니라 불안을 더욱 야기시키는 것이 될 것이다. 그러나 내담자와 치료자 간에 친밀한 관계가 성립된 후에는 명백하게 이유를 설명하면서 특별한 제안을 해도 괜찮은 시기가 있다.

시각장애아의 경우에는 점토를 통해 만들기를 함으로써 명백한 작품을 만들 수 있도록 촉진할 수 있고, 작품을 통한 대화를 통해서 아동의 갈등이나 증상의 배후에 있는 무의식적 사고를 명료화할 수 있다.

4) 꿈의 활용

정신분석적 미술치료에서 꿈을 활용하듯이, 내담자들 가운데 말로 표현하는 것보다 그림으로 자기 의사를 잘 전달할 수 있는 내담자의 경우에는 꿈을 그리게 할 수 있다. 예컨대 꿈을 그리게 함으로써 악몽을 통한 경험을 명료화하고 이야기를 함으로써 꿈에서 상징화된 분노의 충돌들을 잘 이해하도록 도울 수 있다.

5) 자신 표현하기

개인치료나 집단치료시에 "나는 누구인가"를 알리고자 할 때 자신을 표현하도록 하기 위해서 '인물화'를 그리게 한다. 또는 '이것이 나이다-잡지 꼴라쥬'를 시행하고, 서로 토의하며, 피드백을 하여 타인과의 비교를 통해 통찰한다.

자신의 표현은 자아감각을 발달시키기 위한 수단으로 많이 활용된다. 심신장애인은 신체영상이나 자아개념이 부정적이다. 이를 높이기 위해서 Starter sheet나 묘화완성법, 손도장과 발도장 찍기, 조소활동, 동그라미기법, 씨앗으로 얼굴 만들기, 가면 만들기, 자기신체 본뜨기(실물 크기), 인체퍼즐 게임, 거울보고 자기 그리기, 손 본뜨기 등을 할 수 있다. 특히 소아 당뇨병이나 섭식장애 내담자 등에게도 효과적이다.

제 2 장

자유연상 이미지 그림검사

1. 꼴라쥬에 의한 미술치료기법
2. 난화를 통한 미술치료기법

1. 꼴라쥬(Callage)에 의한 미술치료기법

1) 꼴라쥬의 치료적 의미와 실시방법

미술표현에서 색이나 잡지, 합판, 천 등의 평면재를 도입하기 시작한 것은 초현실파의 Errnst와 입체파의 Picasso였다. 예컨대 피카소의 '등의자가 있는 정물'이 최초의 꼴라쥬 작품이다.

꼴라쥬는 재질감(texture)이 서로 다양한 평면재를 붙여서 실재의 재질감을 회화적 방법으로 느끼게 하는 그림이다. 특히 현대 건축의 표면이나 벽화에 많이 도입이 되며 시각적 촉각예술을 의미하는 오목·볼록의 자극을 준다.

꼴라쥬의 재료는 천, 합판, 사포지, 나뭇잎, 골판지나 매끄러운 종이, 투명지, 종이, 비닐, 엮어진 평면재 등 다양한 재질성 재료를 쓰는 것이 좋다.

꼴라쥬 기법은 모래상자 놀이치료자들이 많이 애용해 왔으며, 직감이나 감각 등의 비합리적 기능을 이용한 현대적인 치료기법이다. 이 기법은 자신을 개방시키고 심상을 발견하거나 개발시킨다. 또한 내담자의 관심과 흥미를 분명히 해 주며, 아울러 이상과 현실의 차이를 이해하는 데도 유용하다.

이 기법은 사진이나 그림만을 이용하여(포토 몽타쥬 형식) 자신의 감정(선물, 하고 싶은 일, 남편에게 원하는 것, 퇴원 후의 계획 등)을 쉽게 나타낼 수 있는 장점이 있다. 그러나 표현할 수 있는 다양한 재료들이 충분히 준비되어야만 표현의 제한점을 극복할 수 있다.

꼴라쥬기법을 통하여 내담자를 치료해 나갈 때는 크게 두 가지 방법을 생각할 수 있다.

그 하나는 미술에서 말하는 순수한 꼴라쥬 작품을 내담자가 만들어 나가는 방법이다. 이 방법은 구상 → 밑그림 → 붙이기 → 정리 → 건조 등의 순서를 거치고 다 만든 뒤에는 그림에 대한 이야기를 교환한다.

둘째는, 꼴라쥬(포토 몽타쥬 형식)를 할 때 하나의 미술작품과 같은 형식을 취하기 보다는 자신의 감정을 표현하기 위한 수단으로 사용한다. 적당한 그림을 찾아 붙여 구성하고, 상호 이야기해 나간다. 최근에는 후자 쪽이 내담자의 부담을 경감시켜 준다는 입장에서 많이 애용되고 있다.

꼴라쥬기법은 개인치료나 집단치료(가족, 부부)에 모두 유용하며, 주제를 주거나 자유화 형식으로 실시하는 등 다양한 방법을 취할 수 있다. 실시의 방법에서도 내담자가 작업하는 것을 곁에서 치료자가 도와주는 방법이 있다. 그리고 치료자와 내담자가 함께 제작해 나가는 방법이 있으며, 대화 없이 각자 실시하는 방법, 이야기를 하면서 각자 실시하는 방법 등을 사용할 수 있다.

꼴라쥬기법의 효과는 내담자가 작품을 제작하고 설명해 나가는 과정 자체에 있다. 치료자는 내담자의 작품에 나타난 그림들의 내용, 화면의 색채 및 변화, 구도, 이야기 내용 등을 분석하고, 해석하면서 치료해 나간다. 예컨대 우울증 내담자는 거꾸로 된 것이나 사물이 떨어지는 사진을 많이 붙이기도 한다. 사진을 붙인 것 위에 중복해서 붙이는 경우에는 그것을 뜯어 보면 내담자의 무의식을 알 수도 있다.

2) 꼴라쥬 작품의 이해방법

꼴라쥬 활동에는 선택성과 회피성이 있다. 평범한 도형을 마음대로 잘라 내고, 싫으면 자르지 않을 수도 있고 자른 것을 붙이지 않기도 한다.

또한 분산성과 통일성도 있다. 분산적인 방향성과 정리를 한다는 통일적 방향성이 있다. 잡지 등에서 잘라 내는 분산적 방향과 잘라 낸 것을 도화지에 붙이는 통일적 방향성을 상담과정과 연계시켜 활동할 수 있다.

꼴라쥬 작품의 해석은 다음과 같은 점에 유의해서 내담자의 심리를 파악한다.

(1) 계열적 이해

한 장의 작품만을 보고 무리한 해석은 하지 않는다. 계속적으로 작품을 작성한 경우에는 그 흐름을 보면서 내담자의 심리적 반응을 파악할 수 있다.

(2) 통합성

작품의 전체적인 조화를 보면서 나타내는 느낌을 본다. 단순한 인상이 아니라 통합성의 정도를 관찰함으로써 분리, 조잡합, 빈곤성, 기계적 표현, 고정적인 요소가 얼마나 있느냐를 알게 된다.

(3) 공간표상

모래상자 놀이에서 사용하는 공간도식과 그림의 구도에서 해석하는 기준을 활용하되 상대적인 해석이 필요하다. 이때 치료자의 임상경험이 매우 중요하다.

(4) 주제

작품을 처음 보았을 때 제목을 붙일 수 있는 작품인가 또는 주제를 가지고 작성한 작품인가를 본다. 작품 속에 자기상이라고 생각되는 그림이 있는 경우가 많지만 작품전체가 각자의 자기상이라고도 할 수 있다.

(5) 상징적 해석

붙인 그림의 의미를 생각하는 것으로써 융 심리학의 상징 해석을 응용하고 있다. 토론시간을 가져 여러 사람들의 연상이나 생각을 서로 토의하는 것도 바람직한 방법이다.

(6) 기타

그림을 자르는 방법, 붙이는 방법, 색채 등을 통해서 내담자를 이해한다.

〈꼴라쥬기법의 예 1〉

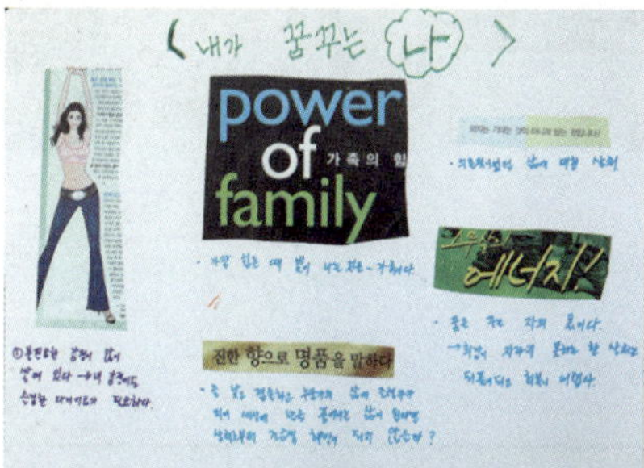

이혼여성

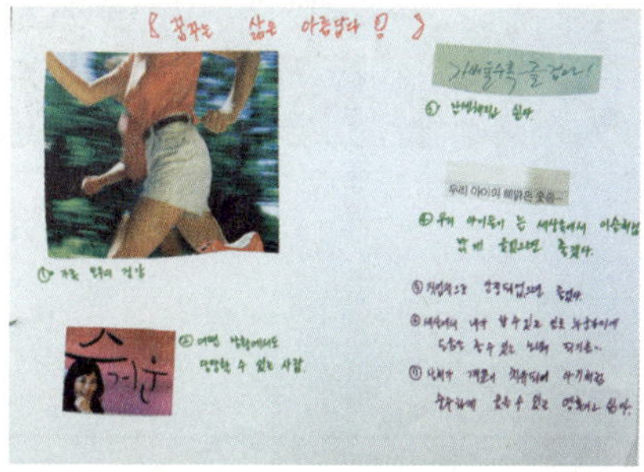
30회기 내가 꿈꾸는 나

31회기 내가 꿈꾸는...

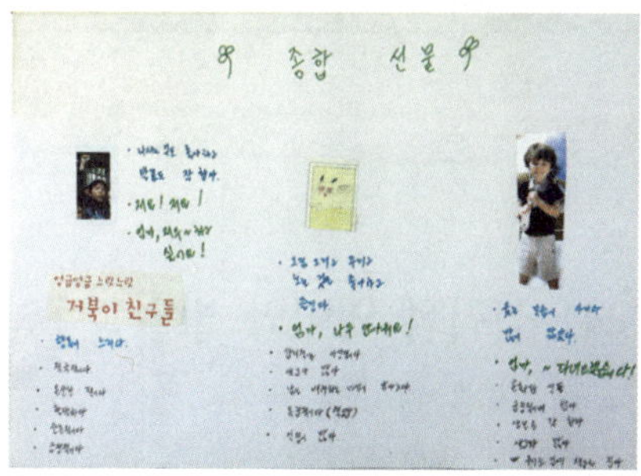

32회기 종합선물

〈꼴라쥬 기법의 예 2〉

2. 난화(Scribble)를 통한 미술치료기법

1) 심리적 의미와 발달

미술표현의 배경에는 의식적인 인위성보다는 무의식적인 본능의 표출이 강하다는 점에서 난화는 인간의 이해에 중요한 의미를 지닌다.

인간은 삶의 초기에 무슨 형태로든지 그려 보려는 행동을 하는 단계를 거치게 된다. 성인이 되어서도 우리는 낙서나 낙화를 그려 본 경험을 가지고 있다. 그것은 초조감을 느끼는 경우이거나 자기 혼자만의 자유로운 세계를 가지게 되었으나 남들이 자기를 보지 않는다는 심리적 안정감에서 표출되는 내적인 욕구나 갈등을 해소하는 방법의 하나다.

바로 이런 의미에서 난화(scribble)는 성인 사회의 낙서나 유아의 낙화의 심리적 투영과 같은 맥락에서 생각해 볼 수 있다. Lowenfeld(1966)는 이러한 난화행동이 자유로운 행위에서 표현될 때는 비교적 내담자 자신의 직접적인 감정이 나타난 그림의 한 형태로서 표현하게 된다고 했다.

난화란 '긁적거리기'란 의미를 가지고 있는 'scribble'을 번역한 것으로서 아동의 발달에서 미분화단계에서 볼 수 있는 착화의 상태를 일컫는 말이다. 이 시기에는 유아의 운동신경 조절에 대한 욕구의 표출이라는 점에서 초기의 난화 형식은 아무런 목적의식이 없는 놀이가 되는 동시에 곧 그들의 정서나 희열을 나타내는 것으로 볼 수 있다.

예컨대 외견상으로는 아무렇게 목적 없이 마구 그려댄 선의 덩어리를 발견하게 된다. 이 때는 종이에만 그리는 것이 아니고, 담벽, 방바닥, 유리창, 책상, 책겉장 등 닥치는 대로 그려대게 된다. 이러한 특징을 심리학에서는 기능적 쾌락이라고 부른다. 즉 무엇을 그리려는 대상을 그린 것이 아니라, 그리고 싶은 욕구 그 자체가 목적이고 즐거운 것이라는 해석이다. 최초로 그림을 그리는 어린이들은 분명히 기능적 쾌락에 의해 행동하고 있는데, 그것을 이해하지 못하는 부모들이 볼 때에는 아무 쓸모없는 장난으로 본다. 가끔 이러한 행동은 강제로 제지당하거나 매를 맞는 경우가 허다하다.

이런 현상에 대해 정신분석학자들은 아동의 난화 표출 심리의 심층에는 무의식적으로 아무 데나 마구 선을 긋고 지저분하게 표적을 내서 부모의 관심을 끌려는 욕구가 작용한다고 하였다. 아무렇게나 그어 댄 선을 보고 아동은 '엄마'니 '아빠'니 하는 어떤 의미를 붙이게 되는 이 시기를 '명명기'라고 한다. 이는 언어와 부합된 심상이 실마리가 되어 표현활동의 세계가 전개되기 때문이다.

이와 같은 유희 본능은 곧 그들이 성장함에 따라서 창작 표현의 기제로 이행된다. 그것이 예술성이나 인격형성에 수반될 승화, 조절, 투사, 상징화, 퇴행, 도피 따위의 작용에 의해 마침내 완전의로 향할 수 있는 성격적 기조를 이룩하게 되는 것이다.

이것은 두말 할 나위 없이 유아로부터 성인에 이르기까지 미술을 통한 성장과 관련이 되는 것이다. 더구나 아동과 유희 본능과의 관계는 인간이나 예술의 의미 측면에서 볼 때 불가분의 위치에 있다고 할 수 있다. 그러므로 난화를 그리는 그들의 내적 세계를 억압하거나 지나치게 성인들의 요구를 강요해서는 안 된다(권

상구, 1987).

그것은 정신적으로나 신체적으로 운동신경의 조절을 불가능하게 한다. 정서적으로 운필의 조절 욕구를 상실하게 하고, 심리적으로는 표현력의 결여, 신체적으로는 운동신경을 지배할 수 있는 능력이 저해된다. 결과적으로 미술을 통한 성장과 표현의 정상적 발달단계를 통과할 수 없게 되는 것이다(김동연, 1990).

그러면 여기에서 난화가 어떤 단계를 거치면서 발달하는가에 대한 여러 학자들의 분류를 비교해 보자.

Lowenfeld(1958)는 난화를 목적 없는 긁적거리기로부터 시작하여 목적 있는 긁적거리기로 발달하는 자기표현의 최초의 단계라고 말하고 있다. 난화단계로는 무질서한 난화기, 통제된 난화기, 명명된 난화기 등으로 구분했다. 무질서한 난화기(Disordered Scribbling Period)는 자기가 원하는 것을 만들 수 있는지 조차 의식하지 못하고 팔을 앞으로 반복해서 그리며, 어린이의 생리화학적, 신체적 성장을 나타내는 전체적인 발달의 자연스러운 한 부분이다. 통제된 난화기(Controlled Scribbling Period)는 낙서를 시작한 후 6개월 정도의 어린이는 그의 움직임과 종이 위에 그려진 흔적과의 사이에 관련이 있음을 발견하게 된다. 이 단계에서는 아동의 시각발달과 운동발달 사이의 조화가 매우 중요한 성취과제로써 이 때 아동이 굉장히 열중하는 것을 볼 수 있다.

명명된 난화기(Named Scribbling)는 낙서에 이름을 붙이기 시작하는 기점이어서, 움직임을 주변의 세계에 연결지으려 할 때 자기가 그려 놓은 것과 대상과의 관계성을 볼 수 있게 되며, 그 때부터 의도적으로 그리게 된다.

또한 Helga Eng(1954)은 난화단계를 파형착화기, 원형착화기, 혼합착화기로 나누었다. 파형착화기는 가장 초기의 착화기로 손과 팔의 운동에 따라 좌우로 그어대는 착화단계이다. 원형착화기는 파형착화기의 발달 상태에서 곡선이나 동그라미를 그어대는 시기이다. 여기서는 가정환경과 부모의 관심, 재료 용구가 신변에 있어 쉽게 사용할 수 있는지에 따라 발전에 차이가 있다. 손, 팔, 어깨의 근육이 잘 발달이 되면 서툴지만 동그라미를 그릴 수 있도록 발전된다.

혼합착화기는 혼교착화기라고 하며, 여러 가지 형식의 착화가 뒤섞여 있는 상태로 수평, 수직, 선, 원, 타원, 각, 점, 글씨 등의 흉내들이 뒤섞여 있는 착화단계이다.

최종인(1985)은 난화단계를 파형착화기, 원형착화기, 혼교착화기, 동심원기로 구분하였다. 파형착화기는 가장 초기의 기본적인 것, 좌우로 그려진 선이 차차 밑으로 내려가며 계속되는 것이 보통이며, 단선, 점, 비뚤어진 선 등으로 나타나게 된다. 연속적인 선묘의 행동은 여러 번 반복되지만, 대략 1분 정도이면 끝이 나는 경우가 대부분이다. 크기는 대략 8㎝ 이상이 많은 점이 특색이다. 손끝에서 묘선이 이루어지는 것이 아니고 몸 전체가 손과 함께 움직인다.

원형착화기는 마치 낙서처럼 보이나 그림을 그리고 있다는 생각을 지각하고 있다. 이 단계는 한 인간의 원으로 향한 최초의 단계의 발전을 뜻한다. 회전은 곧 원으로 옮겨지기 위한 준비상태로 볼 수 있다.

혼교착화기는 지그재그나 직선, 각, 타원, 나선, 구형모양을 손으로 그리며, 물질의 흉내 등이 나타난다. 동심원기는 원을 그리게 되면서 자기가 그리는 착화 중에서 독립된 도형을 의식하게 된다. 그리고 이때 유아는 자기가 그린 동그라미를 보고 '엄마'라고 소리를 지르기도 하게 된다.

Kerschensteiner(1905)는 난화를 도식기에 포함시켰는데, 어린이가 그리고 싶은 인물이나 동물, 식물 등에 있어 알고 있는 사항에 대하여 상징적 기호로서 그리려 하는 도식의 표현단계로 시각적, 사실적 그림을 그리지 않는다고 말하고 있다.

Cane(1954)은 난화를 2~5세 때 미분화 내지 유아의 경우에서 볼 수 있는 착화의 상태이며, 목적의식이 없는 놀이의 형태로 그들의 정서를 나타낸다고 보았다.

2) 난화의 연구동향

(1) 난화를 통한 미술치료의 발전

자유롭게 그리기인 난화그리기는 자신의 기분을 자유로운 점, 선, 면, 형태 등으로 제약없이 표현하는 작업으로 어린이의 첫 미술활동으로 적합하다. 난화그리기는 작업 자체만으로도 그림그리기를 두려워하는 성인이나 근육협응이 미발달된 어린아이의 정서순화와 창의력, 표현력 발달에 도움이 된다. 선의 형태, 필압 등을 통해 아이의 현재 심리상태를 파악할 수 있다.

연상을 통해서 개인이 상동적 형태의 표현에서 벗어나 개인적으로 중요한 의미를 지닌 주제를 찾는데 도움을 주는 방법의 모색이 필요하다.

이러한 목적에서 난화는 심리치료의 한 방법으로써 고착된 사고 방식과 상동적 표현을 변화시키는데 사용되어 왔다. 이 방법은 우선 자신의 신체를 사용해서 부드럽게 크게 움직여서 허공에 그림을 '그리는 것'으로부터 움직임을 그리게 된다. 그 다음 눈을 뜨고 그 그림이 어떤 형태를 연상시키는지 지워 버리는 작업을 하여 그림을 완성시킨다. 이러한 그림은 아동의 초기에 일어나는 난화와는 다소 다르다고 할 수 있다.

이 방법은 몇 개의 조직된 활동을 기초로 하고 있다. 즉 우선 최초의 움직임에서 부드러운 표현을 통해 상동적 형태의 그림그리기의 습관을 제거한다. 그런 다음에 아동은 금지된 표현이나 아동다운 표현을 하는 용기를 가지게 된다. 아무렇게나 형체를 그리거나 혹은 일시적인 기분을 표현하는 경우도 있지만, 특정의 대상을 묘사하지는 않는 단계를 거치게 된다. 세 번째 단계는 난화 중에서 이미지를 발견하는 것은 아니지만, 아무렇게나 그린 형체, 구체화된 이미지는 반드시 잠재적, 공상적인 이미지에 부합된다는 사실을 이용하게 된다. 주제는 극히 개인적인 것이 많고, 최초의 단계는 이미지의 완성이나 생각의 추적이지만 그것이 창조적 작품 그 자체를 완성해 내게 된다. 즉 놀이의 반인 활동과 투사에 의해 생긴 자료가 미술적 커뮤니케이션으로 전환하게 된다.

이 기법은 청년, 성인 등에 더 유효하다. 왜냐하면 이와 같은 방법은 아무렇게나 그린 형태가 잠재적인 공상의 투사를 거쳐서 의식적인 노력의 그림으로 바뀌기 때문에 극히 일반적으로 그린 작품에 결여되어 있는 독창성과 생명력을 지니고 있는 경우가 많기 때문이다(김동연, 1990).

Auerbach(1959)는 내담자가 정신분석 침상에서 스케치북에 난화를 그리게 하였고, Stern(1952)는 내담자가 집에서 자유롭게 연상되는 그림을 그려서 분석시간에 가져오도록 하였다. 이것은 치료자가 정신분석적 고찰을 토대로 하여 난화를 그리도록 제안한 것으로, 난화는 내담자가 자신의 비구조화된 자극에 그 다음의 상상을 투사할 수 있는 여지를 제공하기 때문이다.

(2) 난화 상호이야기 만들기의 발전

아동분석가 Winnicott(1971)는 아동 내담자에게 은유로서 의사소통을 할 수 있는 '난화(squiggle)기법'을 소개했다. 그는 단기상담의 한 방법으로서 난화를 이용했다. 이 기법은 치료자와 아동이 함께 하는 것으로 빈 종이 위에 서로 차례로 난화를 만들고 그것에 부가해서 형상을 만들며, 그 형상이 무엇처럼 보인다고 이야기하는 것이다. 이 기법의 목표는 난화를 통해 내담자의 성장을 이루는 것이다. 무엇인가를 풀어 놓는 내적 변화를 통해서 아동의 내적 사고와 감정들에 대한 의사소통을 확고히 하게 하는 것이다.

Winnicot는 주관적인 접근으로 아동의 발달단계에 대한 그의 인지-정서적 평가에 기초를 두었고, 단기 중재로 사용했다(1-3회 면담). 그는 "전이와 저항의 문제가 나타나기 시작하기" 때문에 이 기법의 보다 장기간의 사용은 효과적이 되지 않을 것이라고 느꼈다.

Gardner(1971, 1975)와 Kritzberg(1975)는 심리치료에 아동을 위한 은유적인 방법으로서 치료적 의사소통을 위해 보다 체계적인 기법들을 발전시켰다. Gardner(1971)는 "아동들은 그 같은 통찰을 치료적으로 이용하여 그들의 무의식적 과정에 대해 의식적인 자각을 얻는데 거의 흥미가 없다"라고 진술했다.

그는 아동들이 이야기를 듣고 이야기하는 것을 즐기므로 이 접근은 "가치와 통찰의 나눔과 전달……"을 위해서 사용되어질 수 있다는 것을 느꼈다. 따라서 그는 이 접근을 적용하는 '상호 이야기하기 기법'을 발전시켰으며 나중에 부가적으로 놀이 매체를 사용하는 것과 말하기, 느끼기 및 해 보기 게임(카드 게임-a broad game)을 발달시켰다.

Gardner와 함께 일한 Kritzberg(1975)는 아동 정신분석 심리치료에서 그의 구조화된 치료적 게임방법 속에 Gardner의 개념을 보다 체계적으로 세웠다. 그는 TASKIT(an adaptation of the popular scribble game)과 TISKIT(a game almost identical to Gardner's Broad of Objets Game which utilizes to elicit thematic material)를 발달시켰고, 은유를 통해 아동과 의사소통할 수 있는 구조화된 수단을 고안했었다.

또한 Claman(1980)은 Winnicott의 난화 게임기법(Squiggle Drawing Game)을 사용해 잠복기 아동들의 치료에 적용시켜 아동과 치료사는 구조화된 상호작용적 상황에서 주제를 상호교환하게 하였다. 그는 이 기법을 통해 치료사가 아동에게 중요한 주제의 자료를 얻을 수 있으며 아동과의 의사소통을 증진시킬 수 있는 기법이라는 것을 증명했다.

Naumburg(1969)가 개발한 난화(scribble)기법과 Winnicott가 개발한 난화게임기법(squiggle)을 일본에 소개한 中井久夫(1982)는 '한계음미 난화(Squiggle)기법'을 독자적으로 고안하였다. 이것은 내담자가 그린 난화에서 치료자가 발견한 것을 구체적인 말로 몇 가지 제시하고 그 가운데서 내담자가 선택하게 하고 그것을 치료자가 그려 되돌려 주는 것이다. 이 경우 큰 종이 한 장을 두 사람이 함께 사용하는 경우가 많다. 이 기법은 내담자의 내면세계를 치료자가 확실히 함께 공유하고 그를 필요 이외의 침해로부터 지키는 형태를 취하기 때문에 보다 치료적이 되는 것이라고 하였다.

Scribble은 Naumburg(1966)가 개발한 이래 이것은 그림을 그린 사람의 무의식 속에 잠재되어 있다고 느껴지는 상상을 표출시키는데 도움을 줄 수 있는 아동분석의 방법 내지는 미술치료의 수단으로 사용되고 있다. Winnicott(1971)가 개발한 난화(squiggle)와는 다른 '휘갈겨 그리기'라고 하기보다는 '빙빙 돌며 그리기'라든가 '아무렇게나 그리기'라고 하는 쪽이 더 좋을 듯하다. 이 방법은 회화요법이 때때로 기능을 요구하므로 저항에 부딪치는 경우가 많았기 때문에, 아동에게 훨씬 저항감을 적게 줄 수 있는 효과적인 방법이 되었다. 그러나 난화 속에서 자기의 심상을 형상화하는 것이 아동에게 있어서 쉬운 일은 아니었기 때문에, 山中康裕(1984)는 이점을 보완하기 위해 미리 치료자가 연필 등으로 아동에게 난화를 그려 주고 그로부터 보여지는 것을 아동에게 표제로 주었다. 이 방법을 山中康裕는 '찾기'라는 이름을 붙였다. 보통 한 장의 종이를 사용해서 이뤄지며 내담자의 면전에서 행하지만 그림의 완성에는 숙제기법을 취하기도 한다.

또한 山中康裕(1984)는 자신이 개량한 난화기법을 좀 더 개량시켜 '난화 상호이야기법(MSSM : Mutual Scribble Story Making)'을 만들었다. 이것은 中井이 만든 '테두리법'을 첨가하여 만들었는데, B4 크기의 종이 한 장씩을 치료자와 내담자가 나눠갖고 치료자와 내담자가 서로 테두리선을 그어서 교환한다. 난화를 만들고 치료자가 만든 난화에 내담자가 심상을 투영하여 형상을 완성하고, 반대로 내담자가 만든 난화에 치료자가 심상을 투영하여 형상을 찾아 완성하는 것이다.

치료자와 내담자가 서로 역할을 교환함으로써 관계형성에 도움이 된다. 또한 내담자가 자신의 무의식을 난화 속에 투영시켜 형상화시켜 이야기함으로써 보다 쉽게 무의식을 의식화시켜 준다. 그리하여 내담자 스스로가 자신의 문제를 인식하게 해 주는 이점을 가지고 있다.

加藤孝正(1992)은 山中康裕(1984)가 고안한 '난화 상호이야기법'을 이용해 등교거부증상을 지닌 아동의 치료한 사례를 한국에서 발표하기도 했다. 또한 山中康裕(1991)는 '난화 상호이야기기법'에 꼴라쥬를 덧붙여 MSSMC(Mutual Scribble Making Collage)라는 새로운 기법을 만들었다. 이것은 놀이의 요소에 미적인 요소를 가미한 것이다. 마치 놀이상자와 꿈 해석을 엮어 맞추어 놓은 것 같이 무의식과 의식이 적당히 교합된 치료방법이다. MSSMC는 난화에다 꼴라쥬(신문, 잡지, 사진 등을 오려 붙이는 기법)를 더해 치료자와 내담자가 서로 이야기하는 방법이다.

위에서 살펴본 난화에 대한 심리치료 연구들을 간략하게 도표화시켜 보면 다음과 같다.

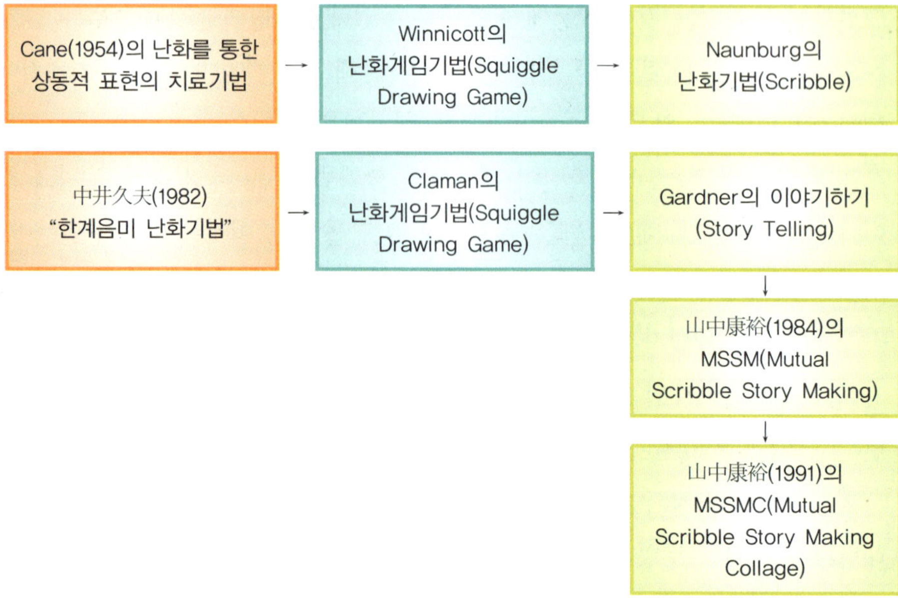

(3) 난화치료 게임의 사용 목적

① 내담자의 ‘그림그리기’에 대한 거부반응 감소시킬 때

② 자존감이 낮고 행동이 굳어 있으며, ‘그리기 불안’을 경험한 내담자 (상담 시에 언어로 통제할 필요가 있는 사람)

③ 치료사가 언어와 그리기 방법을 결정하고자 할 때

④ 상동적 표현이 심한 내담자의 창조적 표현을 유도하기 위하여(Cane, 1954)

⑤ 상징적 언어표현을 위하여 추상적 · 시각적 자극이 필요할 때(심상의 상징적 언어 생산)

⑥ 언어능력이 제한된 아동이나 성인 내담자의 정서문제를 치유하고자 할 때 (Winnicott, 1966의 Squiggle Game)

⑦ 정서표현과 관련된 언어표현을 유도할 때(예, 우울증 내담자)

⑧ 진단적 평가, 매체 선정의 예언을 위해

(4) 주요 난화 치료기법의 실제

1 상동적 표현을 제거하기 위해

① 자신의 신체를 부드럽게 움직여 허공에 그림을 그린다.

② 눈을 감고 큰 종이에 그림을 그리게 한다.

③ 눈을 뜨고 ②번의 그림이 어떤 형태를 연상시키는지 생각해 보게 한다.

④ 자신의 생각에 맞다고 생각되는 선을 그대로 살리고 다른 선은 지워 버리는 작업을 하며 그림을 완성시킨다.

- 난화 → 잠재적인 공상의 투사 → 의식적 노력의 그림으로 바뀜.

2 연상, 비구조화된 자극에 그 다음의 심상을 투사하기 위해

① 난화를 그려 보세요. 아무렇게나 사인펜으로 선을 자유롭게 그린 후 이미지화하여 그림의 형체를 만들어 보세요.

② 당신의 그림에서 어떤 물체나 심상을 찾아 채색해 보세요.

③ 당신의 그림제목을 말로 하고 기록해 보세요.

3 B의 변형으로 은유적 의사소통을 위해

- 치료자와 아동이 함께 하는 활동
- 각자 난화를 그리고 심상화하기, 그림을 이미지화하여 서로 이야기를 꾸며나간다.
- 서로 무엇같이 보이냐고 질문하고 답을 한다.

(내담자의 내적 변화 → 내적 사고와 감정에 대한 의사소통 확립)

4 의사소통기법을 위해 – 난화게임(Claman, 1960)

- 난화(squiggle)기법(Winnicott)과 이야기하기(Gardner, 1971)의 통합
- 잠재기 아동 대상 → 은유 → 문제정보획득 (의사소통기법)

① 난화를 그려 준다(치료사) → 아동이 완성하게 한다.

② 평가 : 작품의 질, 외형, 주제, 태도 → 그림과 이야기 분석(과장, 인물, 대인관계, 정서, 독창성, 줄거리 등)

5 치료자가 내담자의 내면세계를 확실히 함께 공유할 수 있다 – 한계음미난화법(中井久夫, 1982)

필요 이외의 외부침해방어(치료적)를 한다.

① 내담자가 난화를 그린다.

② 치료자가 그 속에서 발견한 것을 구체적인 말로 몇 가지 제시한다.

③ 내담자가 그 가운데서 하나를 선택한다.

④ 치료자는 내담자가 선택한 것을 그려서 되돌려 준다.

6 의사소통, 심리치료 – 난화 상호이야기 만들기 기법(山中, 1984)

① 종이 2장을 사용하여

- 각자가 그린 난화가 무엇인지 얘기하고 두 장으로 얘기를 꾸며 나간다.
- 내담자와 치료자의 상호작용

② 종이를 4등분 사용

- 치료사가 먼저 테두리를 설정해 준다. 내담자가 난화를 그리고 치료사가 이미지화해서 그림을 그린다.
- 서로 바꾸어 실시하여 반복해 나간다.
- 네 칸이 다 차게 되면 서로 이야기를 꾸며 나간다.

7 무의식과 의식의 교류 – MSSM + C(山中, 1991)

① 난화를 그려서 완성한다.

② Collage를 추가한다.

③ 치료자와 내담자가 서로 이야기한다.

8 그림불안 소유자, 상동적 표현 감소–하나의 상징으로서의 난화

- A4용지, 음악, 연필, 색연필, 크레용

① 음악을 듣는다.

② 눈을 감는다.

③ 음악을 들으며 종이 위에 크레파스로 추상적인 선이나 곡선을 차례로 그린다.

④ 눈을 뜨고 자기의 난화를 본다(이때 복사를 몇 장 해 둔다).

⑤ 그려진 선에서 형태나 '상징'을 발견하도록 시도한다.

⑥ 색연필이나 크레파스로 '상징' 안에 채색을 한다.

⑦ 채색 하나하나의 상징에 이름을 붙인다.

⑧ ④번에서 복사한 것을 가지고 여러 다른 새로운 상징을 찾아본다.

⑨ 이러한 상징이 나의 창조적 과정과 조화를 이루는지 서로 얘기해 본다.

〈 난화의 예 〉

	 C: 나비가 파도에 밀려서 섬에 도착했는데 섬 앞에 눈사람이 있어서 놀았다. 학교폭력 남(15세)
 C: 용이 버섯 집을 불태우고 용이 바닷속을 들어갔는데 물고기 한 마리가 지나갔고 용이 다시 숲 속에 들어가서 숲을 다 태웠다. 학교폭력 남(12세)	 C: 여인이 비행기를 타고 갔는데 도착하자마자 고슴도치가가 사는 매장이 있고 세일한다고 하여 물건을 샀다. 학교부적응 남(16세)

제 3 장

풍경 그림검사

1. 풍경구성기법
2. 별과 파도검사
3. 빗속의 사람 그림검사
4. 풍경구성기법의 해석방법

1. 풍경구성기법(LMT)

1) 풍경구성기법이란?

풍경구성기법(LMT: Landscape Montage Technique)은 미술치료 혹은 그림검사법의 하나로 1969년 일본에서 中井久夫에 의해 창안되었다. 이 풍경구성은 원래는 정신분열증 내담자를 주 대상으로 하여 모래상자 요법의 적용 가능성을 결정하는 예비검사로서 고안되었으나 독자적인 가치가 인정되어 이론적으로 분석되고 치료적으로 많이 활용되는 기법이다.

이 풍경구성기법은 일본에서 고안되어 이용되고 있었으나, 1977년 제10회 독일어권 표현병리, 표현요법 학회에 발표된 이후 독일, 미국, 인도네시아 등지에서도 진단도구로서 뿐만 아니라 치료과정 속에 활용되어 많은 효과를 인정받고 있다.

中井에 의한 이 풍경구성기법은 로샤검사(Rorschach test)와 같은 앞에 있는 패턴을 읽고, 선택, 해석하는 투영적 표상과 대조적인 접근방법으로서 4면이 테두리로 그어져 있는 구조화된 공간에 통합적 지향성을 지닌 하나의 전체를 구성하는 구성적 표상을 기초로 한 방법이다.

풍경구성기법에서 중요시하고 있는 것은 그림은 치료사와 내담자 사이에 기능하는 제삼자다. 그것은 곧 그림은 내담자에게 의해 그려진 것이 아니라 내담자와 치료자와의 관계에 의해 그려진 것이라고 생각하는 관점이다. 단적으로 그림은 내담자가 그린 것이 아니라 '관계'가 그려낸 것이다. 풍경구성기법은 항상 기본부터 시작하는 것을 중요시 여긴다.

2) 시대적 배경

1960년대의 미술치료는 그림을 그리는 사람의 그림의 특이성을 기술 · 분석하는 시기로부터 미술을 임상적 · 심리요법에 활용하려고 한 실천적인 연구가 한참 성행하고 있었다.

- Naumburg의 「난화그림기법(Scribble Technique)」
- Winnicott의 「난화게임기법(Squiggle Technique)」

또한 가까운 일본에 있어서의 예술요법연구 기운의 고조는 加藤清 등의 「회화요법」에 있어서 창조와 표현의 병리(1967)가 도입되어 일본예술요법연구회의 발족(1969), 일본예술요법학회가 설립(1970)되고 모래상자(箱庭)요법이 도입(1965) 되었다.

덧붙여 모래상자(箱庭)요법(Sandplay Technique)은 1929년, Lowenfeld, V., Kalff, D.에 의해 발전되어 河合隼雄 의해 일본으로 도입되었고(1969), 1969년, 일본예술요법연구회에서 河合隼雄의 모래상자(箱庭)요법의 강연을 듣던 中井久夫에 의해 「테두리 그리기기법(Fence Technique)」이 개발되었다.

그 계기는 통합실조증 내담자의 모래상자(箱庭)에서는 가끔씩 주변이 종이로 둘러싸여져 있다는 Sullivann, H. S.의 관점에 대해 1969년 일본예술요법연구회에서 河合隼雄에 의한 모래상자(箱庭)요법이 강연되었다. 그 연구회에 참가한 中井久夫는 그리는 사람의 눈앞에서 직접 손으로 테두리를 그은 도화지를 사용하는 것을 「테두리 그리기기법(Fence Technique)」을 그리고, 풍경을 2차원 공간에 그리는 기법을 발상했다. 이로써 통합실조증 내담자의 모래상자(箱庭)에서는 가끔씩 주변이 종이로 둘러싸여져 있다는 Sullivann의 관점을 中井久夫는 통합실조증 내담자의 미술치료기법의 전제에는 임상적 인간관계의 성립이 있는 것으로 환원시킬 수 있었다.

中井久夫의 임상관은 “정신병리학은 정신분열증 내담자의 언어가 얼마나 왜곡되어 있는지를 기술해 왔다”고 주장한다. 그러나 “그것은 그리 중요한 것이 아니고 중요한 것은 정신분열증이라고 하는 사태에서 어떻게 말을 할 것인가 하는 것이다”라고 했다. 통합실조 내담자에 대한 심리요법적 접근을 둘러싸고 언어교류가 가능하게 되기 위한 보조수단으로서 묘화를 사용해서 그리는 사람에게 유해를 주지 않고 더 나아가 그리기 쉽게 하기 위한 방안을 모색하였다. 이는 그리는 사람과의 교류 · 관계를 구축하기 위해 필요한 기법을 모색하던 것이 곧 풍경구성기법의 탄생이 되었다.

3) 실시방법

(1) 용구

- A4나 8절 도화지
- 검은색 사인펜
- 크레용, 색연필 등의 채색용구

(2) 유의점

치료사는 실시에 앞서 다음의 질문에 심리치료적 입장으로부터 답할 수 있어야 한다.

- 도화지는 왜 8절이나 A4 사이즈의 크기인가?
- 왜 연필이 아니라 검정색 사인펜을 사용하는가?
- 채색용구의 차이에 따라서 어떤 영향이 있는가? 다른 채색용구로는 안 되는가?

1 도입과 실시방법

먼저 치료사가 도화지 4면의 테두리를 그린 도화지와 사인펜을 내담자에게 건네 준다. 그 다음에 치료사가 말하는 사물, 즉 ① 강 ② 산 ③ 밭 ④ 길 ⑤ 집 ⑥ 나무 ⑦ 사람 ⑧ 꽃 ⑨ 동물 ⑩ 돌, 이 10가지 요소를 차례대로 그려 넣어서 풍경이 될 수 있게 한다. 그리고 마지막에 그려 넣고 싶은 사물이 있으면 부가물을 그려 넣게 한다. 모두 다 그린 다음에 색을 칠하도록 한다. 지도 시 사용하는 언어나 행동은 치료의 흐름을 파괴하지 않도록 배려해야 한다.

다음에 LMT의 도입과 실시방법에 관하여 구체적으로 제시해 본다.

① 치료사가 한 장의 도화지를 꺼내어 검은색 사인펜으로 테두리를 그린 다음 사인펜과 도화지를 내담자에게 건네 주고 "자, 지금부터 풍경을 그릴 거예요. 잘 그리는 것을 보려는 것이 아니니까 자신이 원하는 대로 그려 주세요. 단, 내가 말하는 순서에 따라서 그려 주세요."라고 부드럽게 말한다. 내담자가 "싫어요. 최근에는 그림을 그린 일도 없고……." 혹은 "그림을 그리라고요?", "못 그려요." 등으로 난색을 나타내는 경우도 있지만, "먼저 강을 그려 주십시오."하고 구체적으로 '강'을 지시하면, 조금 머뭇거리다가 사인펜을 쥐고 쉽게 그리는 경우가 많다. "이 강은 오른쪽에서 왼쪽으로 흐르고 있어?"라든가 "한가운데서 좌우로 갈라져 버렸네, 어디로 흘러가는 것인가?" 혹은 "아주 작은 강이네요. 이것을 표현하는 것조차 대단하게 보인다. 초조하게 생각하지 말고……." 등 치료사는 내담자가 그리는 여러 가지 패턴을 혼잣말로 관심을 나타내어 동기유발을 시킨다.

② "자, 강을 그렸습니다. 다음은 산입니다. 산을 그려 주십시오."

처음에 "풍경을 그린다"는 말을 염두에 둔 사람은 대개 산이나 암벽 등의 공간을 어느 정도 위쪽에 남겨 두고 강을 그리는 경우가 많기 때문에, 그대로 안심하고 그린다. 그러나 뒤에 그릴 것을 전혀 상관하지 않고 강을 종이 윗부분에 그려 버린 사람은 "산"이라는 말을 듣는 순간에는 당황하지만 잠시 후, 여러 형태로 산을 처리한다. 공간의 왜곡이나 주저함 없이 잘 그려 넣는 사람, 상당히 생각하고 나서 지도처럼 등고선상의 산을 그려 넣는 사람, 강의 상부를 색칠해서 그 곳에 산을 그려 넣는 사람 등 다양하다.

③ "다음은 밭입니다. 밭을 그려 주세요." 일반적으로는 별 문제없이 그리지만, 밭을 본 적이 없는 사람의 경우에는 "논이라도 상관없습니다."라고 말을 덧붙이는 것이 좋다.

④ "자, 다음은 길입니다. 길을 그려 넣어 주세요."

이 단계에서 "2개 그려도 괜찮습니까?", "다른 길도 그려 넣어도 됩니까?" 등을 묻는 경우도 있다. 물론 강이나 산도 마찬가지이지만 그려진 수는 단수든 복수든 상관없다.

강, 산, 밭, 길이 그려지면 〈풍경〉은 거의 형태를 갖추게 된다. 다시 말하면 풍경의 골격을 갖추고 구성의 기본을 형성할 수 있는 대풍경군의 전체적 구도가 윤곽이 나타난다. 그런데 정신병원에 입원해 있는 만성정신분열증 내담자나, 정신지체, 사춘기형의 일부는 '풍경'을 구성하지 못하게 된다. 그것은 그 자체가 하나의 두드러진 증상이며 표현이기 때문에 내담자의 느낌을 말하거나 수정시키지 말고 그대로 계속 시행한다.

⑤ "길 다음은 집입니다. 집을 그려 주세요." 집을 그리면서 같이 집, 나무, 사람을 순서대로 그려 넣게 한다. 창안자 中井는 "집이 있으면 좋겠네", "나무가 있어도 괜찮을까?" 등으로 대상에 따라서는 웃으면서 말끝을 부드럽게 혹은 권위 있게 신경을 쓸 필요가 있다고 지시하였다. 아무튼 검사는 명령에 의해서가 아니라 참여하여 하나의 그림을 서로 음미하는 듯이 진행해 나가는 것이 좋다.

집, 나무, 사람은 일반적으로 인격을 투영하는 것으로 알려져 있는데 그 때문인지 사람을 그리는 것을 거부하는 경우가 자주 있다. 이 앞 단계에서는 길을 좀처럼 그리지 못하는 경우도 자주 있다.

또한 사람을 거부하지는 않지만, 멀리 아주 작게 그려 넣거나 혹은 가까이에 크게 그리기는 했지만 막대기형(stick figure)이라고 하는 선 묘사만의 도식적인 표현으로 처리하거나 또는 사람만 색칠하지 않는 경우가 많다. 사람의 표현은 그만큼 저항이 강한 항목이다.

⑥ "자, 다음은 꽃입니다. 꽃을 그리세요."

내담자에게 있어서 사람 다음으로 거부감이 큰 것은 꽃에서 여실히 드러난다.

⑦ "꽃 다음은 동물입니다. 어떤 동물이라도 상관없습니다. 동물을 그려 넣어 주십시오." 사람을 그리는 것을 거부한 사람도 동물은 그리는 경우가 많다. 선택되는 동물은 그 사람의 어떤 측면을 절묘하게 나타낸다.

⑧ "다음은 돌입니다. 돌을 그려 주세요."

일반적으로 어떤 풍경화를 보아도 빠짐없이 그려져 있는 항목이다. 대부분 눈에 띄지 않는 돌을 길가, 물가 혹은 집구석, 밭두렁, 나무밑 등 10개 항목의 맨 구석진 곳에 둔다. 정신분열증 내담자들은 사람이나 동물, 길을 거부해도 돌만은 지키려고 확실하게 바른 위치에 두는 경우가 많으며, 신경증 내담자들은 많은 돌을 여러 곳에 흩어 놓는 경우가 많고, 강박증 내담자들은 강가에 세심하게 정돈해 놓는다.

⑨ "자, 제가 말하는 항목은 이것뿐입니다. 마지막으로 무엇인가 부족한 것이나 자신이 그려 넣고 싶은 것을 그려 주세요. 또한 더 첨가해서 그리고 싶은 부분이 있으면 그려도 좋습니다. 아무튼 풍경을 완성시켜 주세요."

가장 많이 추가하는 것이 다리다. 다리는 흔히 길의 단계에서 강을 건널 때 이미 그려 넣는 경우가 많다. 태양이나 달을 첨가하는 경우도 있다. 하늘에 구름, 강에 물고기가 헤엄치는 것을 그리는 사람도 있다. 그러나 이러한 풍경화의 장식물들은 내담자의 내적 상황을 아는데 상당한 도움을 준다.

⑩ 풍경화가 완성된 후 12색 내지 24색 크레용이나 색연필을 제시하고 "자, 여기에 색칠해 주세요"라고 지시한다.

정신분열증 내담자들은 흔히 강과 길을 바꾸어서 색칠하는 경우가 있다. 또한 낮 풍경에 하늘을 까맣게 칠해 버리거나, 빨갛게 칠하는 사람도 있어 반드시 검정 사인펜을 필요로 한다.

풍경구성기법에서 가장 현저한 변화를 보이는 부분은 색이며 색채는 투영적이라고 말하고 있다. 어떤 색을 선택하여 산을 칠하는가 하는 의미로는 확실하게 투영적이지만 item과 item 사이의 공백을 채색하여 그림을 마무리해 나가는 단계에 있어서는 색채도 또한 구성적이다. 그리고 채색은 구성의 마지막 단계에 실시하기 때문에 풍경구성기법에 따른 변화가 그림보다 색에 있어 현저하게 나타난다고 말할 수 있다.

색칠이 끝난 뒤 치료사는 내담자가 그린 그림을 보고 2~3가지 질문을 한다. "자, 가르쳐 줄래요? 이것은 사계절 중 언제입니까? 시간은 몇 시경입니까? 기후는? 강은 어디로 흐르고 있습니까? 사람은 몇 살이며 남자입니까 여자입니까?" 등의 질문을 한다. 날씨는 대부분 맑음이라고 표현하는 경우가 많으나 때로는 소나기가 내리는 것으로 표현하는 경우도 있다.

이상이 中井久夫가 고안한 풍경구성기법의 도입과 실시방법이다. 처음에는 8

절 스케치북을 사용하였으나, 현재는 A4 크기의 용지를 주로 사용하고 있다.

2 도입시 유의사항

도화지에 사인펜으로 줄을 그어서 주면서(테두리 기법-반드시 집단이라도 직접 치료사가 그려 준다-내담자와 관계하기 위한 하나의 방법으로 치료사가 틀을 직접 그려 줌으로써 당신이 그리는 그림을 지켜주겠다는 무언의 약속을 유도한다) 다음의 내용을 전달한다.

> "지금부터 이야기하는 것을 하나씩 이야기할 때마다 테두리 안에 그려 넣고, 전체로 한 풍경이 되도록 해 주세요. 잘 그리거나 못 그리는 것은 상관이 없습니다. 그리기가 싫어지면 이야기해 주세요."

위치는 마주 앉거나 또는 90도가 좋으며, 그리는 사람의 연령, 상태 등에 따라 도입의 표현을 적절히 변화시킬 필요가 있으며 아래의 4가지 점을 전달해야 한다.

① 말하는 순서의 항목대로 10가지를 그려 넣기
② 전체로 하나 된 풍경을 그리기
③ 잘 그리고 못 그리는 것은 상관없음
④ 그림을 그리는 것을 거부해도 괜찮다고 알리기
⑤ 내용을 그리는 사람이 이해하고 나서, 도화지와 사인펜을 건네기

아이템의 제시순서는 다음의 내용이 중요하다.

1. 강 2. 산 3. 밭 4. 길 – 대풍경군
5. 집 6. 나무 7. 사람 – 중풍경군
8. 꽃 9. 동물 10. 돌 – 근풍경군
11. 기타 부가물

- 한 아이템을 다 그리고 나면 다음의 아이템을 전달한다.
- 일방적 전달식 방법이 아니라 '주고받기'식이 되도록 전달하는 것이 좋다.
- 질문이 있을 때에는 기본적으로 "자유롭게 그리세요"라고 응답하고 그리는 사람의 자유재량에 맡긴다.
- 그리기를 거부할 때는 그것을 인정해 준다.

- 부가물에서는 "더 그리고 싶은 것이나 고치고 싶은 것이 있으면, 자유롭게 그려서 풍경을 완성하세요"라고 내용을 전달한다.

3 채색시 유의사항

다음의 내용을 전달한다. "그럼, 색을 칠해 주세요. 순서는 관계 없으니 자유롭게 칠하세요"라고 하며 역시 질문에는 기본적으로 "자유롭게 그리세요"라고 응답하여 그리는 사람의 자유재량에 맡긴다.

- 채색용구는 크레용(크레파스)과 색연필 두 종류 정도를 준비하고 시간제한은 기본적으로 없다.

4 감상하기

작품을 같은 위치에서 두 사람이 잠깐 동안 바라보거나 벽에 붙이고 감상하여도 된다.

- 작품을 사이에 두고 그리는 사람과 교류하고 있는 감각을 중요시한다.
- 이미지를 활성화하는 것을 중요시한다.
- 새로운 발견이 일어나는 감각을 중요시한다.

5 질문하기

작품을 감상하고 있으면 질문하고 싶은 것이 생길 것이다. 그 때에 그림을 그린 사람에게 질문한다.

- 기본적으로 무엇을 물어서 좋은지, 그것에 의해 발생하는 사태를 수용한다.
- 질문하는 것은 그리는 사람에게 다시 그리도록 강요하는 것이라는 것을 인식한다.
- 무리하게 언어로 표현을 하도록 유도할 필요는 없다.
- 풍경의 계절, 날씨, 시간 "이 풍경은 어느 계절이죠?"
- 강이 흐르는 방향은?
- 강의 깊이 : "이 강은 얕은가요, 걸어서 건널 수 있나요?"

- 풍경의 좋고 싫음 : "이 풍경을 좋아합니까?"
- 풍경 속의 자신의 상 : "이 풍경 속에 당신이 있다면 어디에 있습니까, 당신을 그림 속에 그리고 싶습니까?", "그 곳에서 당신은 무엇을 하고 있습니까?"

6 서명

작품의 테두리 밖이나 뒷면에 풍경구성기법을 그린 날짜와 그린 사람의 이름을 사인펜으로 적도록 한다.

- 그린 사람과 지켜본 사람과의 관계가 하나의 작품을 창조했다는 것은 심리요법으로서의 풍경구성이다.
- 이러한 작업으로 풍경구성기법이 끝나고, 동일한 체험을 두 번 다시 하지 않는다는 것, 일회에 한 번의 풍경구성만을 해야 한다.

4) 해석방법

(1) 테두리 긋기(테두리의 의미)

테두리에는 내담자의 표현을 치료자가 보호하는 차원과 동시에 강요하는 이중성이 있다.

(2) 강

왜 산이 아닌 강부터일까? 강에 의한 공간의 분절화가 생긴다. 단절이 생기는 것에 따라 '관계'로 열려져 간다. 따라서 강은 일반적으로 무의식의 흐름에 비유할 수 있다. 무의식에 지배되어 있는 상태의 내담자들은 흔히 물이 세차게 흐르는 큰 강을 그리고 나아가서 군데군데 범람하여 물이 넘쳐 흐르고 있는 그림을 그리는 경우가 많다.

강박경향이 심한 자나 무의식에 대해서 자아 경계가 약한 자는 강가를 정성껏 돌로 쌓거나, 콘크리트로 방파제를 만든 그림을 그린다. 때로는 강에서 도량으로 분류되어 내려오는 그림을 그려서 갑작스럽게 평온한 분위기를 자아내는 경우도 있다.

분열증의 발병기에 있는 내담자와 신경증 내담자는 강을 너무 크게 그리거나 물의 양이 많은 강을 그리는 경우가 있다. 소위 무의식의 세계에 지배되어 있는 듯한 느낌이 강하다.

1 구석을 가로지르는 강

이 표현에 의해 고안을 분석하는 것을 피할 수 있다.

2 강가가 없는 강

강가를 테두리 선으로 사용되고 있다. 이 표현에 따라 공간의 분절화를 피할 수 있다.

3 강의 형태

- 오른쪽 상방향~왼쪽 하방향 : 이 형태의 강의 표현이 가장 많다.
- 왼쪽 상~오른쪽 하
- 상~하(중앙원경~근풍경)
- 상~하(수직으로 흐르는 강)
- 머물러 있는 강 – 정체된 자아 – 우울감

4 풍경구성기법에서의 자기상

풍경구성에서 자기의 상이 무의식의 상징인 강의 부근에 위치했는지, 의식의 상징인 밭이나 길 위에 위치했는지에 의해 달라진다. 또 소극적으로 강을 바라보고 있는지 적극적으로 바라보고 있는지에 의해 해석된다(皆藤章, 2004).

<강의 방향에 대한 해석>

① 수평방향에서 오른쪽(R) 방향은 능동적인 에너지 방향 – 미래

② 수평방향에서 왼쪽(L) 방향은 수동적인 정신에너지 빙향 – 과거, 어머니, 내향적 · 내성적 심리
③ 수직방향에서 윗방향(O)은 천계, 현실초월한 방향, (육체에 대응하는)정신성, 의식
④ 아래쪽 방향(U)은 땅 및 사물의 근원, 인간의 육체, 미분화된 상태, 무의식
⑤ 대각선 방향에서 (RO)방향은 주관성, 공격적, 파토스적, 노력, 목표, 욕망
⑥ 대각선 방향에서 (LO)방향은 객관성, 억제, 회피, 공허, 로고스적
⑦ 대각선 방향에서 (LU)방향은 사물의 시작, 원천의 방향, 후퇴
⑧ C – LO 방향은 사물의 원초적 상태, 유아기의 퇴행 또는 고착
⑨ C – RU 방향은 인간의 본능적 경향, 향수, 심리적 갈등
⑩ C – LO 방향은 수동적 심리상태, 방관, 억제, 욕구불만
⑪ C – RO 방향은 인간정신의 적극성이며 희망, 능동성
⑫ 대각선에서 (RU)방향은 사물의 근원, 물질이며 심리적으로는 쇠퇴와 부정

* 다리 – 다리를 추가보조물로서 추가하지 않는 사람은 의사소통을 잘 못함
  다리의 보조 대체물 – 징검다리, 돛단배

(3) 산

산은 그리는 사람의 주어진 상황과 앞으로 전망을 나타내는 경우가 있으며 극복해야 할 문제의 수를 제시하는 경우도 있다. 눈앞에 우뚝 서 있거나, 앞길을 막고 있는 경우는 어떤 어려움이나 장애 등이 가려 놓여 있는 것을 의미하는 경우도 있다.

• 보호하려는 '산'

원풍경의 산에 의해 풍경, 공간(인간의 영위)이 보호된다.

(4) 밭(또는 논)

1 삶의 영위로서의 '밭'

밭 그림은 강의 은혜, 산의 보호를 받음으로 해서, 비로소 풍경공간에 그 사람의 문화접촉으로서의 밭으로써 인간의 삶이 출현된다.

2 논 그림

논에 모를 심고 있을 때, 벼가 푸르고 번성할 때, 벼이삭이 돋은 것, 벼 베기, 수확한 후의 한가한 논의 모습으로 그린 경우에는 그린 사람의 마음이 지향하고 있을 때를 암시한다. 때로는 발병의 시기, 즐거웠던 시절을 회상한다. 또는 미래를 암시하는 경우도 있다.

밭에서 일하는 사람의 모습이나 논 혹은 밭을 갈고, 정리하고, 손질하는 모습에 있어서 학생과 아동의 경우에는 면학과의 관계를 나타낸다. 일반적으로는 과제나 의무와의 관계를 나타내는 경우도 있으며 인격의 통제된 부분으로 볼 수도 있다.

공간구성상 흔히 밭은 조감도적 구성을 취하고 있으며, 공간이 왜곡되고 이질적인 부분으로서 나타나는 경우도 있다. 만일 지도 기호로 대처하고 있는 경우는 인물화에 있는 막대기식 표현과 비슷하다.

반대로 벼이삭을 하나하나 세심하게 그려 넣은 사람, 혹은 쌀을 한 알 한 알씩 바닥에 떨어뜨려 놓은 사람 등은 강박경향 뿐만 아니라 식물 차원의 존재에 관심을 가지는 세심한 심성의 일면도 볼 수 있다.

밭에서 일하는 사람을 그리는 경우는 일반적으로 좋게 평가되나 등교거부아, 비행청소년에서도 많이 볼 수 있다(의식면에서의 태만의 보상심리일지도 모른다).

앞에서도 약간 언급했지만 산과 강 이외의 모든 평면을 밭으로 표현하고 세심하게 분할하여 벼 한 포기, 한 포기 씩을 따로 그려 놓은 형태의 그림은 강박경향을 최대한으로 발휘한 것이다(강박경향은 이외에도 길 양쪽에 나열되어 있는 나무, 돌, 길 양쪽에 돌을 쌓아 방파제를 만든 것 등으로 표현되는 경우도 있다). 이 밭도 LMT가 지닌 숨겨진 진단의 일면이라고 말할 수 있다.

(5) 길

강을 무의식에 비유한 반면에 길은 의식이며, 방향을 암시하거나 인생의 길로써 명확하게 의식되는 것을 표현하는 경우가 있다. 그 길이 확실하게 강위의 다리와 연결되어 있으면 안심할 수 있다.

그러나 일반적으로 여성의 경우 길이 강으로 차단되어 그대로 끝나있는 경우가 1/4이나 된다. 남성에게 있어서는 결혼이란 다른 세계로 향한다는 정도의 큰 변화는 없으나, 여성에게 있어서는 강을 건넌다는 의미가 강을 건너서 다른 세계로 간다는 것, 즉 결혼을 의미한다고 한다. 남성에게 있어서 강을 건넌다는 의미는 다른 뜻으로 생각할 수 있다.

강에 의해 단절된 공간은 길에 의해 연결되는 경우가 많다. 포인트인 '다리'는 추가물로써 그리는 사람이 스스로 그리지 않으면 안 되는 항목이다(더 그리고 싶은 게 있으면 그려 넣으세요). 심리요법으로서의 주제, 또한 길의 그림에 의해 다시금 공간은 단절된다. 삶의 영위, 길과 공간, 즉 길과 집, 길과 밭 등이 연결되어 있어야 한다.

(6) 집 · 나무 · 사람

기존의 HTP 검사에서 언급된 것과 같이 해석한다.

(7) 꽃

꽃은 아름다움과 사랑을 상징한다. 또한 개화에서 결실에 이르는 최초의 단계이기 때문에 성장 · 발달의 상징이기도 하다. 일반적으로 여성스러움을 의미하고 여성스러움을 강조하는 경우에 그리는 일이 많다.

그러나 높은 산봉우리의 꽃, 장례식용 꽃, 새빨간색으로 길가에 피어 있는 꽃 등은 바로 자신의 영혼을 공감하는 꽃이며, 양친의 죽음을 애도하는 그림에서 많이 나타난다. 꽃에 색칠을 하지 않은 경우는 감정이 실감나지 않는다는 하나의 표현으로써 주로 정신분열증 내담자에게 많이 나타난다.

(8) 동물

동물 그 자체가 상징성을 나타낸다. 팬더, 기린, 공작 등 눈에 띄는 것, 코알라, 애견, 고양이와 같이 귀여운 동물, 뱀, 돼지 등 일반적으로 싫어하는 동물 등 각 동물이 지닌 속성을 중심으로 부여되는 인간의 여러 가지 이미지와 동물의 세심한 특성과 생태, 신화, 전설 등에 그 의미를 맞출 수 있다. 소는 성실성을 나타내며 희생적인 사람은 양이나 염소를 그리거나 그 사람을 대체하는 상징으로 표현하기도 한다.

집, 나무, 사람, 산, 강, 길을 전부 안쪽 밑에 아주 작게 그리고 동물을 크게 그리는 내담자의 경우는 작아져 있는 현실을 보상하고 있다고 생각할 수 있다. 이 사람은 내면에 큰 에너지를 지니고 있다. 앞으로 어떻게 내면의 에너지를 이끌어 낼 것인가 하는 것이 치료목표가 될 수 있다.

동물의 크기는 기준을 인간에게 둔다. 인간을 1로 하여 1보다 크면 인간이 지닌 에너지의 총량이 크다. 1보다 적으면 인간이 지닌 에너지의 총량이 적다.

분열증 내담자나 대인공포증 내담자는 토끼를 좋아하여 그리는 경우가 있다. 혹은 싸워서 상처를 입은 고슴도치, 매, 사자 등을 많이 표현하기도 한다. 등교거부 아동이나 학교 내 폭력 소년은 고양이에게 몰려 있는 듯한 쥐 모습을 그린다.

(9) 돌

돌의 의미는 매우 중요하다. 그 속성은 단단함, 냉정, 불변성이다. 돌은 일반적으로 눈에 띄지 않고 무수히 많은 것으로 그 존재를 알아차리기 어려운 경우가 많다. 그러나 그것이 큰 돌이나 큰 바위로서 길이나 강에서 전방을 가로막고 있으면 그 사람의 삶에 장애가 되고 큰 짐이 되며 어려움을 나타낸다. 그러나 큰 돌이라 하더라도 그 위치에 따라서 여러 가지 의미를 준다.

〈 풍경구성기법의 예 〉

 성폭행 여(15세)	
 지적장애 여(15세)	

2. 별과 파도검사(SWT)

1970년대 독일 심리학자 울주라 아베랄르멘(Av'e -Lallemant, Ursura)에 의해 창안 · 개발되어 1978년에 「별과 파도검사(Star Wave Test: SWT)」가 간행되었고 투사검사 중 하나로서 심리치료 장면에서 성격진단검사로서 주로 사용되고 있다. 실시

후 바로 결과에 대한 상담을 통해서 면접효과를 촉진 · 심화시킬 수 있다.

아벨랄르멘은 발테그(Wartegg) 묘화검사, 나무(Baum)검사, 글자 필적과의 종합검사로서 이용하면 더욱 효과가 있다. 3세부터 취학전 유아의 경우는 발달기능검사로도 사용할 수 있으며 형태, 움직임 공간 사용법에 의해 판단된다.

1) 실시방법 및 특징

(1) 실시방법

적용 연령은 3살부터 고령자까지로, 소요시간은 5분에서 10분 정도만 있으면 완성되는 경우가 많다. 검사용지에 1㎜의 폭으로 안쪽 치구 15.3×10.5㎝가 되도록 검은색의 장방형 테두리를 인쇄한다. "연필로 바다의 파도 위에 별이 있는 하늘을 그리세요"라고 지시하는데, 이와 똑같은 지시사항과 성별, 그림 그린 날짜, 생일, 연령을 기입하는 난이 검사용지에도 인쇄되어 있다.

① 2B부터 4B 정도의 부드러운 연필을 사용한다. 단 유아의 경우는 검사 용지를 더럽힐 염려가 있으므로 HB나 2B 정도의 연필을 사용한다.
② "별과 파도 이외의 사물을 그려도 좋은가"라는 질문에는 자유롭게 그리라고 대답한다. 단 유아의 경우에는 다른 사물을 그려서는 안 된다고 대답한다. 이미 그려 버린 내담자에게는 그대로 두게 한다.
③ 지우개와 연필깎이를 사용해도 좋다.
④ 시간제한은 없으며 5분에서 10분 정도로 완성되는 경우가 많다.
⑤ 완성된 SWT를 가지고 내담자와 대화한다. 치료자는 SWT의 해석을 가능한 상세히 설명한다. 그렇게 함으로써 보다 빨리 문제의 초점을 파악할 수 있다.

STARS-WAVES-TEST(SWT) Code Number

Draw with a pencil

A STARRY SKY OVER OCEAN WAVES Sex : MF

Test Date

Chron. Age

(2) 특징

SWT그림검사는 그림표현에 있어서의 기본적인 3가지 요소인 형 · 움직임 · 공간사용법에 의해 파악된다. 별을 그리는 한 줄 긋기의 필적은 대뇌 신피질의 뇌기능과 관련된다. 한편, 파도를 그리는 흔들리는 동작을 나타내는 선은 작은 골(소뇌)에 있는 운동기능을 관할하는 부위와 관련된다고 한다. 공간 사용법의 경우는 장방형의 테두리 안의 공간을 어떻게 사용하는가, 별과 파도를 어떻게 배치하는가로 그 사람의 정신적인 면의 특징을 파악할 수 있다.

투사검사로 별과 파도나 기타 첨가물(달이나 바위, 배 등)을 그리게 함으로써, 본인이 의식적으로 혹은 무의식적으로 느끼고 있는 긴장이나 개인적인 경향을 거기에 투사시킨다. 그래서 내담자의 무의식에 관한 정보나 실생활의 상태를 알 수 있다. SWT가 상징하는 것을 해석하는 데는 내담자와의 상담을 통해 적절하게 해석된다.

2) 해석

(1) 그림의 분류

어떤 착상으로 그림을 그렸는가를 분류한다.

- 요점만 있는 양식 : 이성적으로 기능하는 사람
- 회화적인 양식 : 감정적인 경험을 다른 사람과 공유하고 싶은 사람
- 감정이 듬뿍 담긴 양식 : 감각 수용적으로 감정이나 정서적인 것에 역점을 두어 그리거나 회화적인 양식의 분위기가 있는 것
- 형식적인 양식 : 자신을 감추려는 사람이거나 거꾸로 눈에 띄고 싶어하는 사람
- 상징적인 양식 : 심적 갈등의 무의식적 표현

(2) 형식적인 공간구조

- 자연의 조화 : 내적 조화나 균형 등을 의미한다.
- 배치 : 환경에 적응하려는 바램이나 의지를 의미한다.
- 규칙성 : 내적인 규칙에 순종한다는 것을 의미한다(바다 규칙성, 별 규칙성).
- 부조화 : 심적 갈등 또는 질서에의 반항을 의미한다.

(3) 공간의 상징적인 사용법

융이 설명한 공간상징, 움직임, 방향성을 강조하는 공간 도식 등을 참조하여 상하(수직), 좌우(수평) 구조를 살펴보겠다. 그 어느 쪽이든 물리적인 공간적 배치와 내용 강조라는 2가지 측면을 무두 살펴보고 분석한다. 예를 들어 하늘 면적이 바다 면적보다 넓더라도 바다가 강조되어 그려졌다면 바다가 우선이 된다.

1 수직적 구조

- 하늘과 바다의 조화 : 지적 측면과 감정적 측면의 조화
- 하늘 우위 : 지적 측면의 우위
- 바다 우위 : 감정적 측면의 우위
- 수평선으로 하늘과 바다가 접촉 : 2개의 측면이 상호 방해하고 있다.
- 하늘과 바다가 격리 : 2개의 측면이 분리되어 통합되지 않는다.
- 하늘과 바다 사이에 강조된 공간 : 2개의 측면이 상호 방해하고 있다.
- 별과 바다가 섞임 : 지적 측면과 감정적 측면이 분화되어 있지 않다.

2 수평적 구조

- 왼쪽 강조 : 내향적이 측면을 강조, 내적 세계로의 접촉에 문제
- 오른쪽 강조 : 외향적 측면을 강조, 외부세계나 타인과의 접촉에 문제
- 중앙 강조 : 자아 · 자기를 주제로 하는 내재적 표현

(4) 물체의 상징

사물의 상징이란 다양한 의미가 있기 때문에, 그린 사람과의 상담에 의해서 그 의미를 찾아 내는 것이 중요하다. 또한 아이들이 SWT에 나타나는 첨가물은 풍부한 표현력으로 해석하는 경우가 많다. 예를 들면 새, 천사, 로켓, 비행기, UFO 등이 표현된다.

- 파도 : 인간 내부의 생생한 요소를 표현한 것으로 감정, 무의식 등을 나타낸다.
- 별 : 무지의 암흑세계에서 길을 안내하고 전진하려는 의지의 빛으로 지성, 정신, 의식 등을 나타낸다.
- 달 : 본인의 관심이나 흥미의 방향성을 제시한다.
- 바위, 섬, 절벽 : 장애를 나타내지만, 묘사방법에 의해서는 조난자의 피난 장소나 안전한 장소가 되기도 한다. 동시에 해변이나 해안도 장애와 안전한 장소를 시사한다.
- 구름, 천둥, 벼락 : 스트레스, 피해 등을 시사한다.
- 등대 : 인공적인 빛으로 길을 안내해 주는 것으로 방향성을 시사한다.

(5) 필적 분석

1 한 줄 긋기(single stroke)

한 줄 긋기를 사용하지 않고서 별을 그리는 것은 어렵다. 확고한 생각이 머리 속에 있고 그것을 연필로 형태화하려는 사람의 그림에 사용된다. 자기 자신의 충동을 통제하는 개인적인 여유와 집중해서 자기 자신의 목표를 향해 나아가려는 의지를 의미한다. 의지력이 강하고 탄력적으로 자기 통제를 할 수 있는 사람이다.

움직임이 있는 필적 pendulum-type stroke는 긴장을 풀고 과도한 통제로부터 해방되지 않고서는 그려지지 않는다. 인생에 있어서의 신뢰나 인생의 생체리듬(바이오리즘)을 나타낸다. 이드(id: 프로이드의 정신분석 용어)로 무의식적인 쾌락 추구 에너지를 일컬음, 독일어로는 에스(-es라 함)가 움직임이 있는 필적을 만들어 낸다.

만일 파도를 한 줄 긋기로 그린다면, 통제를 잃게 되는 것이 두려운 일이라는 것을 기억하기 때문에 기본적 생명력으로 지탱될 수 있다는 것을 완전히 신뢰하지 않거나, 또는 반대로 통제를 잃게 되었을 때 기본적인 생명력에 완전히 의존해버리게 된다는 공포를 느끼고 있다고도 볼 수 있다(생명능력이 지탱할 수 없다고 의지할 수 없게 될 때)

2 안정적인 필적(sure)

안정적이며 섬세하고 민첩한 선으로 무엇을 어떻게 해야 하나를 명확하게 알고 있다는 것을 시사한다. 자신이 그린 별의 윤곽에도 나타나고 파도나 다른 물체에도 나타난다.

3 불안정한 필적(unsure)

불안정한 필적은 망설이는 듯이 가늘고 끊어진 선으로 자연스럽게 나가지 않고 움직임이 끊어지기 쉽고 자극에 민감한 선이다. 어떻게 하면 좋을지 모르고 자신에 대한 신뢰를 잃은 경우다.

4 이어진 필적과 분단된 필적(연속되어 있거나–continuous, 분단되어 있는–interrupted)

이어진 필적은 뒤돌아보는 것을 좋아하지 않고 목표를 향해서 곧장 전진하는 것을 좋아하는 사람이다. 분단된 필적은 안정된 필적으로 그려진 경우도 있지만, 불안정한 필적으로 그려지는 경우도 있다. 무엇을 해 왔는가를 재고하고 다시 그리기 시작하는 사람이다.

불안정하지는 않지만 똑같은 점에서 다시 그리는 경우는, 뒤돌아보고 지금까지 해온 일에 대해 생각해 보는데 필요한 시간을 두고자 하는 사람에서 보여진다.

(6) 필적의 형태

표 3-1 필적의 형태

연필각도 필압	약하다 (수동적 passive) 감정이 움직인다	강하다 (능동적 active) 의지가 움직인다
똑바로	섬세(delicate) 연약하다(delicate-fragile)	날카롭다(sharp) 딱딱하다(sharp-hard)
비스듬히	부드럽다(toned) 무르다(toned-spongy)	확고하다(firm) 난잡하다(firm-rough)

1 섬세한 필적

의지력이 약하고 수동적이며 감수성이 우위를 차지한다.

2 부드러운 필적

감각적인 요소를 갖고 있다. 감각적이며 관능성이 우위를 차지한다.

3 날카로운 필적

힘이나 행동 등의 성질이 우위에 있다. 자기 자신을 통제하고 이끌어 갈 수 있는 어느 정도의 이성적 능력이 있다.

4 확고한 필적

에너지가 넘치며 매우 자발적이며 본능적인 경향이 있다.

(7) 필적에 나타난 장애의 징후

1 연약한 필적

약하고 깨지기 쉽기 때문에 상처받기 쉽고 파괴되기 일보직전이다. 필수 수법은 불안정하다. 과도한 감수성, 지나치게 상처받기 쉬운 성질을 갖고 있는 과민성을 시사한다.

2 무른 필적

더러워진 진흙처럼 번져 보인다. 외부로부터 금방 영향을 받든가 이미 받아버린, 지나치게 감각적인 수동성을 시사한다. 이성적인 통제를 상실해 버린 불안정한 아이들에게 자주 나타난다. 소위 추종자가 되어 버린다. 스폰지처럼 물러 보인다.

3 딱딱한 필적

그린 선이 가늘고 상당히 강한 힘이 들어 있다. 의지력이 너무나도 지나치게 강하기 때문에 냉정한 통제력이 팽팽하게 긴장되어 있다.

4 난잡한 필적

그린 선이 두껍고 강한 힘이 들어 있다. 지나친 난잡함이나 미숙한 조잡함을 나타낸다. 방향을 잃어버린 충동성, 무제한의 본능이다. 독선적, 충동적, 돌발적, 제멋대로이기 때문에 통제되지 않은 행동을 나타낸다.

5 검게 고착된(blackening fixation) 필적

심리적 갈등, 또는 물건이나 장소에 무의식적으로 집착하고 있다. 현재 진행 중인 갈등, 상징적 그림 표현에 자주 쓰인다.

6 잘게 끊어진(fragmented) 필적

신경질적인 자기제어, 완전히 조각이 난 필적. 자기 성찰의 수단으로 이용한다. 분단된 필적이 더 과격해진 것이므로 지나치게 자기성찰을 한 결과 선을 연결해서 그을 수가 없다. 신경질적인 자기제어를 시사한다.

(8) 표면이나 평면 다루기

1 음영 그리기

정서적이고 관능적인 감수성의 표현, 사물의 표면을 부드러운 필적으로 그려 넣는다면, 음영을 그렸다고 할 수 있다. 즉 관능적인 분위기를 강조하고 있다. 이런 사람은 정서적이고 관능적인 감수성이 있다고 할 수 있다.

2 보풀을 일게 한다.

감정적으로 경험한 내용을 이성적으로 이해하려고 하는 표현이다. 날카롭고 확실한 필적인 한 줄 긋기식으로 줄무늬를 그려 넣는다면 보풀을 일게 한 것으로 간주한다. 보풀을 일게 하기 위해서 의식 통제가 필요하게 된다. 의식 통제와 감정표현인 '선으로 뒤덮여진' 표면이 뒤섞여 있다. 감정적으로 경험한 내용을 이성적으로 이해하려고 하는 욕구다.

3 윤곽을 그린다.

이성적인 통제 표현이다. 날카로운 필적으로 그림으로써 강조한다. 별이 원래 갖고 있는 특성을 그릴 경우나 섬세한 파도를 보호하기 위해서 수평선을 날카로운 연필로 그리려고 할 경우 등에 나타난다. 이성적인 통제라고 할 수 있다.

4 어둡게 한다.

강한 감정이나 정서의 표현이지만, 특히 어린아이들에게도 색칠을 하게 하는 대신에 그리게 하는 경우도 있다.

5 거칠게 한다.

접촉이 어렵다는 표현, 한 줄 긋기식이지만, 비교적 조화성이 없는 방식으로 그린 경우를 가리킨다. 특히 나무 검사의 줄기가 나타내는 대인접촉 문제를 의미한다.

〈 별과 파도검사의 예 〉

3. 빗속의 사람 그림검사(PITR)

빗속의 사람 그림검사(Person In The Rain: PITR)는 A. Abrams와 A. Amchin (Hammer, 1958, 1967) 에 의해 개발 발전된 것으로 인물화 검사를 변형시켜 만들어진 투사검사다. 원래는 Fay(1923, 1934)에 의해 개발되었으며 Which(1935)에 의해 새롭게 수정되고 표준화된 PITR은 Rey(1947)가 Goodenough(1926)와 앞의

연구자들의 득점 시스템을 기초로 추가수정하여 1,300명의 스위스 아동을 대상으로 연구가 이루어졌다. Taylor(1959)는 연구자들의 내용의 질이 아닌 그림내용 자체로 점수를 매겼기 때문에 이 척도를 12세까지 유용한 측정수단으로 구별하였다. 아동의 잠재되어 있는 인지적 평가의 절차로서 특히 장애가 있거나 청각장애, 신경학적 문제, 학업적, 감정적 문제를 가진 아동들에게 더 지지되었으며 신경의학적 분야에서 구준히 사용되어져 왔다.

최근에는 Oster와 Gould(1987)는 PITR을 평가와 치료에서 그림을 사용한다는 내용을 포함시켰다. 그들은 PITR이 자아의 힘을 결정하는데 진단도구로서 가치가 있고 스트레스 평가와 대처자원의 적절성이 PITR 그림에서 확인될 수 있다는 것을 임상사례를 통하여 보고하였다.

이 기법은 빗속에 있는 사람을 그리게 하여 불안의 정도와 대처를 알아 보기 위한 것이다. 비의 양, 번개, 구름 등은 불안의 강도를 나타내고 장화, 우산, 비옷, 나무나 집 같은 보호물과 인물의 긍정적 표정 등은 불안에 대처하는 모습을 보여준다. 빗속의 사람그리기 검사는 신뢰도가 꽤 높은 검사다. 이 검사는 내담자의 스트레스의 양과 스트레스에 맞서는 태도 등을 나타내는데 효과적인 검사다.

사람그리기를 기본으로 하여 비가 내리는 장면을 첨부한 것이지만 의외로 독특하고 풍부한 정보를 제공한다. 정신과 내담자들에게는 비교적 높은 타당도를 지니는 반면, 일반인들에게는 해석의 타당도가 낮은 것으로 알려져 있다(신민섭 외 2002).

1) 목표

현재 겪고 있는 스트레스의 정도와 대처능력을 파악한다. 자기개념을 파악하고 외부환경에 대한 지각을 할 수 있다.

(1) 준비물

A4용지, 4B연필, 지우개

(2) 활동내용

① A4용지, 연필, 지우개를 제시하고 다음과 같은 지시문에 따라 그림을 그리게 한다.
"비가 내리고 있습니다. 빗속에 있는 사람을 그려 주세요. 만화나 막대기 같은 사람이 아닌 완전한 사람을 그리세요."

② 아동의 질문에는 "자유입니다. 그리고 싶은 대로 하면 됩니다."라고 말하고 그림 모양이나 크기, 위치 방법에 대해 어떠한 단서를 주어서는 안 된다.

지금부터 여러분의 스트레스를 알아보는 시간으로 하겠습니다.(5분)

③ 그림을 그린 후 치료자는 그린 순서와 그림 속의 인물이 누구이며 그 사람이 무엇을 하고 있는지에 대해 물어 기재한다.

④ 그림을 그린 후 내담자와 그림에 대한 이야기를 나눈다. 질문내용은 정해진 내용이나 원칙이 있는 것은 아니지만 인물화의 내용을 참고하여 그림을 그린 내담자의 수준에 맞는 적절한 질문을 하여 상담과정으로의 적용하는 것이 좋다.

(3) 질문내용

① 이 그림을 보면 어떤 느낌이 듭니까?
② 이 사람은 몇 살 입니까?
③ 이 사람은 무엇을 하고 있습니까?
④ 이 사람을 보면 누가 생각납니까?
⑤ 이 사람의 현재 기분상태는 어떠할까요?
⑥ 이 사람에게 필요한 것은 무엇일까요?

이 사람은 비를 맞고 있습니까, 바람이 불고 있습니까, 번개가 치고 있습니까? 등 관련된 질문을 하고 내담자의 반응에 대해 서로 이야기를 한다.

2) 해석

(1) 빗줄기의 양

비는 스트레스로 빗줄기의 양은 스트레스의 양을 나타낸다. 빗속의 사람을 그리라고 했지만 그림 속에 비가 없다거나, 빗물이 아주 적은 경우는 내담자가 스트레스의 무딘 경우라고 할 수 있다. 그러나 빗줄기의 양이 많고 세기가 강하고 굵기가 굵다면 받고 있는 스트레스의 양이 그만큼 많다는 것을 나타낸다.

(2) 비에 대한 반응

비에 대한 대응은 스트레스의 대한 대응을 나타낸다. 우산을 쓴다거나, 처마가 달린 집에 피해 있다는 것 등 비를 맞지 않고 대응을 한다면 그것은 내담자가 처해 있는 스트레스에 적절히 대응하고 있다는 것을 의미한다. 반면, 어떠한 대응 없이 비를 맞고 있다는 것은 스트레스에 적절히 대응하지 못하는 것을 의미한다.

- 비, 구름, 웅덩이, 번개 : 외부에서 받는 곤경이나 스트레스적인 환경, 구름을 먼저 그린 아동의 스트레스가 높다.
- 비의 질 : 그 사람이 느끼는 스트레스의 양
- 스트레스에 대한 대처자원 : 우산, 비옷, 보호물, 장화, 얼굴표정, 인물의 크기, 인물의 위치, 나무로 상징되어 나타난다.

3) 사람

(1) 사람의 크기

그림 속 사람의 크기는 자신의 자아에 대한 크기를 나타낸다.

사람은 그림상 분위기를 잘 살펴야 한다. 사람의 크기는 내담자가 자신에게 갖고 있는 자아에 대한 크기를 나타내며 그림의 표정은 스트레스를 받으면서 나타나는 자아의 표정을 나타낸다.

(2) 표정

자화상과 같은 역할을 한다. 자아의 표정에 대해 나타난다. 사람의 표정은 스트레스에 맞서는 표정으로 힘든 표정을 지닌다면 스트레스로 인해 힘들게 지침을 의미하게 된다.

사람이 비옷과 장화를 신고 있고 우산을 쓰고 있거나 건물이나 나무 밑 처마 등 보호물 속에 자신을 가리고 있는 경우, 인물상의 크기가 크고 인물을 가리고 있지 않더라도 표정이 밝고 미소를 띠고 있는 경우, 인물상의 위치가 중앙에 위치하고 있는 경우는 대처자원이 있는 것으로 생각할 수 있다.

4) 기타

① 가로등 : 애정, 지지, 관심 등을 나타낸다.
② 우산의 크기 : 우산이란 비에 대한 대응, 즉 스트레스에 대한 대응을 의미한다. 이러한 우산이 지나치게 클 경우 스트레스에 대처하는데 에너지를 다 쓴다는 것을 의미한다.
③ 천둥, 번개 : 지금 상당한 스트레스에 직면해 있다는 것을 나타낸다.
④ 타인에게 우산을 씌어 주는 경우 : 자신이 타인의 스트레스까지 맡으려는 것을 의미한다.

5) 스트레스를 측정하는 기법

① 스트레스를 측정하는 기법으로서 그림을 보면서 현재의 그림이 나타나게 된 배경, 즉 현재 겪고 있는 스트레스에 대해 이야기를 나눈다.
② 자신이 활용할 수 있는 대처자원은 어떤 것이 있으며 이 방법이 자신

의 문제를 해결하고 해소하는 데 얼마나 도움이 되는지, 이 자원 이외에 개발해야 할 자원은 어떤 것이 있을지 찾아보도록 하는 것이 좋다.

③ 대처자원을 일상생활에서 직접 활용한다.

④ 스트레스와 스트레스 대처양식을 보는 것으로 그림 속의 사람은 자화상과도 같은 역할을 한다.

⑤ 일반적으로 비, 구름, 웅덩이, 번개 등은 스트레스를 나타낸다. 우산, 비옷, 보호물, 장화, 얼굴표정, 인물의 크기, 인물의 위치 등은 스트레스 대처능력(자원)을 나타낸다.

6) 대처자원이 있는 것

① 인물상이 비옷과 장화를 신고, 우산을 쓰고 있거나 건물이나 나무 밑 등 보호물 속에 인물상을 가리고 있는 경우

② 인물상의 크기가 크고, 인물을 가리지 않고 드러내고 있으면서 표정이 밝고 미소를 띠고 있는 경우

③ 인물상의 위치가 중앙에 위치하고 있는 경우

④ 그린 사람의 자기개념을 알 수 있고 외부환경에 대한 지각이 어떠한지를 살펴볼 수 있게 도와 준다.

⑤ 그림을 그리는 사람이 얼마만큼 외부의 자극이나 스트레스에 유연하게 대처할 수 있는지를 알려면 그림 속의 인물이 비에 대해 어떻게 대처하고 있는지를 보면 추측된다.

⑥ 불쾌한 상황이나 불안한 상황에서 어떤 종류의 방어기제를 사용할 것인지 알 수 있다.

⑦ 환경을 통제할 수 있는 충분한 심적 에너지가 있는지 알 수 있다.

표 3-2 PITR 점수코팅체계

〈스트레스 스케일: 16개 항목〉

스트레스 스케일			
항목	항목명	채점지침	점수
S1	비가 없다.	0-비가 있다, 1-비가 없다.	
S2	비가 있다.	0-비가 없다, 1-비가 있다.	
S3	많은 비	Template Grid 사용 비가 차지한 공간=R 사람이 차지한 공간x1.5=WPerson R-WPerson=결과가 음수(-)=0, 결과가 양수(+)=1	
S4	비의 스타일	0-비가 점으로만 묘사 1-비가 원, 선, 눈물방울	
S5	비의 방향 인물방향으로 있는 비	0-비가 무질서하게/고르게 퍼져 있음 1-비가 특정인을 향하고 있음, 비스듬하거나 사람위에 직접 내리고 있음	
S6	비와 접촉	0-비가 인물의 어떤 부분/ 우산, 우비, 모자 등과 접촉되어 있지 않음 1-비가 인물의 어떤 부분/ 우산, 우비, 모자 등과 접촉되어 있음	
S7	비에 젖다.	0-인물이 젖을 것 같지 않거나 마른 상태 1-인물이 젖을 것 같은 상태(비가 생략 되었더라도)	
S8	바람	0-바람이 없다 1-바람이 있다.	
S9-S16은 0점, 1점, 2점, 그 이상의 점수로 항목의 수와 동일한 숫자의 점수를 받음			
S9	웅덩이	0-웅덩이가 없다(S11로 감) 1-웅덩이가 있다(크기에 상관없이 1개당 1점씩).	
S10	웅덩이에 서 있다.	0-웅덩이가 없거나 웅덩이에 서 있지 않을 때 1-사람이 웅덩이에 발을 담궜는지 접촉하고 있는지 웅덩이마다 1점씩	
S11	다양한 비의 스타일	0-비가 없거나 비가 점으로만 되어 있을 때 1-비라고 표현한 형태마다 1점씩(선, 원, 물방울)	
S12	다중강수 또는 강설	0-비만 묘사되어 있을 때 1-비라고 표현한 종류에 따라 1점씩(우박, 눈)	
S13	번개(번갯불, 번개화살)	0-번개가 없음(S15로 감), 번개마다 1점	
S14	번개강타	0-번개가 없음(S15로 감), 번개마다 1점	
S15	구름	0-번개나 번개치는 것이 없다 사람, 우산, 사람의 확장된 어떤 부분을 강타하는 번개마다 1점	
S16	먹구름	0-구름이 없음, 1-먹구름마다 1점	
총 스트레스 점수			

실험항목			
SA-SE: 기록은 하지만 채점하지 않음			
SA	무지개	무지개의 양	0
SB	태양	태양의 양	0
SC	새	새의 양	0
SD	초목, 나무, 꽃, 덤불 등의 양	나무, 꽃, 덤불의 양	0
SE	기타, 수량, 특징		0

〈자원과 대처능력 측정: 19개 항목〉

스트레스 스케일			
항목	항목명	채점지침	점수
R1	보호물이 있다	0-보호물이 없다(R10으로) 1-보호물이 있다(나무, 지붕, 처마, 압벽, 자켓, 비옷, 선반, 장화, 비모자, 삿갓, 스카프)	
R2	우산이 있다	0-우산이 없다(R4로) 1-우산이 있다(접혀있는 것도 가능).	
R3	들고 있는 우산	0-우산과 손잡이를 이상하게 들고 있을 때 1-우산을 적절하게 들고 있을 때	
R4	다른 보호 장치	0-우산과 비를 피하는 장비(우비, 모자, 장화) 외에 다른 보호 보호장비가 없음 1-우산과 비를 피하는 장비(우비, 모자, 장화) 외의 다른 보호 장치가 있음(나무, 차, 가방, 자켓)	
R5	적절한 크기의 보호물	Template Blue Ruler 사용 보호물의 폭 ____In 인물의 폭 ____In 0-보호물의 폭이 인물의 폭보다 크거나 같을 때 1-보호물의 폭이 인물의 폭보다 작을 때	
R6	완전 무결한 보호물	0-보호물이 손상됨 1-보호물이 완전함	
R7	우비	0-인물이 우비를 입고 있지 않음 1-인물을 보호하는 우비를 입고 있음	
R8	모자	0-인물이 모자나 머리를 보호하는 보호물이 없음 1-인물이 모자나 머리를 보호하는 보호물이 있음	
R9	부츠, 장화	0-인물이 장화를 신고 있지 않음 1-인물이 장화나 다른 보호하는 것을 신고 있음	
R10	옷을 입고 있는 인물	0-인물이 나체이거나 부분적으로 옷을 입고 있지 않음 1-인물이 어떤 형태의 옷이라도 입을 입고 있음(긴팔옷, 치마)	

스트레스 스케일			
항목	항목명	채점지침	점수
R11	얼굴전체가 보임	0-얼굴이 모자나 우산으로 가려지거나 옆모습이나 뒷모습 1-얼굴전체가 보임	
R12	얼굴의 미소	0-얼굴에 미소가 없음, 표정이 없음, 다른 표정 1-얼굴에 미소가 있음	
R13	중앙에 있는 인물	Template 사용 0-중앙을 벗어남 1-중앙에 위치	
R14	인물의 크기	Template Blue Ruler 사용 0-인물이 6인치보다 크거나 2인치보다 작음 1-인물이 2인치 이상, 6인치 이하	
R15	전체 인물의 모습	0-인물이 측면, 뒷면, 막대상, 머리만 혹은 부분적인 신체 1-인물이 머리에서 발끝까지 앞면을 보고 있음	
R16	스케치 선의 질	0-선의 질이 다양하거나 스케치풍(진하고-가늘고, 밝고, 어둡고, 끊어진 선) 1-선의 질이 균일하고 부드럽다. 연속적, 일관성 있게 밝거나 어둡고, 진하거나 가늘다.	
자원 소계			

실험항목			
R17-R19: 자원의 부분합계로서 공제됨, 각각 0점, 1점, 그 이상의 점수			
R17	나체	0-어떤 형태로 된 옷이라도 입고 있음 1-인물이 나체이거나 성기를 드러내거나, 옷이 투명하며 옷을 입었는지 분명하지 않은 경우	
R18	몸의 일부가 빠짐	0-인물이 완전하게 표현되어 있음 1-용모 중의 빠진 것 하나당 1점: 머리, 눈, 코, 입, 귀, 목, 몸통, 팔, 손가락, 다리, 발 등.	
R19	이빨	0-이가 보이지 않음 1-이가 보임	
총자원 점수=자원소계-총스트레스 점수			
대처능력=총자원 점수-총스트레스 점수			

+: 스트레스를 처리하고도 +점수만큼 자원이 확보되어 있음을 나타낸다.

-: 음수 만큼 스트레스가 쌓이고 있음. 대처가 필요함.

〈 빗속의 사람 그림검사의 예 〉

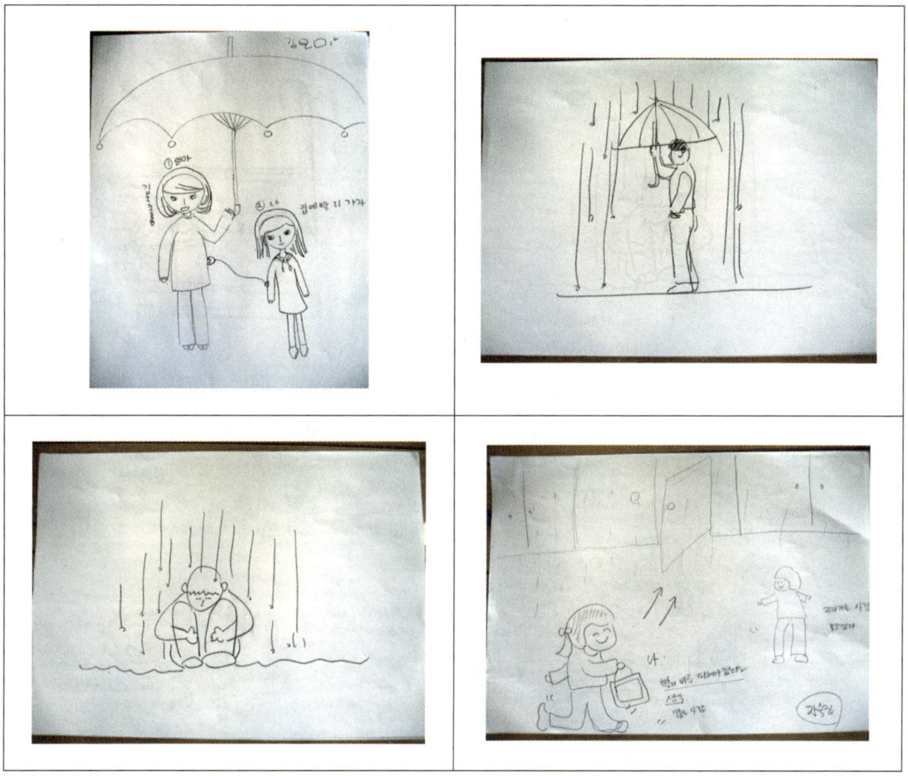

제 4 장

집 · 나무 · 사람 그림검사

1. 집 · 나무 · 사람(HTP) 검사와 진단

심리진단을 위해 그림을 이용한 것은 비교적 최근인 19세기 말부터 시작되어 Goodenough(1926)는 아동기에서 청소년기까지 규준이 되는 인물화의 발달과정을 연구하여 그림과 지능의 발달 관계를 규정했다. 이후에 Harris(1963)는 Goodenough의 연구를 더욱 발전시켰다. 이 인물화와 지능의 발달 관계를 규정한 검사는 우리나라에도 소개되어 김재은 · 여광응 등이 '인물화에 의한 간편지능검사'로 표준화작업을 하여 지금도 발달지체아동의 지능측정에 매우 효과적으로 사용되고 있다.

또한 Machover(1949)는 아동의 그림에 대한 임상적 해석 기준을 마련하여 '인물화에 의한 성격검사'를 개발하였다. 피험자가 그린 인물을 가지고 그 피험자의 성격특성을 이해하고자 한 것이었다. 그 후 Koppitz(1968)는 발달에 따른 점수화 체계와 인물화의 분석을 연구하여 많은 사람들이 폭넓게 사용하게 되었다.

한편 Buck(1948)은 단일과제의 그림검사보다는 집 · 나무 · 사람을 그리게 하는 것이 피험자의 성격의 이해에 보다 효과적이라고 생각하여 집 · 나무 · 사람(House · Tree · Person) 그림을 발달적, 투사적인 측면에서 연구했다. Buck이 집 · 나무 · 사람의 3가지 과제를 사용한 것은 첫째, 집 · 나무 · 사람은 누구에게나 친밀감을 주는 것이며 둘째, 모든 연령의 피험자가 그림대상으로 기꺼이 받아들이며 셋째, 다른 과제보다는 솔직하고 자유스러운 언어표현을 시킬 수 있는 자극으로서 이용할 수 있기 때문이었다고 하였다.

Jolles(1964)는 집, 나무, 사람그림에 대한 특성을 매우 상세하게 기술했고 또한 Hammer(1971)는 투사적 그림의 임상적 적용을 확대했다.

1) 실시방법

HTP검사는 개별검사로써 실시하고, 그림을 완성한 후에 여러 가지 질문을 행하여 피검자의 성격에 대한 많은 정보를 얻는다. 그러나 피검자들의 적응수준이나 성격의 성숙도를 대체적으로 알기 위해서는 집단검사로써 실시하는 것도 가능하다. 본 장에서는 집 · 나무 · 사람그림에 대한 개요를 살펴보고 다음 장에서 동적 집 · 나무 · 사람그림에 대한 세부적인 설명을 덧붙이고자 한다.

(1) 준비물

HTP검사 실시에 필요한 도구는 피험자 한 사람에 대하여 16절지(A4) 백지 4장, 4B연필 2~3자루, 지우개를 준비하면 된다. 단 연필심이 너무 뾰족하지 않도록 해야 한다.

(2) 실시 방법

1 개별검사시

준비한 종이의 우측상단에 작게 ①부터 ④까지의 번호를 적어 둔다. 이것은 인물화에서 남녀의 어느 쪽을 먼저 그렸는지를 알기 위해서다. 집단검사로 실시할 때에는 예비용으로 백지와 연필을 준비해 두는 것이 좋다.

검사를 실시할 수 있는 준비가 되면 시작한다. 먼저 "지금부터 그림을 그려 봅시다. 이것은 그림을 잘 그리고 못 그리는 것을 조사하는 것이 아니므로, 즐거운 마음으로 그리십시오. 또한 이것은 사생을 하는 것이 아닙니다. 자기가 생각한대로 그리면 좋습니다"하고 설명한다.

그 다음에 "한 장의 종이에 하나씩 모두 4장의 그림을 그리십시오"라고 말한 뒤 ①의 종이를 가로로 제시하면서 "이 종이 위에 집을 그리십시오"라고 지시한다. 검사자는 그림을 그리라는 지시를 한 후부터 그리기 시작하기까지와 그리기를 마칠 때까지의 시간을 측정하지만 너무 엄밀히 측정할 필요는 없다.

또한 검사자는 피검자의 여러 가지 질문에 대해서는 단지 "당신이 생각한대로 그리십시오"라고만 대답해 주며 피검자의 질문은 기록해 둔다.

피검자가 집그림을 끝내면 다시 ②번의 종이를 세로로 하여 제시하며 "이번에는 나무를 한 그루 그려 보십시오"하고 지시한다.

나무의 그림이 끝나면 ③번의 종이도 세로로 제시하며 "이번에는 사람을 한 사람 그려 보십시오. 얼굴만이 아니고 전신을 그려 보십시오"하고 지시한다.

검사자는 피검자가 사람을 다 그리고 나면, 그 그림이 남자(성)인지 여자(성)인지 질문하여 피검자의 대답을 ③번의 아래에 기입한다. 그리고 ④번의 종이를 세로로 제시하며 "그러면 이번에는 남자(혹은 여자)를 한 사람 그려 보십시오. 역시 얼굴만이 아니고 전신을 그려 보십시오"하고 ③번의 인물과 반대되는 성의 인물을 그리도록 지시한다.

단, 피검자가 그린 그림이 현저하게 만화처럼 그려지거나, 막대형 그림이거나 또는 추상적인 그림일 경우에는 다시 한번 그리게 하는 것이 좋다.

만일 피검자가 다시 한 번 그리게 하였을 때도 역시 만화적으로 그리거나 막대형의 그림, 또는 추상적인 그림일 경우에는 해석적인 유의미성을 지닌다고 할 수 있다. 즉, 검사에 대한 거부감의 표시일 수 있다.

HTP 각각의 그림에 대개 10분 정도 필요하다고 한다. 하지만 실제로 필자가 많은 피검자들에게 실시해 보았을 때 대개 집그림은 5~6분 정도, 나무그림은 6~7분, 인물화인 경우는 8~10분 남짓 소요되었다. 그림에 소요되는 시간이 지나치게 짧거나 혹은 긴 시간이 소요될 경우는 해석에 있어서의 유의미성을 지닌다고 할 수 있다.

2 집단검사시

HTP를 집단검사로 실시할 경우에는 옆 사람의 그림을 보지 않도록, 그리고 사생을 하지 않도록 강조하며 덧붙여 만화 혹은 막대형의 그림 등으로 그리지 않도록 피검자들에게 주의시킨다. 지시사항은 개별검사 때와 같다.

검사실시하기 전에 반드시 준비한 백지의 우측 상단에 조그맣게 ①~④까지 번호를 써 두어야 한다. 피검자들에게 각각의 그림에 이름을 기록하게 하고 그림 ③과 ④의 인물화에 대해서는 남자인지 여자인지 성별을 기록하게 해야 한다.

집단검사에서도 개별검사와 마찬가지로 대개 HTP를 완성하는데 소요되는 시간은 집 그림은 3~5분 정도, 나무그림은 그보다 좀 길어 5~6분, 인물화인 경우는 8~10분 남짓 소요되었다. 집단그림에서도 역시 그림에 소요되는 시간이 지나치게 짧거나 혹은 긴 시간이 소요될 경우는 해석적인 유의미성을 지닌다고 할 수 있다.

3 그림 그린 후의 질문(PDI: Post Drawing Inquiry)

HTP검사에서 그림 그린 후의 질문은 피검자가 HTP에서 표현한 것의 독특한 의미와 문제를 파악하는데 극히 중요한 역할을 한다(Koppit, 1968).

질문은 특별히 일정한 형식은 없으며 검사자의 필요에 따라서 행하는 것이 좋다. 예컨대 "이 그림에 대하여 당신이 느끼고 생각하는 것을 이야기해 보십시오" 라든가 "이 그림에 대하여 어떤 이야기를 만들어 보지 않겠습니까?"라고 질문하는 것이 좋다. 질문에 대한 대답에 대해서는 그 이유를 묻는 것이 바람직하다.

다음은 HTP검사를 실시한 후 피검자들에게 일반적으로 사용하는 질문사항들이다.

그러나 실제 많은 피검자에게 HTP를 실시해 본 경험에 따르면 모든 피검자에게 아래와 같은 질문을 하는 것이 매우 어렵다. 하지만 해석의 단서를 얻기 위해서는 가능한 한 질문에 대한 답을 얻어 내는 것이 중요하다. 또한 아래의 질문란에 피검자의 대답을 적어 둘 때 가능한 한 피검자가 사용한 용어를 그대로 적어 두는 것이 좋다. 예를 들면, 집 그림의 ①문항인 "이 집은 시가지에 있는 집입니까? 교외에 있는 집입니까?"란 질문에서 피검자가 "글쎄, 먼데 있는 집인데요"라고 대답한 경우 '교외에 있는 집입니다'라고 기록하지 말고 피검자가 사용한 용어를 그대로 적어 두어야 한다. 이렇게 피검자가 사용한 용어를 그대로 적어 둠으로써 피검자에 관한 정보가 한층 더 생생하게 살아나기 때문이다.

<HTP 검사에 대한 개요>

1 HTP의 기본적 개념

- 피검자의 성격을 이해하기 위한 도구로 사용
- House · Tree · Person(집 · 나무 · 사람)의 3가지 과제를 사용
  ① 집, 나무, 사람은 누구에게나 친밀감을 준다.
  ② 모든 연령의 피검자가 그림대상으로 기꺼이 받아 드린다.
  ③ 다른 과제보다는 솔직하고 자유스러운 언어표현을 시킬 수 있는 자극으로서 이용할 수 있기 때문이다.

2 HTP 검사의 발달과정

- 19C 말부터 인간을 이해하기 위한 수단으로 그림을 체계적으로 사용
- 인물화를 최초로 표준화한 사람은 Goodenough(1929)로 인물화의 발달 과정을 표준화시키며, 그림의 능숙함을 지능과 관련시킴
- Harris(1963)가 더욱 발달시킴
- 정신분석가인 Buck(1948)에 의해 '정신 병리적' 집단에서 프로이드의 이론을 기반으로 HTP가 개발됨
- Buck와 Hammer(1969)는 HTP그림을 발달적, 투사적 측면에서 더욱 발달시킴
- Jolles(1964)에 의한 분류는 HTP에 대한 특징을 상세하게 설명해 줌
- Hammer(1971)는 투사적 그림의 임상적 적용을 확장했음
- Koppitz(1968)의 발달에 따른 점수화 방법과 인물화의 분석이 폭넓게 사용되어옴
- Bebensky는 1950년대 후반의 치료의 목적으로 HTP에 색을 칠하게 하여 내담자가 자기 자신을 어떻게 느끼며 과거를 어떻게 느끼는가 등을 알게 하는 자아발견의 원천으로 삼게 함
- Burns(1972)는 역동성을 부여하도록 동적 집 · 나무 · 사람(KHTP)기법을 발전시킴

3 적용 가능한 대상자

피험자 자신의 성격이나 갈등, 동기의 반응을 어떻게 구성하고 조직하는가, 자극을 어떻게 지각하는가, 어떤 설명을 부가하는가 하는 개인의 심리적 특성을 이해해야 할 필요성이 있는 누구나에게 적용이 가능하다.

4 검사의 장점

① 반응의 독특성
② 방어의 어려움
③ 반응의 풍부함
④ 무의식적 내용의 반응

5 검사의 문제점

① 검사의 신뢰도 – 검사자 간 신뢰도, 반분신뢰도, 재검사신뢰도의 문제점
② 검사의 타당도 – 타당도 검증이 빈약
③ 반응에 대한 상황적 요인의 영향력 – 검사자의 연령, 성, 인종, 검사자의 태도, 검사자에 대한 피험자의 선입견 등

2) HTP 검사의 해석

HTP검사는 전체적 분석과 형식적 분석, 그리고 내용분석의 과정을 거친다.

(1) 전체적 분석

그림의 전체적 평가라는 것은 그림의 전체적인 인상을 중시하고, 조화가 이루어져 있는가, 구조는 잘 되어 있는가, 이상한 곳은 없는가에 주목하여 어떤 모양의 사람을 그렸는가를 생각해 나가는 것이다.

전체적 평가에서 밝혀야 할 것은 피험자의 적응수준, 성숙도, 신체상의 혼란정도, 자신과 외부에 대한 인지방법 등이다.

표 4-1 집그림

질 문 사 항	피검자의 답변
(1) 이 집은 도심에 있는 집입니까? 교외에 있는 집입니까?	
(2) 이 집 가까이 다른 집이 있습니까?	
(3) 이 그림에서 날씨는 어떠합니까?	
(4) 이 집은 당신에게서 멀리 있는 집입니까? 가까이 있는 집입니까?	
(5) 이 집에 살고 있는 가족은 몇 사람이며 어떤 사람들입니까?	
(6) 가정의 분위기는 어떠합니까?	
(7) 이 집을 보면 무엇이 생각납니까?	
(8) 이 집을 보면 누가 생각납니까?	
(9) 당신은 어떤 집에 살고 싶습니까?	
(10) 당신은 이 집의 어느 방에 살고 싶습니까?	
(11) 당신은 누구와 이 집에 살고 싶습니까?	
(12) 당신의 집은 이 집보다 큽니까? 작습니까?	
(13) 이 집을 그릴 때 누구의 집을 생각하고 그렸습니까?	
(14) 이것은 당신의 집을 그린 것입니까?	
(15) (특수한 집인 경우) 왜 이 집을 그렸습니까?	
(16) (그림에서 이해하기 곤란한 부분에 대하여) 이것은 무엇입니까? 왜 그렸습니까?	
(17) 이 그림에 첨가해서 더 그리고 싶은 것이 있습니까?	
(18) 당신이 그리려고 했던 대로 잘 그려졌습니까? 어떤 부분이 그리기 어려웠고 마음에 들지 않습니까?	

표 4-2 나무그림

질 문 사 항	피검자의 답변
(1) 이 나무는 어떤 나무입니까?(불확실할 경우 상록수 혹은 낙엽수인지 질문한다)	
(2) 이 나무는 어디 있는 나무입니까?	
(3) 한 그루만이 있습니까? 숲 속에 있나요?	
(4) 이 그림의 날씨는 어떠합니까?	
(5) 바람이 불고 있습니까? 바람이 분다면 어떤 바람이 어느 방향으로 불고 있습니까?	
(6) 이 나무는 몇 년쯤 된 나무입니까?	
(7) 이 나무는 살아 있나요? (말라 죽었다면 언제쯤 어떻게 말라 죽었습니까?)	
(8) 이 나무는 강한 나무입니까? 약한 나무입니까?	
(9) 해가 떠 있습니까? 떠 있다면 어느 쪽에 떠 있습니까?	
(10) 이 나무는 당신에게 누구를 생각나게 합니까?	
(11) 이 나무는 남자와 여자 중 어느 쪽을 닮았다고 봅니까?	
(12) 이 나무는 당신에게 어떤 사람을 느끼게 합니까?	
(13) 이 나무는 당신으로부터 멀리 있는 나무입니까? 가까이 있는 나무입니까?	
(14) 이 나무에 필요한 것은 무엇입니까?	
(15) 이 나무는 당신보다 큽니까? 작습니까?	
(16) (상흔 등이 있으면) 이것은 무엇입니까? 어떻게 해서 생겼습니까?	
(17) (특수한 나무인 경우) 왜 이 나무를 그렸습니까?	
(18) 이 그림에 더 첨가해서 그리고 싶은 것이 있습니까?	
(19) (그림에서 이해하기 곤란한 부분에 대하여) 이것은 무엇이며 왜 그렸습니까?	
(20) 당신이 그리고자 한만큼 잘 그려졌습니까? 어떤 부분이 그리기 어려웠고, 마음에 들지 않습니까?	

표 4-3 인물화(남녀 각각의 인물화에 대하여)

질 문 사 항	피검자의 답변
(1) 이 사람의 나이는?	
(2) 결혼했습니까? 가족은 몇 명이며, 어떤 사람들입니까?	
(3) 이 사람의 직업은?	
(4) 이 사람은 지금 무엇을 하고 있습니까?	
(5) 지금 이 사람은 무슨 생각을 하며, 어떻게 느끼고 있습니까?	
(6) 이 사람의 신체는 건강한 편입니까? 약한 편입니까?	
(7) 이 사람은 친구들이 많습니까? 어떤 친구들입니까?	
(8) 이 사람의 성질 어떻습니까? 장점과 단점은 무엇입니까?	
(9) 이 사람은 행복합니까? 불행합니까?	
(10) 이 사람에게는 무엇이 필요합니까?	
(11) 당신은 이 사람이 어떻습니까? 좋습니까? 싫습니까?	
(12) 당신은 이 사람처럼 되고 싶습니까?	
(13) 당신은 이 사람과 함께 생활하고 친구가 되고 싶습니까?	
(14) 이 사람을 그릴 때 누구를 생각하고 있었습니까?	
(15) 이 사람은 당신을 닮았습니까?	
(16) (특수한 인물인 경우) 왜 이 사람을 그렸습니까?	
(17) (그림에서 이해하기 곤란한 부분의 경우)이것은 무엇인가요? 왜 그렸습니까?	
(18) 이 그림에 더 첨가해서 그리고 싶은 것이 있습니까?	
(19) 당신이 그리고자 한만큼 잘 그려졌습니까? 어떤 부분이 그리기 어려웠고, 마음에 들지 않습니까?	

(2) 형식적 분석

HTP검사의 해석이란 HTP그림에 의한 성격의 여러 면을 밝혀 나가는 것을 말한다. 이 해석은 HTP검사와 함께 실시한 다른 심리검사들의 결과와 그림을 그린 후의 질문 등을 참작하는 동시에 피험자와의 면접 외에 행동관찰과 검사 시의 태도 등으로부터 얻어지는 임상소견 등도 고려해야 한다. 즉 그림만 가지고 성격의 단면을 추론하는 맹분석(blind analysis)에 의한 해석만을 해서는 안 된다는 것이다.

HTP검사의 그림을 해석하는 데는 다음의 3가지 면을 종합하여 행할 필요가 있다. HTP검사에서 집, 나무, 남성상, 여성상 등을 어떻게 그렸는가. 형식적 분석은 구조적 분석이라고도 하며 HTP검사의 모든 그림에 공통적으로 행한다. 예를 들어 어떤 부분부터 그려 나가는가 하는 그림을 그려 나간 순서, 종이 위의 어느 쪽에 그리는가 하는 위치, 크기, 필압, 선의 농담, 불연속적인 선의 성질, 그림의 대칭성, 운동, 원근법, 음영, 생략, 강조, 지우기 등을 살펴보며 또한 이러한 것들을 통해서 성격의 단면을 읽어 나가는 방법이다.

(3) 내용 분석

내용 분석은 무엇을 그렸는가 하는 것을 다루는 것으로 집, 나무, 남자상, 여자상에 있어서 이상한 부분, 형식 분석의 사인(sign) 등을 참고로 하여 그림 가운데에 강조되어 있는 부분을 다룬다.

내용 분석에 있어서는 명백하고 큰 특징을 먼저 다루되, 그림 그린 후의 질문(PDI)을 피검자에게 실시하고, 피검자가 질문에 따라 연상하는 것을 묻는 것이 그림 해석에 도움이 된다. 또한 그림 자체에 현저한 특징이 없는 경우에도 그림 그린 후의 질문을 행함으로써 피험자의 성격을 이해하게 되는 경우가 많다.

그림의 어떤 특징적인 사인이 무엇인가를 상징하고 있다는 도식적 의사소통이라는 점에서 명백하다. 그러나 그림의 상징적 의미는 인류전체에 보편적인 의미를 갖는 것도 있으나 특정한 문화나 개인에게만 통하는 특수한 의미를 가지는 경우도 있다.

예를 들면 팔은 이집트의 상형문자로는 활동성을 상징하며 양팔을 올리는 것은 기도나 자기방어를 나타낸다. 나무가 우주의 생명력을 상징하는 것으로 간주하는 것은 인류에게 보편적인 상징적 의미라고 하겠다. 또한 숫사슴의 뿔은 생명의 나무를 닮았으며 따라서 정력을 의미한다. 그러나 박쥐가 중국에서는 행복과 장수를 의미하는데 반하여 서구에서는 이러한 의미가 없다. 또한 용의 경우도 서양에서는 인간의 미천한 원초적 본성이나 지하세계와 사탄의 세력을 의미하지만 동양의 경우 기쁨, 역동성, 건강, 생식력의 상징으로써 받아들이고 있다는 것은 문화적인 차이를 보여주는 것이라고 할 수 있다.

Hammer는 거세수술을 받은 내담자의 수술 전후의 HTP검사에서 굴뚝, 가지, 둥지, 팔, 코 등의 돌출부가 남성생식기의 상징으로써 사용되었으며 원, 삼각형, 중심이 움푹 패인 물건이 여성생식기를 상징하였다고 말하고 있으며, 이것들은 Freud의 정신분석학에서도 인정되고 있는 상징들이다. 따라서 내용 분석에 있어서는 상징의 보편적인 의미와 특징적인 의미를 함께 고찰해야 한다.

(4) 집 그림의 해석

집 그림은 피험자가 성장하여 온 가정상황을 나타내며 자신의 가정생활과 가족관계를 어떻게 인지하며, 그것에 대해 어떤 감정과 태도를 가지고 있는가를 보이는 경우 외에 이상적인 장래의 가정과 과거의 가정에 대한 소망을 나타낸다.

집 그림을 해석함에 있어서는 그림을 전체적으로 평가함과 아울러 필수 구성부분인 지붕, 벽, 출입문, 창문 등을 어떻게 그리는가에 주의해야 한다.

예컨대 창문이 없는 그림은 어느 정도 비사교적이며 대인관계에 대한 경계심이 강하고 분열증으로 진단된다.

1 주제 : 집

① 집

집 그림에서는 단독주택을 그리는 것이 보통이며 피험자의 약 80% 이상이 전통적인 주택을 그린다. 이 중에서 70% 이상의 사람이 두 채의 집을 그린다. 약 8%의 사람이 특수한 집, 즉 교회, 절, 학교, 빌딩, 아파트 등을 그린다. 이러한 특수한 집을 그린 사람에게는 반드시 그린 후의 질문(PDI)이 필요하다. 자신의 가정에 대해 불만이나 갈등을 가지고 있는 경우가 많다. 또한 특수한 집이 피험자의 자화상을 나타내거나 특별한 관심을 나타내기도 한다.

② 지붕

지붕은 정신생활 특히 생활의 공상영역을 상징한다. Hammer는 지나치게 큰 지붕을 그리고 다른 부분은 적게 그린 것은 공상에 열중하며 외면적인 대인관계로부터 도피하려는 경향을 나타낸다고 하였다.

지붕이 벽을 겸하고 있는 그림은 언제나 공상에 열중하고 있는 것을 나타내며, 이것이 극단적일 경우는 현저한 분열성 성격이나 정신분열증으로 의심할 필요가 있다. 한편 집 그림에 지붕이 없는 것과 양쪽 끝의 벽을 한 개의 선으로 처리한 높이가 없는 지붕은 공상력이 없는 사람에게서 보여진다. 이러한 지붕은 정신박약자에게 많고, 보통의 지능을 갖고 있으면서 이러한 지붕을 그리는 것은 위축된 성격을 갖고 구체적인 것만을 추구하는 사람들에게서 나타난다. 강한 필압으로 보강하거나 지붕의 윤곽만을 반복하여 그리는 것은 공상적인 경향이 자신의 통제를 벗어나는 것을 두려워하고 자기를 방어하고자 하는 사람에게서 자주 보여진다.

지붕이 허물어지고 금이 가 있는 그림은 자신의 통제력을 완전히 능가한 힘에 의해 자신이 압도되었다는 감정을 상징적으로 나타낸 것이다. 또한 지붕이 흐리고 약한 선으로 그려진 것은 공상을 통제하는 힘이 약해져 있다는 감정을 나타낸다. 지붕과 기와를 세밀하게 그린 것은 집착적인 사람에게서 자주 나타난다. 담과 담 너머 지붕만 보이는 것은 자아의 붕괴를 감지하고 현실과의 접촉이 불량한 것을 나타낸다.

③ 벽

벽의 선은 자아의 강함과 관계가 있다. 망가지고 무너진 벽은 붕괴하고 있는 자아를 가진 내담자의 그림에서 보여지며 벽의 경계선을 강조하는 것은 자아의 완전함과 통제를 유지하고자 하는 의식적인 노력을 보이는 것으로 정신병의 초기에 자주 나타난다. 이와 반대로 약하고 힘이 없는 선으로 그려진 벽의 윤곽은 성격의 붕괴가 임박하였다는 느낌과 자아의 통제가 약하다는 것을 의미한다. 이것은 병적 상태를 피하고자 노력하는 대신에 수동적으로 참고 나가려는 태도를 나타내는 것이다.

벽을 통하여 집의 내부가 보이도록 그린 그림은 성인에게서 보여질 때는 비판력과 현실검증이 부적당하고, 될 수 있는 한 장면을 구조화하려는 강박적인 욕구가 있음을 나타낸다. 벽의 지면선이 없는 것은 현실과의 접촉이 불충분한 것을 나타내며, 벽의 지면선이 강조되는 것은 현실수준에서의 불안을 나타내는 것이다. 또한 벽의 한 면과 다른 면이 적절히 결합되어 있지 않은 경우는 기질적인 질환으로 의심되며, 원시적인 충동이 통제되지 않으며 이인증의 감정을 나타낸다.

2개의 옆벽이 동시에 나타나는 것으로 그 벽이 좁은 것은 유아에게는 보통이지만 성인의 경우는 기질장애를 의심하게 하는 정신박약이나 퇴행성 경향을 나타낸다. 또한 벽의 한 면만을 그린 것은 도피적인 사고, 우울 경향, 대인관계에 시기심이 많고 반항적인 경향이 강함을 뜻한다. 벽에서 수직선이 강조되는 것은 만족을 공상에서 구하며 현실과의 접촉이 적음을 뜻한다. 반대로 수평선이 강조되어 있는 것은 과거와 미래가 지배적으로 생각되어져, 환경으로부터의 압력으로 상처받기 쉬운 경우와 정서에 문제가 있거나 잠재적인 동성애로 간주되기 쉽다.

④ 문

문은 환경과의 직접적인 상호작용을 하는 부분으로서 대인관계에 대한 태도를 나타낸다. 임상적으로 20%의 피험자가 문을 그리지 않는 것으로 나타나 어떤 형태로든 외부와의 관계를 갖는 부분을 나타내는 경우가 많기 때문에 문이 없을 때에는 그러한 점을 고려할 필요가 있다.

문의 크기는 대체로 1층 높이에 가까운 것이 보통이다. 창문과 집 전체의 크기에 비해 작은 문은 환경과의 접촉을 꺼리고 무력감과 우유부단함에 지배되고 있음을 나타낸다. 또한 집의 가장자리에 그려진 문이나 손잡이가 없는 문, 격자가 붙은 창이 있는 문은 도피적이며 외부에 대한 의심, 경계성을 나타낸다. 손잡이는 남자 청년의 약 30%, 여자 청년의 약 60%에서 보여지는데, 손잡이가 지나치게 강조된 경우는 남자 성기에 대한 관심으로 해석할 수 있다. 문에 자물쇠나 경첩을 붙이는 것은 의심이 많고 방어적임을 나타낸다. 문이 전혀 없는 집은 가정환경에서 타인과 접촉하지 않으려는 감정, 외부와의 교류를 원치 않는 냉정한 사람에게 많다.

지나치게 큰 문이나 폭이 넓은 문은 타인에게 아주 의존적인 사람에게서 보여지며, 적극적인 사회접촉을 통해 타인에게 인상적인 존재가 되고 싶은 욕구를 나타낸다. 문을 열어서 그리는 것은 외부로부터 정서적인 따뜻함을 얻고 싶어하는 갈망과 노출경향을 나타낸다. 문이 어떤 것에 의해 가리어지거나 집의 측면이나 뒷면에 그리는 것은 신중하고 표면적인 충동성, 도피적 경향을 나타낸다.

집 그림에서 맨 마지막에 문을 상세하게 그리는 것은 대인접촉에 소극적이며 현실로부터 도피하는 경향임을 나타낸다.

⑤ 창문

집의 창문은 인간의 눈과 같은 것으로 문만큼 직접적인 것은 아니지만 환경과의 수동적인 접촉을 나타낸다.

창문이 없는 것은 외부에 대한 관심의 결여와 적의, 폐쇄적인 사고를 나타낸다. 창문도 문도 없는 것은 정신분열증의 증후다.

격자가 창문에 많이 붙어 있는 것은 회의적인 성격을 나타내며 외부세계를 자기로부터 멀리하려는 것이며, 엄중한 격자가 있는 창문이 많은 것은 심한 강박경향 때로는 항문적 가학관념을 나타낸다. 창문에 특별히 자물쇠를 그리는 것은 외부의 위험에 대처하려는 강한 공포감과 적의를 가진 사람에게서 보여지며 편집증 경향의 사람에게서도 보여진다.

창문이 차양이나 커튼으로 막혀져 있는 것은 타인과의 교섭을 싫어하고 강박관념, 의심, 폐쇄적인 사고의 경향이 있음을 나타낸다. 커튼이나 차양이 있으나 전혀 닫혀져 있지 않는 경우는 환경과 자신과의 관계에 어느 정도 불안을 가지지만 일반적으로 자신을 통제하고 빈틈없이 행동하는 것이다.

창문의 틀을 강조하는 것은 구순적 성격의 특징을 나타내는 경우가 많다. 창문이 수직선으로 2분되거나 삼각형인 것은 여성생식기에 대한 고착이나 과도한 관심을 나타낸다. 창문의 크기가 다른 것은 그 창문이 있는 방이나, 그 방에 거주하는 사람에 대하여 지나친 관심을 갖는 경우가 있다. 히스테리 내담자는 일반적으로 지나치게 장식된 창문을 그리며 강박경향이 강한 사람은 차양 등을 주의 깊게 그리기 쉽다.

⑥ 굴뚝과 연기

집 그림에서 굴뚝을 그리지 않는 것은 특별히 문제될 것은 없다. 일반적으로 굴뚝은 보다 친밀한 인간관계로서의 따뜻함과 남성 성기의 상징으로 생각되어진다.

굴뚝을 강조하는 것은 남성의 성에 대한 관심과 가정의 따뜻함에 대한 강조이기도 하며, 현저하게 큰 굴뚝은 남자다움을 보이고자 하는 욕구와 노출 경향을 나타내는 경우가 있다. 굴뚝이 다른 것에 의해 전혀 보이지 않는 것은 거세불안을 나타내며 자극을 주는 감정을 피하려는 것이다. 집 뒤편의 지붕에 붙어 있는 굴뚝은 항문적 가학을 의미한다.

굴뚝에서 많은 연기가 뭉게뭉게 나오는 것을 진하게 그린 것은 피험자의 마음속에 긴장이 있고 가정환경 내에 갈등이나 정서혼란이 있음을 나타낸다.

한 가닥의 옅은 선의 연기는 가정의 따뜻함의 결여나 요도 에로티시즘(성 감정이 요도로 향해진 것)의 정신-성적 발달단계에 이른 것을 나타낸다.

Jolles(1964)는 연기가 오른쪽에서 왼쪽으로 흐르는 것은 미래에 대하여 염세적 견해를 가지는 경우이며 왼쪽과 오른쪽 동시에 흐르는 것은 현실 검증력이 결핍된 병적 경향을 나타내는 것이라고 하였다.

⑦ 방

방의 의미는 첫째, 그 방에 항상 거처하는 사람, 둘째, 그 방에서 경험하는 인간관계, 셋째, 그 방이 피험자에 대해서 갖는 특수한 상징성, 넷째, 그 방과 결합되어 있는 일반 기능과 피험자가 그 방과 결합하고 있는 특수한 기능을 나타낸다. 용지의 끝에서 절단된 방은 피험자가 그 방을 그리고 싶지 않다는 것을 나타내며, 거실이나 응접실은 사교에 대한 관심을 식당이나 부엌은 구순단계의 성감정과 애정욕구를 나타낸다.

⑧ 울타리, 처마, 수채(하수구), 물받이(홈통)

집 둘레에 울타리를 그리는 것은 자기를 방어하는 것이며, 자기가 느끼고 있는 안전감을 방해당하고 싶지 않다는 것을 뜻한다. 하수구는 높은 방어성과 깊은 의심을 나타내며, 홈통은 하수구와 같은 뜻이 있고, 또한 요도 에로티시즘 , 남성 성기에 대한 관심을 나타낸다.

처마에 강한 그림자를 그려서 강조하는 것은 현저한 시기심과 경계심을 나타내며, 가정으로부터 거부된 감정을 표시하는 것으로 문제 신호로 간주된다.

2 주제 : 나무와 숲

피험자 중에는 안정감의 결여와 불안의 표시로서 나무와 숲 기타 건물에 직접 관계가 없는 부속물을 첨가하여 집을 둘러싸서 방어하려는 사람이 있다. 집 둘레에 숲을 그리는 것은 방어벽을 만들려는 것을 나타내며, 산책길과 연결시켜 그려진 숲은 어느 정도의 불안이 있고, 그것을 통제하려고 하는 의식적인 시도를 보이고 있다.

나무가 집을 가리는 것처럼 보일 때는 의존에 대한 강한 욕구와 양친에게 지배되고 있다는 감정을 보이는 것이다. 정원을 그리고 쇠뜨기, 튤립, 국화 등을 그리는 것은 분리성 성격의 성인과 정상인 아동에게서 자주 보인다. 집 그림에 산이 자세히 그려진 것은 어머니의 보호를 구하며 안전의 욕구를 나타내고 있다.

3 주제 : 길

균형이 잘 이루어져 출입문으로 통하는 도로는 어느 정도 통제력을 가지고 타인과 빈틈없는 접촉을 하고 있는 사람이 그리는 경우가 많다. 길고 꼬불꼬불한 도로는 대인관계에 있어서 처음에는 타인과의 접촉이 어려우나 점차적으로 따뜻한 인간관계를 맺는 사람의 그림에 많다. 그러나 너무 긴 도로는 타인과의 접촉을 피하려는 경향을 나타낸 것이다.

출입문 쪽에서 극히 좁아진 길은 타인으로부터 멀리하고 싶은 기본적 욕구를 표면적인 우정에 의하여 은폐시키려는 시도를 나타낸 것이다.

집 그림에 도로가 그려졌으나 출입문에 연결되어 있지 않고 집과는 관계가 없는 길은 타인과의 교섭을 즐겨하지 않고 별개의 세상에 살고 싶다는 바람과 자신을 그러한 사람으로 인식하고 있음을 나타낸다.

4 기타 부속물

차고, 헛간, 지붕의 안테나, 피뢰침, 풍향계, 초인종, 우편함 등을 특히 강조하여 다른 부분과 조화를 이루지 못할 때는 그린 후의 질문을 하여 피험자가 가지고 있는 특별한 의미를 밝혀야 한다. 대체로 특수한 집은 피험자의 자화상을 표현하는 경우가 많다.

〈 집 그림검사의 예 〉

우울 여(12세)

지체장애 여(16세)

PTSD 여(35세)

학교폭력 남(14세)

(5) 나무그림의 해석

나무검사는 1940년, 스위스의 직업상담가인 유커(Emil Jucker)에 의해 1928년부터 장기간에 걸쳐 연구하고 처음 제창되어, 1949년 코흐(Charles Koch)에 의해 「나무검사-정신진단학적 보조수단인 수목화(樹木畵) 검사-The Baum Test-The Tree-Drawing Test As an Aid in Psycho Diagnosis」가 간행되어 임상현장에서 이용되고 있다.

가장 오래된 그림검사 중 하나로 나무는 그것을 그린 사람의 자기묘사라고 추측되며, 일본에서도 코흐의 번역서가 「Baum테스트」라는 제목으로 하야시(林勝造) 등에 의해 출판되어(1970), 이후 임상심리 현장에서 심리진단도구로서 널리 사용되고 있다.

이 장에서 소개하는 나무검사기법은 기존에 출판되어 있는 코흐의 것과는 약간 다른 것으로 앞에서 Buck의 HTP테스트와 Machover의 인물화테스트에 대해 언급하였고 Koch의 Baum테스트 매뉴얼은 이미 우리나라에서도 출간되었기 때문에 여기에서는 아베랄르멘(Av'e-Lallemant)에 의한 나무검사를 실시할 때 간단히 응용하는 방법과 해석에 대해 말하고자 한다.

1 울주라 아베랄르멘(Av'e-Lallemant, Ursura)에 의한 나무검사 실시방법

내담자에게 A4 용지와 2B나 4B 연필을 나누어 준 뒤, "나무를 그려 주세요(Please draw a tree)"라는 지시를 한다. 일본에서는 Koch의 방법대로 "열매가 있는 나무를 그려 주세요"라고 지시하지만, 라이너(Ryhner, 2000)에 의하면, 이와 같은 지시는 내담자에게 나무만을 그리게 하는 것이 아니라 열매를 그리도록 유발할 가능성이 있기 때문에 "나무 한 그루를 그려 주세요"라고 바꿔 말해야 한다고 한다. 그러나 그러한 경우에도 나무 한 그루, 즉 하나라는 제한성이 있게 때문에 "그냥 나무를 그려 주세요"라고 한다.

2 나무검사 해석의 5단계

아베랄르멘은 특히 사춘기 아이들이 그린 나무그림에 대해 다음의 5단계 해석을 제시하였다.

① 나무의 첫인상

용지에 그려진 나무를 보았을 때의 처음 인상을 생각해 본다. 그 나무는 어떤 특징을 나타내고 있을까? 그것은 강한 것인가 아니면 상처받았나, 여린 것인가, 빈약한가, 펼쳐 있나, 내향적인가, 솟아 올라와 있나, 혼란스러워하고 있나 등 그 인상을 근거로 그 나무의 본질을 파악한다. 이러한 처음의 주관적 인상을 제2단계 이후의 방법에 의해서 보다 상세히 검토하여야 하며 처음으로 다시 돌아와 재탐색한다.

② 공간배치(공간상징)

제공받은 용지의 공간을 어떻게 사용하고 있는가, 또는 각각의 장소에 그려진 내용의 나타내는 강조점을 파악한다. 여기에서는 별과 파도검사 때와 같이 융의 공간상징에 대한 지식이 도움이 된다. 오른쪽 윗부분을 사용하고 강조하는 사람은 활동적이며 진보적인 야심가로, 지성의 영역을 향상시키고자 함을 의미한다. 그리고 왼쪽 부분의 공간을 강조하는 사람은 바람과 노력을 내면에 두고 외적으로는 접촉을 두려워하여 억제하는 사람으로 자기가치를 찾는 노력, 윤리관, 의미 등의 주제를 갖고 있음을 의미한다.

③ 유기체로서의 나무

그린 나무가 살아 있는 나무로서 어떤 상황인가를 생각해 본다. 뿌리는 나무를 지탱하기에 충분히 튼튼한가, 줄기 상태는 어떠한가, 나무 꼭대기까지 지탱할 수 있겠는가? 등 전체를 파악한 후에 부분에 대한 검토에 들어 간다.

줄기의 상태는 대인관계 상황을 나타내는데, 예를 들면 꺼칠꺼칠해진 나무껍질이나 딱딱한 선으로 그려진 줄기윤곽, 찢어져서 상처가 남을 줄기는 환경에 대한 적응이 힘들다는 것을 나타낸다. 그리고 중심 가지에는 개별적 주제가 반영된다고 한다. 가지가 갈라지는 부분에 공동화(空洞化-텅빈)나 팽창이 나타나는 경우는 어떻게 해야 할지를 모르는 상태이므로 자아정체성 문제가 시사된다. 게다가 가지 끝이 갈라져 있는 경우는 아직 목적이 결정되지 못한 상태를 나타낸다.

뿌리가 그려진 경우는 뿌리내리는 것이 주제가 된다. 그러나 그려져 있지 않다고 해서 뿌리를 내리고 있지 않다고는 할 수 없다. 나무 꼭대기와 그 곳의 가지나 잎사귀 상태는 감정표현의 풍부함, 반대로 슬픔이나 억울함을 나타내기도 한다. 그러나 나무 꼭대기 주위에 선만 있고 잎이 그려지지 않은 그림의 경우일지라고 감정결핍이라고는 할 수 없다. 세부검토는 어쨌든 전체 파악을 한 후에 그 의미를 바로잡아 나아가는 것이 바람직하다.

④ 필적 분석

Koch의 나무검사에는 없는 분석항목으로서, 아베랄르멘(Av'e-Lallemant)의 투사 그림 종합검사에 있어서 필적 분석은 상당히 중요한 위치를 차지하며 나무검사 해석에 있어서 필적 분석은 별과 파도검사 때와 똑같은 방법으로 실행된다. 즉 그려진 선에 대한 긋는 방법, 필적의 형태, 필적의 혼란, 이 3가지 점을 근거로 내담자의 의지, 충동성, 감수성 등을 해석한다. 검게 고착된 것이나 부드러운 것, 연약한 것 등의 필적의 혼란스러움이 나타내 주는 특징이 나무의 어느 부분에 나타나는가도 중요한 해석이 될 수 있다.

⑤ 생활 상황

이상 살펴본 나무에 대한 해석을 내담자의 생활 상황 내의 문맥 안에서 파악해 본다.

- 뱀－죽음, 재생의 의미
- 나무가 쳐지는 것, 버드나무－우울
- 부엉이－지혜, 지적인 행복(일본의 문화)
- 지우개 사용 가능할 때는 "자유롭게 그리세요."라고 지시한다.
- 필적를 보고 필적 분석을 하기 위한 때에는 연필만 사용하게 할 수도 있다.
- 붓의 필적 분석－가능하면 붓으로 그림 가능하도록 필적분석이 가능한 필기 도구를 활용한다.
- 실행 인지도를 본다. 그 적용능력(정서불안)을 보고 심리적 안정을 위해 연필깎이와 지우개를 제공한다.
- 반복적 지우개 질 흔적－정신적 · 심리적 이상자 아닌 이상 별문제삼지 않는다.

〈 나무그림 검사의 예 〉

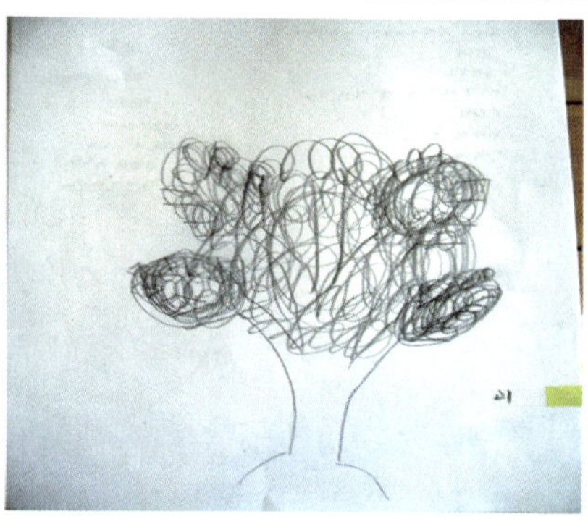

학교부적응 남(17세)

학교폭력 남(14세)

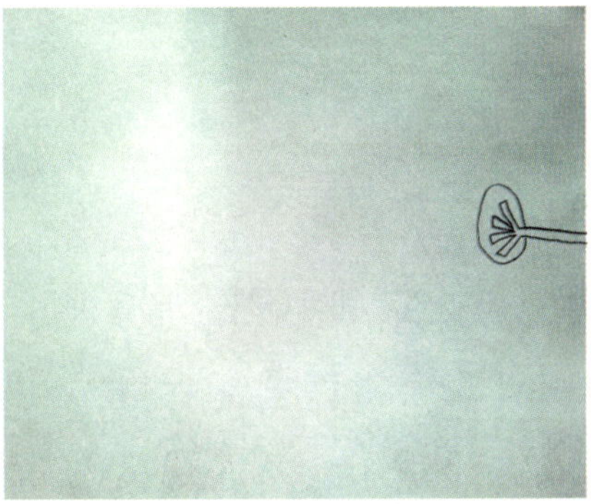	
정서문제 남(11세)	분리불안 남(7세)

(6) 인물화 검사(Draw A Person)

1 인물화 검사(Draw A Person)방법

심리진단을 위해 인물화 그림을 이용한 것은 1926년 Goodenough에 의해서다. Goodenough(1926)는 아동기에서 청소년기까지 규준이 되는 인물화의 발달과정을 연구하여 그림과 지능(intelligence)의 발달 관계를 규정했다(Draw A Men : DAM). 이후 Harris(1963)는 Goodenough의 연구를 더욱 발전시켰고, 이 인물화와 지능의 발달관계를 규정한 검사도구는 우리나라에도 소개되어 김재은 · 여광응 등이 '인물화에 의한 간편 지능검사'로 표준화작업을 하여 발달지체 아동의 지능측정에 효과적으로 사용되고 있다.

또한 Machover(1949)는 아동의 그림에 대한 임상적 해석 기준을 마련하여 '인물화에 의한 성격검사(Draw A Person: DAP)'를 개발하였다. 이는 피험자가 그린 인물을 가지고 그 피험자의 성격특성(Personality)을 이해하고자 한 것이었다. 그 후 Koppitz(1968)는 발달에 따른 점수화 체계와 인물화의 분석을 연구하여 많은 사람들이 폭넓게 사용하게 되었다. 이 장에서는 인물화에 의한 성격검사에 대해 다루고자 한다.

지시사항은 HTP검사에서 사용한 인물화검사와 동일한 것으로써 준비한 종이의 우측상단에 작게 (1)부터 (4)까지의 번호를 적어 둔다. 이것은 인물화에서 남녀의 어느 쪽을 먼저 그렸는지를 알기 위해서다. 집단검사로 실시할 때에는 예비용으로 백지와 연필을 별도로 준비해 두는 것이 좋다.

2 인물화 검사(Draw A Person) 해석방법

다음 〈표 4-4〉는 Machover(1949)가 개발한 인물화 성격검사를 일본에서 大伴茂(오오도모시게루)가 표준화하여 사용한 인물화 성격검사(1956) 해석방법이다.

표 4-4 오오도모(大伴)의 인물화 성격검사(1956)

부위	성격분석 규준	상징적 의미	남	여
위치	1. 상반 (전체의 1/2)	• 낙천적–보다 높은 데로 이르려는 태도, 정신, 공상, 미래, 목표, 의식, 자각, 발전, 완성, 남성성, 주도성, 활동성, 불안, 기쁨, 사회, 삶	S	S
	2. 하반 (전체의 1/2)	• 비관적–과거 때로는 억압, 뿌리깊은 슬픔, 고요, 무의식, 충동, 퇴행, 여성성, 수동성, 비활동성, 안정성, 죽음	M	M
	3. 좌반 (전체의 1/2)	• 자기 자신에게로 향한 내면적 공격, 내향성, 수동성, 소극적, 여성적, 자폐	M	M
	4. 우반 (전체의 1/2)	• 환경에게로 향한 공격, 외향적, 남성적, 부친, 적극성, 주도성, 사회, 외면	S	S
	5. 상반 우반	• 낙천적, 남성적, 목표, 계획, 완성	S	S
	6. 상반 좌반	• 공상, 환상, 자폐	S	S
	7. 하반 우반	• 무기력, 혼란, 자기애, 고립, 죽음	M	M
	8. 하반 좌반	• 비관적, 억제적, 불안, 퇴행, 의존, 유아기에 고착	M	M
대소	9. 크다 (2/3 이상)	• 자아강대, 확대적, 공격적 감정, 자아상일 때에는 보상적 공상으로 불완전한 느낌에 응답하는 것을 뜻하며, 부모상이면 강대, 위협적, 징벌적	S	S
	10. 작다 (1/2 이하)	• 자아약소, 열등감을 품고 환경에 응답	M	M

부위	성격분석 규준	상징적 의미	남	여
	11. 그림을 그린 사람 자신과 같은 성이 불균형하게도 크다.	• 자신의 과시, 때로는 편집적. 부모의 상이면 자기와 같은 성의 부모가 가정에서 세력이 강대하다.	S	S
	12. 자기와 같은 성이 불균형하게도 작다.	• 자아의 약소, 자각, 때로는 편집적. 남성 피험자가 여성상을 크게 그린 경우 동성애 경향, 여성에의 존경 또는 공포, 반대로 여성 피험자가 여성을 크게-여성의 우월성 강조, 자신의 여성성 거부. 작을 때-부모의 상인 경우는 자기와 같은 성의 부모가 가정에서 세력이 약소하다.	Sch	Sch
모습	13. 행동이 수반되고 있다. (달리고 있다-과도한 운동)	• 신체활동에로의 강한 충동, 자기현시, 도피욕구, 소극적 운동-에너지 수준이 낮다.	F	F
	14. 걷고 있다.	• 위험상태에 빠지기 쉽다.	F	F
	15. 앉아 있다. 기대고 있다.	• 의존적, 세력의 약소, 욕망의 결여, 피로함	M	M
	16. 몸을 기울이고 있다.	• 불안정 불만	F	F
	17. 선이 극도로 딱딱하다.	• 깊이 뿌리박은 곤란-자아 강대	S	S
	18. 선이 극도로 부드럽다.	• 자아 약소	M	M
	19. 선이 기계적(전부 선으로만 되어 있는 기하학적 도형)	• 운동적 의미가 결여, 정신적 장애	X	X
	20. 선이 극도로 가늘다.	• 신경질, 열등감, 자폐증적 경향	N	N
	21. 선이 극도로 거칠다.	• 정신불안, 자아 강대	Sch	Sch
	22. 부위 생략(머리, 등, 팔, 다리, 네 가지의 생략)	• 생략부위와 관계있는 갈등, 자기의 불구, 결함에 대해 초조함	C	C
그린 순서	23. 여기저기서 그리기 시작(팔, 머리, 발끝 등)	• 불안정하고 신경증적 반응	N	N
	24. 본인과 같은 성을 나중에 그린다.	• 성적 자아에 혼란이 있음-이성의 부모에 대한 의존, 애착 혹은 이성의 누군가에 대한 의존이나 집착, 성의 동일시, 성 역할에 혼란, 동일시, 여성의 남자 교사나 남자 선배에의 관심(남성의 경우 그 반대)	C	C

부위	성격분석 규준	상징적 의미	남	여
	25. 팔이나 손부터 먼저 그린다.	• 환경과의 접촉을 극도로 싫어하는 부적응을 자각하지 않으려는 경향	M	M
	26. 팔이나 손을 맨 나중에 그린다.	• 타인과의 협조에 대한 결여나 도피, 자기억제	F	F
	27. 다리와 손을 먼저 그린다.	• 자아의 약소	M	M
	28. 머리를 맨 나중에 그린다.	• 인간관계 도피경향, 죄악감, 자신의 지능의 원천, 통제력 등에 자신감이 없음, 지적 열등감	F	F
	29. 얼굴(이, 목, 구, 비)을 맨 나중에 그린다.	• 대인관계의 혼란, 혹은 외적 자극 거부, 또는 자기를 뚜렷이 밝히려 하지 않는다. 인간관계의 정보수용 기관으로서 타인과 친화, 애정, 적의, 거부 등을 나타냄	C	C
	30. 동체(몸통)부터 그린다.	• 공격적	S	S
머리	31. 매우 크다(몸체의 1/2 이상)	• 적극적 무의식적으로 지적인 것을 열망하고 공상으로 만족한다. 머리가 큰 쪽의 인물이 가정에서도 권위가 있다. 때로는 두통으로 고통, 질병, 기타의 내장의 징후, 정신지체, 정신적 퇴행상태. 지적 자기현시, 자기애 경향	S	S
	32. 작은 머리	• 강박신경증, 지적무능력, 죄악감이나 고통을 없이하려는 상징	Y	Y
	33. 뒤로 향한 머리(뒤통수)	• 분열증적 편집성	Sch	Sch
	34. 머리카락을 주의 깊게 다루었다(모자를 씌우고 모발을 밖으로 나오게 그린 것도 포함).	• 자기애적, 동성애적, 경계심 모자 –남성의 상징으로서 충동성의 억압, 감추고 싶어하는 마음	PS	PS
	35. 모발이 없는 남자	• 분열증적	Sch	Sch
	36. 머리카락을 가볍게 흐려서 그린다.	• 겁쟁이, 꽁한 성격	M	M
	37. 머리카락을 위로 세워서 그린다.	• 자아강대, 자기중심적	S	S
	38. 머리카락을 매우 길게 그린다(머리숱이 많은 것 포함).	• 성적으로는 양향적 적대공상이 있다.	PS	PS

부위	성격분석 규준	상징적 의미	남	여
	39. 머리카락을 까맣게 칠한다.	• 사고, 공상에 불안이 있다. 욕구불만	F	F
	40. 머리카락이 얼굴 양쪽으로 늘어트려졌다.	• 적의의 감정에 지배당하고 있다.	C	C
얼굴	41. 야단스럽게 그려진 여성상의 머리카락	• 조숙, 성적 불량화	PS	PS
	42. 얼굴 부분을 흐릿한 선으로 그렸다.	• 소극적, 여성적	M	M
	43. 얼굴을 다소 하향으로 그리고 눈을 날카롭게 그린다.	• 신경증적 경향	N	N
	44. 험상궂은 표정		Sch	Sch
	45. 얼굴에 주름이나 그늘을 그린다.		F	F
	46. 특히 강조한 것(예: 화장한 얼굴, 여자같은 남자의 얼굴, 남자같은 여자의 얼굴)		Sch	Sch
눈	47. 눈을 강조한다.	• 변질적 호기심, 과다 경계적	Sch	Sch
	48. 크다.	• 큰 것은 공격적, 크고 어둡게 그려진 것은 편집적	S	S
		• 크고 눈동자가 없는 것은 허식에 대한 죄악임	S	S
	49. 눈동자의 생략 또는 결손	• 분열증적 편집성	F	F
	50. 눈동자를 검게 그린다. 또는 세로로 그린다.	• 공격적, 적대적, 자기주장	S	S
	51. 작은 눈	• 외부세계에 주의를 기울이지 않는다.	M	M
	52. 감은 눈	• 신체적 자기상, 욕구불만	F	F
	53. 남자상에 속눈썹을 그린다.	• 조숙, 성적 이상	PS	PS
코	54. 큰코, 넓적한 코	• 성적발달, 성적불능의 보상, 경멸, 거부	PS	PS
	55. 코를 문질러서 그린다.	• 자연거세의 공포, 눈보다 위로 코가 튀어나온 것은 성적 부적응	PS	PS

부위	성격분석 규준	상징적 의미	남	여
	56. 명암을 붙인다.	• 조숙, 성적 이상	PS	PS
	57. 작은 코 또는 결손된 코	• 성적갈등, 성적 미숙	C	C
	58. 특히 두드러진 코구멍	• 공격적	S	S
입	59. 큰 입	• 성적 이상	PS	PS
	60. 특수한 형태로 강조	• 입에 의한 공격적 충동에 기인하는 불안, 우울증, 알코올중독	F	F
	61. 입술의 강조	• 구순적 욕구	PS	PS
	62. 간단한 선으로 타원 벌리고 있다.	• 수동적	M	M
	63. 너무 작은 입	• 유아기로의 퇴행	M	M
	64. 이를 보이고 있다.	• 공격적, 고집성	Sch	Sch
	65. 혀를 보인다.		Sch	Sch
턱	66. 특히 넓은 턱	• 사회적 우위를 구한다. 공상적	S	S
	67. 특히 좁은 턱, 옆 얼굴에서는 튀어나온 턱	• 사회적 무능력	M	M
	68. 여성상에서 큰 턱	• 성적 이상	PS	PS
	69. 여성상에서 수염을 그린다.	• 성적 이상	PS	PS
귀	70. 특히 크다.	• 다른 사람들의 비판에 마음을 쓴다. 강박, 신경증적	N	N
	71. 귀에 특수한 표현을 한다.	• 귀의 질병	Y	Y
	72. 매우 작다.	• 다른 사람의 비판에 귀를 기울이지 않는다. 공격적	S	S
	73. 귀의 생략 또는 나쁜 위치에 그렸다.	• 수동적	M	M
목	74. 길거나 가늘다.	• 분열증적, 정신적 소화장애	Sch	Sch
	75. 짧다.	• 감정의 통제가 안 된다.	F	F
동체	76. 모가 났다.	• 표현운동 (남성적)	S	S
	77. 둥글다.	• 발달지체 (여성적)	B	B
	78. 넓다.	• 의식적으로 욕구불만이 많다.	C	C
	79. 좁다.	• 열등감정, 충동의 불안	M	M
	80. 가늘고 길며 평행선을 그은 동체	• 분열증적 퇴행(그린 사람이 성인일 때)	Sch	Sch

부위	성격분석 규준	상징적 의미	남	여
	81. 동체가 없는 것	• 정신지체, 뇌의 기질적 장애, 정신분열증, 정신적 퇴행, 자기의 신체개념 결여, 자기애, 굳어 있는 성격	Sch	Sch
팔	82. 형상부터가 과장되어 있다.	• 손의 활동에 불만, 접촉 곤란, 부적당한 감정에 대한 보상적 행동	Sch	Sch
	83. 가늘다(간단한 선으로 되어 있다).	• 열등감, 노력할 보람이 없다는 감정	M	M
	84. 넓게 연 팔	• 강대함을 나타냄. 공격적, 적극적 욕구를 표시	S	S
	85. 아랫부분에서 넓어지는 팔	• 행위는 충동적이고 자기 통제력이 결여되어 있다.	N	N
	86. 동체에서 튀어나온 팔	• 무감정적이고 통제할 수 없다. 적의감, 타협거부, 회피	M	M
	87. 길고 탄탄한 팔	• 완력이 부족한데 대한 신체적 힘을 구하는 보상욕구, 애정의 주목을 구하려는 욕구, 성공달성 욕구, 공격성	Sch	Sch
	88. 너무 긴 팔	• 과도한 야심	S	S
	89. 동체에 밀착한 팔	• 소극적 혹은 방어적인 감정	S	S
	90. 팔이 없다.	• 분열증적, 우울증적, 무력감, 수동성, 지적 미성숙, 은둔형 고립, 성에 대한 죄책감, 여성상으로 팔이 없는 것은 어머니의 양육방법 불량	Sch	Sch
손	91. 손이 없다.	• 보통 이상의 무능감으로 손이 없는 것은 부적응감이 크다. 매사 일처리의 무력감, 은둔형 고립,	C	C
	92. 손가락을 폈다(때로 그늘지게 그렸다).	• 손의 활동에 대한 불안	F	F
	93. 주먹을 쥐었다.	• 억압된 공격성	F	F
	94. 손을 크게 그린 것	• 강대함을 나타냄	S	S
	95. 팔이 가슴 또는 앞에서 교차	• 회의적이고 적대적 태도, 방어적	S	S
	96. 팔을 뒤로 돌린다.	• 공격적, 적대적 감정을 억제하려고 한다.	Sch	Sch
	97. 손을 허리에 대고 있다.	• 성의 공포를 안고 있는 방어적 태도, 성에 대해서 편견을 가지고 있음	PS	PS

부위	성격분석 규준	상징적 의미	남	여
	98. 검게 칠해진 손(또는 그늘지게 한다)	• 자위, 훔치기, 싸움 등 손에 의한 행동의 죄악감, 불안	F	F
	99. 호주머니에 넣은 손, 또는 감추어진 손	• 자위에 대한 죄악감, 접촉곤란, 도피, 불량소년, 이상자	Sch	Sch
	100. 손톱, 관절의 주의 깊은 스케치	• 강박증적 혹은 조기분열증의 경우와 같은 신체개념에 관한 곤란을 표시	S	S
	101. 열쇠처럼 그려진 손가락	• 적대적 공격	Sch	Sch
	102. 손과 관계없는 손가락	• 유아적 공격	Sch	Sch
	103. 검게 칠해진 손가락	• 자위 또는 훔치기 등과 같은 죄악감	F	F
	104. 다섯개 이상의 손가락	• 야심, 공격	C	C
다리	105. 다리가 길다.	• 정신적 미발달, 다리의 미발달	B	B
	106. 다리가 없다. 다리는 신체를 지지하는 평형을 취하여 성과 관련된 신체영역이다.	• 성적 부전, 불안전감	PS	PS
	107. 다리의 과장	• 공격적	S	S
	108. 교차된 다리	• 성적접근에 대한 방어, 심리적 긴장, 성적 갈등, 억압된 기제	PS	PS
	109. 길이가 똑같지 않은 다리	• 충동과 자기통제와의 갈등	C	C
	110. 하나로 된 다리	• 긴장하고 있는 성적불능, 성적 갈등	PS	PS
	111. 여윈 발과 투명한 팬츠를 통해서 그린다.	• 갈등	C	C
	112. 큰 발	• 안정욕구, 성적 세력과시, 공격적	S	S
	113. 작은 발	• 위축, 의존적	M	M
	114. 발을 벌렸다.	• 안정에의 보상	S	S
	115. 발의 생략	• 자기통제 결여	N	N
	116. 반대방향으로 향한 발	• 감정의 갈등이 심함	C	C
	117. 발가락의 강조, 의복을 입었는데 맨발을 그렸을 때	• 성적으로 억압된 적대적 태도, 공격성, 성적 관심.	S	S
	118. 발가락을 감추거나 흐릿하게 그림(신을 신고 있을 때에는 적절한 판정)	• 위축, 소극적	M	M
	119. 주의 깊게 그린다.		Sch	Sch
의복	120. 나체화	• 애정 · 물질 결손의 보상	PS	PS

부위	성격분석 규준	상징적 의미	남	여
	121. 가슴의 포켓강조(손수건 등을 넣었다)	• 어머니에의 의존, 유아적 부적응, 죄책감, 특히 자위에 대한 죄책감	F	F
	122. 단추의 강조(많이 달았다. 여섯 개 이상)	• 어머니에의 의존, 미성숙	F	F
	123. 넥타이에 주의를 기울였다.	• 남근을 상징, 성충동, 성적 무력감, 성적 공격을 두려워하는 비정형 정신병의 여성의 경우	PS	PS
	124. 의복을 입고 있는 듯도 하고 나체인 듯도 하다.	• 사회적 자기애 경향(의복적 자기애, 사교적, 외향적, 사회적 인정), 규범무시, 절시증경향	Sch	Sch
기타	125. 엉덩이를 둥글게 보통이상으로 크게 그린다(성기부분의 노출을 포함하여).	• 성적관심, 항문기고착, 여성의 경우 자기애적 경향	PS	PS
	126. 다리 및 팔의 관절 부위를 그린다.	• 심신의 붕괴, 심기증경향, 자신감 결여, 강박경향, 망상, 정신분열 기질	Sch	Sch
	127. 어깨를 치켜 올렸다.	• 신체적 강함, 권력추구, 자기현시, 자신감, 방어적 태도	S	S
	128. 무릎을 노출		PS	PS
	129. 전신 및 그 주위에 그늘 같은 것을 그리고 또 마루바닥이나 땅을 그린다.		C	C
	130. 내장을 그렸다.	• 검사에의 저항, 정신지체	X	X
	131. 해부도	• 분열증적	Sch	Sch
	132. 좌우가 극단적으로 균형을 잃고 있다.	• 성격전체의 부조화 혼란, 부주의 불안, 정신지체결함, 적절한 협응이 없을 때 경조증 히스테리	Sch	Sch
	133. 한쪽 성은 정면, 다른 성은 옆면으로 양성(兩性) 모두 옆면으로 향했다.	• 정면만 그림–솔직한 표현, 가소성의 결여, 자기현시 옆모습만 그림–타인과 교류에서 도피적	F	F
	134. 손에 뭔가를 쥐고 있다.		F	F
	135. 뒤를 향한 상(뒷모습)	• 강한 도피경향, 타인에게 거부적	F	F
	136. 만화나 추상적, 도식적인 그림, 바보스러운 그림(주의를 주어도 계속 그린다)	• 자기개념이 애매하다. 대인불안, 타인에게 적의감, 회피적	Sch	Sch
	137. 절대로 그리기를 거부		Sch	Sch

부위	성격분석 규준	상징적 의미	남	여
특히 여성에 대해서	138. 여성상의 가슴을 특히 강조	• 구강적 의존적 요구, 성에 대한 강한 관심, 호기심, 조숙	PS	PS
	139. 팔과 손이 길고 두드러지게 눈에 띈다.	• 보호적인 모상에 대한 욕구	F	F
	140. 여성적 특징이 표면적, 혹은 상징적인 그림으로서 정성들여 그린 그림	• 두드러지게 좌절된 오이디푸스적 감정, 지배적인 모상	C	C

* 여기에서 미술전공(미술학원생 포함)의 학생이나 정신분석, 심리학 등을 전공한 학생의 그림은 별도로 해석할 필요가 있다.

부 호	성격요인과 부호			
	성격요인, 상징적 의미	남자상	여자상	합계
Sadistic	Ego의 발동, 적극적인 면, 낙천적, 남성적, 자기주장적			27
Masochistic	발동의 소극적임 면, 여성적, 비관적, 의존적			21
Conflict	갈등, 환경에 대립, 구속이나 억압과 상징의 결과			13
Frustration	욕구불만, 사회적 장애			21
Schizophrenia	정신병적 경향, 정신분열증이 진행 중인 병적인자, 즉 상보적인 동작을 하는 동조성(Syntonie)			26
Neurosis	신경증, 정신적 기능의 혼란, Psyche			6
Psychopath	병적 성욕, 복잡한 성적 흥미, 병리적 성적 행동(동성애포함), 병적 조숙			20
Babyish (mental immaturity)	정신적 미성숙, 유치함			2
X(mental impediment)	정신적 미발달, 기질적인 지적장애, 지능이 낮은, 불확정 요소			2
Y(physical impediment)	기능적인 신체장애, 손, 발, 귀, 입, 내장기관의 장애 포함			2
지 표				140

〈 인물화 검사의 예 〉

 학교부적응 남(17세)	 ADHD 남(10세)
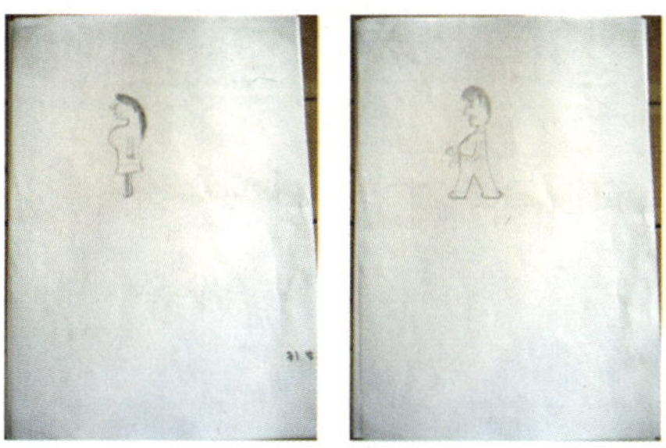 학교폭력 남(13세)	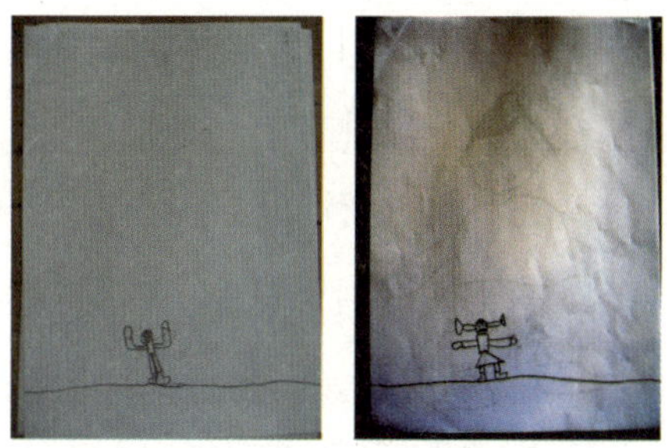 공격성 남(8세)

2. 동적 집 · 나무 · 사람(KHTP) 검사와 진단

1) KHTP 그림검사의 발전

Goodenough의 인물화 연구 이후 1949년 Machover는 아동의 그림에 대한 임상적 해석 기준을 마련하여 '인물화에 의한 성격검사(DAP－Draw A Person)'의 기반을 마련하였고, Buck과 Hammer(1969)는 집 · 나무 · 사람(House · Tree · Person)

그림을 발달적, 투사적인 측면에서 연구했다. Jolles(1964)는 집, 나무, 그리고 사람에 대한 특성을 매우 상세하게 기술했다. 그리고 Hammer(1971)는 투사적 그림의 임상적 적용을 더욱 폭넓게 확대시켰으며 Koppize(1986)의 발달에 따른 투사적 점수화 방법과 인물화의 분석이 폭넓게 사용되어 왔다.

여러 임상가들은 HTP를 임상에 적용시켜 사용해 왔으며 HTP의 임상적 유용성을 인정했지만, HTP의 사용과 임상적 가치를 제한하는 다음과 같은 세 가지 요소들을 지적하였다.

(1) HTP는 정신병리학적 상황에 있는 내담자들로부터 표준화된 것이다. HTP 문헌들의 대부분이 기질성 정신분열증 등과 같은 정신병리적 명명의 진단적 사용에 중점을 두었다.

(2) HTP에 대한 지시들은 2장의 종이, 즉 각각의 종이에 집, 나무, 사람을 그리도록 했다. 따라서 각각 그려진 그림들은 행동이나 상호작용을 나타낼 수 없었다.

(3) 본질적으로 프로이드학파에 기초를 둔 HTP의 해석은 프로이드학파의 신분석학 내에서만 적합하도록 모든 자료와 상징들을 제한했다.

이러한 HTP의 단점을 보완하고 HTP에 상호작용이 나타나지 않는 문제들을 보완하기 위해 Burns(1972)는 역동성을 부여하도록 동적 집 · 나무 · 사람(KHTP)기법을 발전시켰다. HTP에 역동성을 도입시킨 동적 집 · 나무 · 사람 그림은 그림을 통해서 얻을 수 있는 정보의 양적 증가와 질적 향상을 가져왔다. 또한 KHTP의 해석에 있어서도 Maslow의 발달적 관점을 도입하여 인간의 성장과 잠재력을 함께 고찰하고 이해하도록 하였다.

2) 동적 집 · 나무 · 사람(KHTP) 그림검사의 실시방법

각각의 집, 나무, 사람을 보고도 어느 정도의 정보를 얻을 수는 있지만 한 장의 종이 위에 HTP를 그리게 함으로써 집, 나무, 사람을 서로 비교하면 더 많은 것을 얻을 수 있다.

(1) 준비물

A4용지 1장, 4B연필 두세 자루, 지우개

동적 집 · 나무 · 사람(KHTP)그림 검사는 한 장의 종이 위에 집, 나무, 사람을 함께 그리는 것으로서 진단을 목적으로 하여 연필과 종이만을 사용하여 그리던 것을 내담자의 방어를 감소시켜 주기 위해 Bebensky(1950)는 색칠을 하게 하였다. 미술치료 초심자는 색칠을 하여 받은 그림보다 연필로 그린 그림을 해석하는 훈련을 하다가 색칠을 하여 받는 것이 좋다.

(2) 실시방법

KHTP의 실시할 때 지시사항은 다음과 같다.

"이 종이 위에 집, 나무 그리고 어떤 행동을 하는 사람의 전신상 모습을 그리시오. 사람의 전체 모습을 그릴 때 만화나 혹은 막대기와 같은 모양의 사람은 그리지 마시오."

만약 피검자에게 위와 같이 지시를 했음에도 불구하고 만화나 막대 인물상을 그릴 경우 다시 한 번 그리게 하는 것이 좋다. 그러나 다시 한 번 그리게 하였을 경우에도 역시 만화적으로 그리거나 막대형의 그림, 또는 추상적인 그림일 경우에는 HTP에서와 마찬가지로 해석적인 유의미성을 지닌다고 할 수 있다. 즉 검사에 대한 거부감이나 저항의 표시일 수 있다.

3) KHTP 분석시 고려해야 할 사항

검사자가 KHTP를 분석할 때 가장 먼저 고려해야 할 점은 그림에 대한 전체적인 느낌이다.

이 그림은 무엇을 이야기하는가?

첫째, 당신의 느낌은 무엇인가, 당신은 무엇과 누구를 보는가, 당신은 무슨 일이 일어나고 있다고 생각하는가, 그 그림은 따뜻한가, 차가운가?

둘째, 집, 나무, 사람의 각각의 그림에서는 어떤 느낌을 받는가를 살펴보아야 한다.

집은 적대적인 세계로부터 숨을 수 있는 안전한 장소로써 묘사되어 있는가, 집그림이 붕괴되고 텅 비었으며 활기가 없어 보이는가, 집은 신체 상징들에 대한 묘사인가, 집은 성공함과 부유함을 나타내는가, 맨션인가, 집이 가정으로 보이는가, 어떤 가족이 살고 있는 듯이 보이는가, 그 집은 당신이 살고 싶은 가정인가?

사람이 공격적이거나 적대적으로 보이는가, 사람이 멍청해 보이거나 맥이 빠져 있거나 혹은 풀이 죽어 있는가, 사람이 활기가 있어 보이는가, 사람이 매력적으로 보이는가, 사람이 슬퍼 보이는가, 신체의 어떤 부분이 숨겨져 있거나 혹은 생략되어 있는가, 사람은 중요하거나 성공한 사람으로 보이는가, 사람은 야만적인가, 사람이 온정적이고 양육적으로 보이는 사람인가, 사람이 유쾌하며 활기차 보이는 사람인가, 당신이 좋아할 수 있는 사람인가?

나무는 죽었는가, 살아 있는가, 나무가 위협받고 있는 듯이 보이거나 또는 적대적으로 보이는가, 나무가 약하거나 부러져 있는가, 성적 특성이 있는가, 나무가 연속적인가 혹은 절단되는가, 가지들이 위로 향해 있는가, 아래로 향해 있는가, 줄기의 꼭대기가 점점 가늘어지는가 혹은 넓게 퍼져 있는가, 나무가 생명력이 있어 보이는가, 없어 보이는가, 나무가 방어적으로 보이는가, 양육적으로 보이는가, 행복해 보이는가, 슬퍼 보이는가?

나무는 균형이 잡혀 있는가, 나무가 너무 완전하게 그려져 있는가, 나무가 잘려 있거나 상해 있는가, 줄기에 옹이 구멍들이나 상처가 있는가, 나무가 집을 향해 기울어져 있는가, 집에서 멀리 떨어져 있는가, 나무가 집을 보호하는가, 사람을 보호하는가, 만일 여러분이 나무라면 당신은 여기 그려져 있는 나무이고 싶은가?

셋째, KHTP에서 가장 큰 영향력(크기, 운동, 압력)을 나타내고 있는 것은 무엇인가, 집인가, 나무인가, 사람인가?

넷째, KHTP에서의 거리와 배치는 어떠한가를 살펴보아야 한다. 집 다음에 무엇이 있는가, 나무는 집과 사람에게서 멀리 떨어져 있는가, 나무에 사람이 있는가, 집안에 사람이 있는가, 집과 나무가 밀착되어 있는가, 집 · 나무 혹은 사람의 상대적 크기는 어떠한가, 사람은 나무와 상호작용하고 있는가, 집과 상호작용하고 있는가, 긍정적 상호작용인가, 부정적인가, 태양이나 달이 집 · 나무 혹은 사람 위에 그려져 있는가?

다섯째, 그림의 양식은, 도화지의 하단에 일렬로 나타나 있는가, 상단에 일렬로 있는가, 구분되어 나눠져 있는가, 가장자리에 그림들이 그려져 있는가, 조감도인가, 포위되어져 있는가?

그밖에 살펴봐야 할 요소들로는 행위를 살펴보아야 한다(양육적, 의존성, 적대감, 죽음, 삶, 지지, 은폐).

또한 어떤 상징들이 나타나 있는가? KHTP의 행동, 양식 그리고 상징들은 KFD와 KSD와 같은 다른 동적 그림기법에 있어서의 행동, 양식 그리고 상징들과 어느 정도 관련성이 있는가? 등을 본다.

4) 나무그림에 있어서 발달적 단계

나무는 땅에서부터 하늘까지 성장하고 움직이려하는 인생의 열망을 반영한다. 따라서 그것은 가장 보편적인 상징이다. 또한 정신과 자기 확장의 은유를 나타내고 있다. 나무 그림은 하나가 된 영상으로서 사람의 모습으로 피검자의 기본적인 자기상과 자신의 마음상태에 대해 어떻게 느끼고 있는가를 무의식적으로 나타내며, 정신적 성숙도를 표시하고 있다.

나무의 필수부분은 줄기와 가지다. 그리는 순서는 보통 줄기부터 시작하여 잎으로 그려나가지만 통합되어 있는 사람은 뿌리부터 그린다. 지면선을 먼저 그리고 나무를 그리는 것은 타인에게 의존적이며 타인으로부터 인정받고 싶어하는 사람이다. 나무를 그린 후 지면선을 그리는 형은 행동에 있어서 처음에는 침착하지만 곧 불안해지며 타인의 인정을 구하는 사람이다. 잎을 맨 먼저 그리는 것은 마음의 안정성이 없고 표면적인 허영과 허식을 구하는 경향이 있음을 나타낸다.

나무그림에 대한 해석은 전체적인 평가가 중요하므로 부분에 구애받지 않고 먼저 직관적으로 해석하는 것이 중요하다.

대개의 피검자는 나무의 이름을 의식하지 않고 그리므로 질문에 의해 상록수인지 낙엽수인지를 알아두는 것이 바람직하다. 소나무나 삼목 등의 상록수를 그리는 사람은 상록수가 불사의 상징이라는 점에서 자신을 활력이 넘치는 존재로 보며, 그와 같이 행동하고 싶다는 소망을 나타낸다. 특히 삼목을 그리는 사람은 강한 달성욕구를 가지며, 자기를 통제하고 질서 있는 행동을 하려는 사람인 경우가 많다.

활엽수(낙엽수)를 그리는 피검자는 인간발달을 묘사하기 위해 가장 흔히 사용한다. 나무 그림에 있어서 나무는 그리는 사람의 개인적 변화 과정을 반영해 준다. 인물화에서 사람은 나무와 상호작용함으로써 그림을 그리는 사람의 자신이나 자아기능을 더 많이 반영해 줄 수 있다.

집은 개인 생활의 물리적 측면을 반영한다. 따라서 집, 나무, 그리고 인물과의 상호작용 및 상호관계는 그리는 사람에 의해서 표출되는 시각적 은유를 반영해 주며 말의 한계에서 벗어난 자유로운 표현이 된다. 그러나 행동과 집, 나무, 사람 사이의 은유적 의미는 그림들이 각각의 종이에 그려졌을 경우에는 분명하게 나타나지 않는다.

나무는 신화, 관습, 전설, 종교적 문헌, 미술, 시, 그리고 꿈 분석에서 묘사되는 것처럼 옛날부터 세계 여러 곳에서 생활과 자기 성장의 상징으로 여겨왔다.

나무의 가지는 방어, 슬픔, 양육, 성장, 재활과 결심을 상징해 왔다. 씨앗으로부터 꽃이 피고 열매를 맺어 또 다시 씨앗이 되는 나무의 기적적인 재생은 인간 성장과 발달에 대한 은유로서 보여진다. 나무는 땅에서부터 하늘까지 성장하고 움직이려하는 인생의 열망을 반영한다. 따라서 그것은 가장 보편적인 상징으로서 정신과 자기 확장의 은유를 나타내고 있다. 나무는 하나가 된 영상으로서 사람의 모습이다.

Jung(1979)은 "만일 만다라가 교차 부분에서 보여지는 자기(self)의 상징으로서 묘사되어질 수 있다면, 나무는 성장의 과정으로 묘사된 자기(self)의 단면을 나타낼 것이다."라고 말했다. Jung은 그의 내담자들로부터 많은 나무 그림들을 모았다.

생활의 힘, 창조적 생명력, 생기(生氣)는 나무의 상징과 관련된 극소수의 용어들이다. KHTP에서 죽은 나무는 그림을 그린 사람이 생활할 의지를 잃은 것을 반영해 준다. 성장이 저지된 나무는 차단된 성장을 말한다. 가느다란 줄기도 흥미 분야가 좁은 것과 생활에 대한 좁은 견해를 보여 준다. 줄기가 아주 좁아지는 것처럼 인생도 한 가닥 실에 걸려 있다. 수령은 그림 그린 사람의 발달적 혹은 에너지 수준에 대한 단서를 줄 수 있다.

나무의 성장 방향은 위와 밖, 혹은 아래와 안이다. 줄기의 옹이구멍은 보통 "혼란된 마음" 속에 있는 고착이나 외상들을 반영한다(Metzner, 1981).

5) KHTP에서 그림들의 밀착, 거리, 순서와 크기의 해석

(1) 밀착

집과 사람의 밀착, 나무와 집의 밀착 등 밀착은 그림을 그린 사람들이 그들의 생활 속에서 여러 가지 중요한 일들을 분리할 수 없고 해결할 수 없다는 것을 반영해 준다.

스스로 자신의 생활의 문제를 해결하지 못하며, 명백하고도 순탄한 인생의 행로를 가지 못하는 사람은 만성적으로 충족되지 않고 불만스러운 것처럼 보인다.

(2) KHTP에서의 그림들의 순서

소수의 사람들은 지시에 따라서 열을 지어 집, 나무, 그리고 사람을 그린다. 그러나 대부분의 사람들은 KHTP에 그들 나름대로의 순서로 그림을 그릴 것이다. 여기에 순서가 무엇을 뜻하는가에 대한 몇 가지 가정이 있다. 따라서 먼저 그려진 그림이 가장 중요하다.

6) KHTP에서 그림의 양식에 대한 해석

(1) 밀착

① 공생적 관계는 그림 그린 사람이 보통 성장을 방해하는 뒤얽힌 인생의 두 가지 면을 가지고 있는 경우에 종종 자주 발견된다(둘 혹은 두 개 이상의 그림들).

② 그림 그린 사람이 성장을 방해하는 복잡한 그물 같은 망에 걸려 있다고 생각하는 경우 그림에서 종종 자주 발견된다. "인생이 너무 복잡하다"는 뜻으로 단순화가 필요하다(3개의 그림 모두).

(2) 조감도

이것은 KHTP 전체에서는 상대적으로 드문 양식이지만 사람이나 집과 같은 개별적인 그림들에서 보여지는데, 이 양식은 거리에 비례하여 불안을 반영하고 로샤와 같은 기법들에서 보여지는 반응들과 유사하다(Burns, 1982).

(3) 구분화

그림에 있어서 하나 혹은 둘 이상의 직선들을 사용하여 그림들을 의도적으로 분리시키는 특징이 있다. 예를 들면 집 안에 있는 사람들은 고립을 시도하고 구분화를 통해서 다른 사람들로부터 그들 자신과 그들의 감정을 철회한다(Burns, 1982; Burns & Kaufman, 1970, 1972; Reynolds, 1978). 또 다른 사람들에 의한 거부감이나 타인들에 대한 두려움(Burns & Kaufman, 1970, 1972; Reynolds, 1978), 중요한 감정들에 대한 거부나 혹은 의미 있는 감정들을 수용하기 어려움(Burns & Kaufman, 1970, 1972; Reynolds, 1978)을 나타내고 개방적으로 의사소통을 할 수 없음(Reynolds, 1972)을 나타낸다. 나이 어린 소년들은 나이 든 소년들보다 적게 구분화하는 경향이 있다(Meyers, 1978).

(4) 가장자리

도화지의 두 군데 혹은 그 이상으로 가장자리에 그려진 모든 그림들로 기술되는 양식(예를 들면 검사지 각 테두리를 밑면으로 혹은 윗면으로 생각하고 그림)이나, 직접적인 상호작용이나 개입 없는 수동적 욕구(Burns & Kaufman, 1972)를 나타내며 문제나 토론의 주변에서 머물고, 보다 친밀하거나 보다 깊은 수준에서 연관되는 것을 저항하는 방어적인 사람(Burns & Kaufman, 1972; Reynolds, 1978)이다.

(5) 포위

하나 혹은 그 이상의 그림들(그러나 전부는 아니고)이 대상을 둘러싸는 선들에 의해서 에워싸이게 될 때(예를 들면 줄넘기 줄, 집, 혹은 도화지의 가로로 뻗어 있지 않은 선들에 의한 것) 존재한다. 이런 경우엔 위협하는 개인들을 고립시키거나 제거할 필요가 있다.

(6) 도화지 상단에서 잘려지는 대상

가장 많이 그려지는 것은 나무다. 힘이나 우월에 대한 갈망과 관련된다. 또한 '현실적인' 것을 싫어하는 환상적인 사람의 경우에 보여진다.

(7) 도화지 하단에 잘려지는 대상

사람이 가장 많이 그려진다. 현실적이거나 '소속되고자' 하는 갈망과 관련된다. 또한 신체부분을 숨기고자 하는 사람의 경우에 보여진다. 종종 죄의식이나 열등감과 관련된다.

(8) 도화지 하단에 줄지어져 있는 그물눈의 음영 넣기

매우 불안정한 가족과 안정에 대한 갈망을 가리킨다(Burns & Kaufman, 1970, 1972).

(9) 위쪽에 줄지어 있는 것

그림의 꼭대기 부분에 그려진 선들 또한 폭풍우를 실은 구름을 포함한다. 격심한 불안 혹은 만연된 걱정이나 두려움(Burns & Kaufman, 1972; Reynolds. 1978)이나 정서적으로 혼란된 소년들은 정서적으로 안정된 소년들보다 상단에 줄지어 그린다(Burns & Kaufman, 1972; Meyers, 1978).

(10) 도화지 하단의 지면선

강한 기초나 안정감을 필요로 하는 불안정한 가족들과 스트레스를 받고 있는 사람들의 특징(Burns & Kaufman, 1970, 1972; Klepsch & Logie, 1982; Reynolds, 1978)과정서적으로 혼란된 소년들의 경우 정서적으로 안정된 소년들보다 더욱 자주 발견된다(Burns & Kaufman, 1972).

(11) 개별적인 그림들의 지면선

집 아래의 선들이나 혹은 음영, 나무나 사람은 보통 그리는 사람의 생활에 대한 이런 관점을 안정시키기 위한 시도를 나타낸다.

(12) 시작한 그림을 거부하고 전체 그림을 다시 그리는 것

사람은 첫 번째 그림의 내용이나 역동성으로 인해 위협을 받게 되면 '보다 안전한' 두 번째 그림을 다시 그린다(Burns & Kaufman, 1972).

7) KHTP에서 그림의 상징에 대한 해석

(1) 욕구(의식)의 단계에서 해석된 상징들(Maslow)

HTP의 창시자인 Buck(1948)은 그림의 변인들이 부정적인 의미와 긍정적인 의미를 함께 가진다고 강조했다. 그는 일부 이론이나 해석에서 의미를 부가하기보다는 오히려 무슨 의미가 있는가를 그림을 그린 사람에게 물어 보는 것이 더 중요하다고 했다. 또한 Buck은 그림을 그린 사람만이 알 수 있는 독특한 의미를 상징들이 가지고 있다는 것을 강조했다.

Burns과 Kaufman(1972)은 7세 된 여자 아이의 그림을 예로 들어 그림의 상징을 확대 · 해석하는 것을 경고했다. 여자 아이는 동적 가족화에서 자신의 발 아래 직접 뱀을 그림으로써 뱀에 놀란 자기 자신을 그렸다. 뱀이 '남성 성기'의 상징에도 불구하고 아동의 문제는 성적인 것이 아니라 몸 속의 요충 때문이었다.

모든 상징들의 해석은 상징이 표출되어진 그때, 상징 표출자의 의식 수준과 해석자의 의식 수준에 달려 있다. 따라서 해석에 있어서 잘못을 저지를 여지가 분명히 있어서 준거나 해석자의 '이론적 기초'에 따라서 다양한 수준의 의미를 가질 것이다.

각각의 상징들은 많은 의미를 가지고 있다. 꽃은 사람에 따라서 성의 상징이 될 수도 있고, 미를 창조하는 예술적 과정의 상징일 수도 있다.

아래는 욕구 혹은 의식의 단계에서의 상징을 해석하는 절차를 나타내고 있다. 그러나 '보편적인 특징'이나 '원형들'로서 상징들의 해석이 소박하고 오류의 지배를 받는다 하더라도 우리의 문화에서 비롯된 것이라면 이해하려는 노력이 필요하다. KHTP에서 공통적으로 보이는 일부 상징들은 해석 혹은 가설로서 다음에서 재검토되어진다.

(2) 전체 KHTP에 대한 상징들

다음은 KHTP에 나타나는 상징에 대한 해석들이다.

- 고양이 : 어머니에 대한 양가감정(Burns & Kaufman, 1970, 1972), 고양이에 대한 몰두는 어머니나 여성과의 상호작용 동일시에 있어서 갈등이나 경쟁의 상징이다(Burns & Kaufman, 1972).
- 광대 : 심각한 열등감을 갖고 있는 아동들이 나타내는 선입견(Burns & Kaufman)으로 가족 가운데서 가족을 '위로하기 위한' 격려되어져야 하는 가족에 있어서 우울증이나 병력을 나타내는 사람에게서 종종 보여진다.
- 구름 : '불안이 사람의 머리 위에 걸려 있는' 어떤 것이다. 구름의 수는 가족의 수 혹은 사랑의 삼각 관계에 있는 사람의 수와 관련된다.
- 그림자(음영) : 이것들은 집, 나무 혹은 사람에게 생길 수 있다. 그림자는 특정한 그림에 그려져서 불안이나 '암울한 기분'을 나타낸다. 이것은 구름으로 상징되어지는 '왠지 모르는(free-floating)' 불안과 현저하게 다르다.
- 기차 : 보통 소년들이 그림에서 과장하거나 강조하고자 할 때, 힘에 대한 욕구나 인식을 상징한다(Burns & Kaufman, 1972).
- 꽃 : 아름다움에 대한 사랑, 사랑과 아름다움의 추구, 욕구를 표현한다. 허리 아래 부분에 그려진 꽃은 여성과의 동일시를 나타낸다(Burns & Kaufman, 1972).
- 나비 : 도피적인 사랑과 아름다움을 추구하는 것과 관련된다(Burns & Kaufman, 1972).
- 난로 : 양육 및 구강적 욕구와 관련된다(Burns & Kaufman, 1972).
- 냉장고 : 박탈과 박탈에 대한 우울증과 관련된다(Burns & Kaufman, 1972). 냉장고의 차가움은 빛이나 열과 반대되는 상징이다.
- 너무 크거나 정교한 단추 : 의존성이나 충족되지 않은 욕구와 관련된다. 양육적인 면을 기대하는 사람이 그릴 것이다(Burns & Kaufman, 1972).
- 눈(그리고 다른 '차가운' 상징들) : 우울증 및 자살과 관계된다(Burns & Kaufman,

1972).

- 눈사람 : 정서적인 박탈과 관련된다.
- 달 : 우울증과 관련된다(Burns, 1982).
- 램프 : 사랑, 온정 혹은 성적인 문제들과 관련된다(Burns & Kaufman, 1972).
- 말 : 흔히 소녀들이 그린다(Burns & Kaufman, 1970).
- 멈춤표시(또한 '출입금지' 표시) : 충동 통제에 대한 시도이다(Burns & Kaufman, 1972).
- 물 주제(물과 관련된 대상들의 형태. 예를 들면 못, 풀장, 바다 등) : 환상적 사고, 활동이다(Burns & Kaufman, 1972). 심각한 우울증의 경향들과 관련된다(Burns & Kaufman, 1972).
- 물에 떠 있는 그림 : 종종 물에 떠 있는 그림은 우울증에 빠져 있거나, 우울증의 경향을 가지고 있다(Burns & Kaufman, 1972).
- 뱀 : 성적 긴장을 나타내는 남성의 상징이다(Burns & Kaufman, 1972).
- 별 : 박탈(신체적 혹은 정서적)과 관련된다(Burns & Kaufman, 1972).
- 북 : 아동이 개방적으로 표현하는 데 가진 어려움을 치환시킨 분노의 상징이다(Burns & Kaufman, 1972).
- 불 : 종종 분노와 온정에 대한 욕구와 관련된다(Burns & Kaufman, 1970; Reynold, 1978).
- 불타고 있는 잎 : 충족되지 못한 의존적 욕구 그리고 그 결과로서 생겨난 분노 혹은 양가감정을 나타낸다(Burns & Kaufman, 1972).

<KHTP검사의 해석을 위한 매슬로우 욕구의 계층이론(hierarchy of needs)>

- KHTP의 해석에 있어서는 매슬로우의 발달적 체계를 적용하였다.
- Abraham Maslow(1954)는 인본주의심리학자로 전체로서 인간을 보는, 즉 건강하지 못한 면이나 건강한 면, 한계성 뿐만 아니라 잠재력도 고려해서 인간을 본다.

- 우리에게 성장의 수준을 정의해 줄 발달적 모델을 제시해 주었다.
- 인간에게는 생득적이며, 본능적인 기본적 욕구들이 있으며, 이들 욕구는 병렬적으로 있는 것이 아니라 계층적으로 존재하고 있다.
- 욕구의 계층적 배열에서 기본적인 욕구들이 적절하게 충족되어 가는 인간은 그만큼 더욱 성장하게 되고, 심리적으로 한층 건강해진다는 것을 주장하였다.
- 인간은 항상 어떤 욕구를 가지고 있으며, 욕구와 목표가 필요 없을 정도로 완전 만족상태에 달하기란 거의 불가능한 일이며, 저차원의 욕구가 충족되면 보다 상위의 욕구가 부상하는 등 전 생애를 욕구충족의 과정으로 보았다.
- 후속하는 욕구를 충족시키려면 전단계의 욕구부터 충족되어야 하며, 인간의 성장과정과 단계특정적 욕구의 발현형식은 병행하고 있다고 보았다.
- 매슬로우의 체계는 새로운 것에 대해 변화하고 수용하는 개방체계이다.
- 일반적으로 집은 우리생활의 물리적 측면을, 나무는 생활의 에너지와 에너지의 방향이며, 사람은 감독자를 상징한다고 말한다.

1 발달적 모델에 의한 KHTP 해석

- 해석은 진단이나 단정의 과정이 아니다.
- 그림을 소재로 탐색적 대화를 통해서 자기를 좀 더 깊이 있게 이해하는 과정이다.
- 그림의 해석기준을 참고하더라도 최종적인 해석의 타당성은 피검자의 수용에 근거해야 한다.
- 해석의 과정은 촉진적 의사소통을 통해서 비평가적이고 비위협적이며 수용적이고 온정적인 분위기를 형성한 후에 검사자와 피검자가 대화의 과정을 통해서 내담자의 심층적 세계를 함께 탐색하는 방향으로 이루어져야 한다.

2 일반적으로 KHTP에 대한 분석

- 집은 우리의 생활의 물리적인 측면을 나타내며, 가정생활 가족에 대한 태도

를 반영한다.

- 나무와 사람은 자신의 신체이미지, 자아개념을 투사하는 경향이 있다. 나무는 좀 더 깊고 심층적인 면, 무의식적인 면을 드러낸다. 나무는 생활과 자기성장을 나타내는 것으로 죽은 나무를 그리는 것은 생활의 의지를 잃은 것으로 나타낼 수 있다.
- 사람검사는 자신과 환경과의 관계, 자기 자신에 대해서 좀 더 의식적인 면을 나타내며 감독자를 상징한다.

심리치료가 진행되면서 사람 그림은 변화하지만 나무 그림은 좀처럼 변화하지 않는 경우가 많다고 한다.

3 HTP 그림의 내용 분석

- 그림에서 가장 강조되어 있는 부분의 세부적인 특징을 다루는 것을 말한다.
- 그림에 표현된 상징의 의미는 특정 문화와 개인의 가치에만 의미를 갖는 것도 있다.
- 상징에 대한 보편적 의미와 인류의 사회 · 문화적 의미를 정신분석학, 속학, 신화, 옛날이야기, 화가들의 예술 작품 등을 간접체험하고 개인의 상징적 의미와 다른 임상 검사, 개인력, 일상생활 환경 등을 이해한 뒤 단편적인 해석이 되지 않도록 유의해야 한다.
- 집 그림은 피검자가 성장해 온 가정 상황과 가족관계를 어떻게 인지하고 어떠한 감정을 갖고 있는지, 가족과 관련된 감정과 과거의 가정, 현재의 가정, 이상적인 장래의 가정에 대한 소망들이 투사되어 나타난다.
- 일차적인 기능은 사람이 사는 곳이므로 집 그림은 그 사람의 자아의 표상이며 현실관계의 양상과 정도를 보여 준다.
- 집 그림의 필수 부분은 지붕, 벽, 출입문, 창문이다.

① 주제

- 일반적으로 단독주택을 그림

- 특수한 집을 그린 경우는
  - 반드시 그림 후에 질문을 하며
  - 자기 가정에 불만이 있거나, 갈등을 가지고 있는 경우
  - 특수한 집에 대한 어떠한 관심을 갖고 있는 경우
  - 피검자의 자화상인 경우가 있다.

② 지붕

피검자의 정신생활 특히 생활의 공상영역을 상징한다.

- 지나치게 큰 지붕을 그린 경우
  - 피검자가 공상에 몰두되어 있거나
  - 대인관계에 문제가 있는 상황
  - 극단적일 경우는 분열성 성격이나 정신분열증을 검토
- 허물어지고 금이 간 지붕의 경우
  - 자신의 통제력을 완전히 능가한 힘에 의해 압도당한 감정의 상징
- 기와를 면밀히 그린 경우
  - 소극적 또는 강박성을 시사

③ 벽

집을 지탱하게 해 주며 외적 환경으로부터 집의 내부를 보호해 주는 역할, 벽의 선은 자아의 강함과 관계가 있다.

- 무너진 벽을 그린 경우
  - 붕괴되어 가고 있는 자아를 가진 피검자
- 안이 들여다 보이는 투명성의 벽 경우
  - 유아의 그림
  - 미성숙, 현실 검증력 부족
  - 정신지체, 정신분열증, 강박적인 욕구의 표현
- 벽의 경계선을 지나치게 강조한 경우

–자아의 완전함과 통제를 유지하고자 하는 완강한 자아의 피검자

④ 문

집과 외부환경과의 적극적인 상호작용을 하는 부분으로 대인관계에 대한 태도를 나타낸다.

- 문이 전혀 없는 집
  –관계를 거부하거나 지나치게 냉정한 감정으로 자기만의 세계에 고립되고 위축되어 있는 피검자
- 지나치게 작은 문을 그린 경우
  –환경과의 접촉을 원치 않고 무력감이나 우유부단한 성향의 피검자
- 집의 가장자리거나 손잡이가 없는 문, 격자문을 그린 경우
  –도피적이며 외부에 대한 의심, 경계심을 나타내는 피검자
- 큰 문 또는 폭이 넓은 문을 그린 경우
  –타인에게 의존적이거나 지나친 사회적 접촉을 하여 타인에게 친밀한 관계를 맺고 있다는 인상을 주려는 욕구를 가진 피검자
- 문이 주차장이나 어떤 것에 의해 가려진 경우 또는 측면이나 뒷면에 그린 경우
  –신중하고 표면적인 수동성, 현실 도피적인 피검자
- 맨 마지막에 문을 상세하게 그릴 경우
  –대인접촉에 소극적이며 현실로부터 도피 또는 위축, 수줍음의 피검자

⑤ 창문

인간의 눈과 같은 것으로 문만큼 직접적인 것은 아니나 세상을 내다 볼 수도 있다. 또한 세상과 타인이 집을 들여다 볼 수도 있는 통로로서 환경과의 수동적인 접촉을 나타내는 것이며, 피검자의 주관적인 관계경험과 자기대상의 관계 능력과 관련된다.

- 창문이 없는 경우

– 환경에 대한 관심의 결여와 적의, 폐쇄적인 사고, 상당한 편집증적 경향을 나타내는 피검자

• 커튼이나 차양, 격자가 없이 드러난 창문인 경우

– 꾸밈없이 타인관계를 하는 사람일 경우와 장소에 분별력이 없거나 감정을 그대로 노출하는 난폭한 사람의 피검자

• 창문에 뚜렷한 격자가 많은 경우

– 생활의 회의성과 외부세계를 자기로부터 멀리하려는 것과 관련된 피검자

• 창문이 많은 경우

– 과도하게 자신을 개방하고 타인과 관계 맺고자 하는 욕구, 지나치게 타인으로부터 인정받고 싶은 욕구, 불안의 보상심리

⑥ 기타

㉠ 굴뚝과 연기 – 굴뚝은 집 안에서 가족들이 난로를 피우고 모여 앉아 있거나 요리를 할 때 사용되어지는 것으로 보다 친밀한 가족관계와 애정과 관련된다. 연기는 이러한 애정욕구와 관련된 좌절감이나 상실감, 우울감 등에 시사한다. 남자성기의 상징으로도 해석된다.

• 많은 연기 : 가정 내 불화, 가족 내의 정서적 긴장감, 애정이나 따뜻함에 대한 과도한 욕구와 관심, 좌절감, 결핍감 등을 나타내며 남성성에 대한 성적 관심, 권력에 대한 관심들을 나타낸다.

㉡ 방 – 그 방에서 경험하는 인간관계, 피검자에 대해 갖는 특수한 상징성을 반영한다.

㉢ 거실 – 현실적 사고에 대한 관심이다.

㉣ 식당과 부엌 – 구순 단계의 성적 감정과 애정욕구와 관련된다.

㉤ 울타리 – 피검자의 자기 방어, 자신이 느끼고 있는 안전한 마음을 방해받고 싶지 않다는 의미다.

㉥ 처마 – 가정으로부터 거부된 감정을 시사한다. 처마에 강한 그림자를

그려서 강조하는 것은 현저한 시기심과 경계심을 나타내며, 가정으로부터 거부된 감정을 표시하는 것이다.

ⓢ 하수구, 물받이 – 강한 방어와 의심과 관련된다.

ⓞ 나무와 숲(안전감의 결여와 불안의 표시)

- 집 둘레에 숲을 그리는 경우 : 방어벽을 만들려는 것
- 산책길에 연결하여 그려진 숲 : 불안이 있을 수 있으나, 그것을 통제하려는 의식적인 시도의 의미로 표현
- 나무가 집을 가리 듯 그려진 경우 : 의존에 대한 강한 욕구와 양친에게 지배되고 있다는 감정의 표현
- 정원에 튤립, 국화 등을 그리는 경우 : 분리성 성격의 성인의 표현
- 집 그림에 산이 자세히 그려진 경우 : 어머니의 보호를 구하며 안전의 욕구를 나타냄

ⓩ 계단과 길 – 세상과 문과의 직접적인 연결통로를 그렸다는 의미에서 사회적 상호관계의 환영을 뜻한다.

- 너무 긴 도로 : 타인과의 접촉을 피하려는 경향
- 길고 꼬불꼬불한 도로 : 처음에는 타인과의 접촉이 어려우나 점차적으로 따뜻한 인간관계를 맺는 사람
- 집과는 관계없는 길(출입문과 연결되지 않은), 도로 : 타인과의 관계 거부, 외부와 다른 세계에 살고 싶다는 소망과 자신을 그러한 사람으로 인식하고 있는 경우

ⓒ 태양

- 성인의 경우 : 어린아이처럼 강력한 부모와 같은 자기대상 존재를 갈망하고 있음을 시사
- 아동의 경우 : 일반적이지만 지나치게 강조해서 그릴 경우는 강한 애정욕구 및 이에 대한 좌절감을 시사

ⓚ 차고, 자동차, 헛간, 안테나, 피뢰침, 풍향계, 문패, 초인종, 우편함 등이 다른 대상과 조화를 이루지 못할 때는 질문을 통해 피검자가 가지고 있

는 특별한 의미를 밝혀 둔다.

* 특수한 집은 피검자의 자화상을 표현하는 경우가 많기 때문이다.

4 그림심리 분석

① 나무그림의 내용 분석

- 나무그림은 심층적인 수준의 자기개념과 관련되어 무의식의 현 상태에서 느끼는 자신의 모습을 나무그림에 투사하므로 피검자의 정신성숙도(성격발달, 성적 성숙도)의 정도를 이해할 수 있게 해 준다.
- 나무그림의 필수 부분은 뿌리, 줄기, 가지, 수관으로 이루져 있지만 나무그림을 구성하는 필수부분은 줄기와 가지다.

㉠ 주제

- 일반적으로 나무의 종류를 의식하지 않고 그려 낸다.
- 나무를 그린 후에 질문을 통해 나무의 유형을 알아두는 것이 유용하다.
  - 상록수 : 자신을 활력이 넘치는 존재로 보며 그와 같은 행동을 하고 싶다는 소망으로 표현되기도 한다.
  - 낙엽수 : 자신이 외부의 힘에 의해 영향을 받고 있다는 감정을 의미한다.
  - 버드나무나 아래로 처진 나무: 내향적, 자기주장의 부족, 우울감 등을 시사한다.
  - 고목 : 열등감과 관련되며 무력감, 우울, 죄책감을 시사하기도 하지만 정신분열증, 성 범죄자에게서도 자주 나타나는 주제다.
  - 그루터기 : 병적 싸인, 성적 외상, 양친에 대한 심리적 외상과 관련된다.

㉡ 줄기 – 나무를 지탱해 주는 중심이 되는 것으로 상징적으로 그 피검자의 성격 구조가 얼마나 견고한지, 즉 자기 혹은 내면화된 자기대상의 힘을 나타내 준다.

- 현저하게 큰 줄기를 그린 경우

–환경에 대한 적극적인 움직임을 표현하나 실제는 약한 자아에 대한 보상심리로 표현되며 현실과 공상 면에서 공격적으로 행동하려는 경향성과 관련되기도 한다.

–줄기와 뿌리 부분의 크기를 지나치게 강조한 것은 느리지만 성실하며 이해력이 부족한 경우에도 나타날 수 있다.

- 지나치게 얇은 줄기를 그린 경우
  –낮은 에너지와 관련되며, 무력감과 부적응감을 시사한다.
- 분리된 줄기(윗부분이 열려진 줄기)
  –정신분열, 정신지체 등의 병적 징후, 감정의 균형을 상실하여 내적 충동이 밖을 노출될 위험성을 시사한다.
- 말라 죽은 줄기를 그린 경우 : 자아통제력의 상실을 의미
- 불연속적인 파선으로 그린 경우 : 약하고 엷은 선과 같은 의미를 가지며 무력감과 결단력 상실, 부적절한 만족감과 관련될 수 있다.
- 파형의 선이 좌측에만 있는 경우 : 심리적 외상과 내적인 약함과 억제의 반영일 수 있다.
- 우측에만 파선이 있는 경우 : 심리적 외상뿐 아니라 발달장애와 적응 곤란이 있을 때 나타날 수 있다.
- 굵기가 일정한 나무일 경우 : 융통성이 없고, 겉치레를 우선시하는 경직된 피검자일 수 있다.
- 굵기가 잎쪽으로 갈수록 굵어지는 경우 : 통제하기 힘든 충동성을 반영하거나, 병리적인 징후로서 자아붕괴와 관련될 수 있다.
- 줄기가 꼭대기의 한 지점에서 만나도록 좁아 진 경우 : 한 가지 목적만을 향해가는 피검자에게서 나타날 수 있으며, 목적을 이루지 못하게 되면 우울감에 빠져 버릴 경향성이 있다.
- 줄기의 폭이 급격히 가늘어진 경우 : 피검자의 유아기 양육과정에서 어려움이 있었을 가능성도 있을 수 있다.
- 줄기의 윤곽을 지나치게 강조하거나 수정하는 경우 : 성격의 통합문제와

관련될 수 있다.

- 줄기가 양쪽으로 분리된 경우 : 지능과 감정의 균형 상실을 의미할 수 있으며, 병리적 징후와 관련될 수 있다.
- 풍선형의 잎 속에서 튀어나온 개방된 줄기일 경우 : 어떤 태도 결정에서 미결정 상태에 있거나 성급한 성향 또는 억압되어 있는 피검자일 수 있다.

㉢ 줄기의 상흔, 옹이 구멍, 더러워진 곳 – 자신이 알고 있거나 기억해 낼 수 있는 외상 경험과 관련된다.

- 줄기에 속이 빈 구멍을 그린 경우
  – 성인 : 구멍 속에 동물을 그린 경우는 인격이 붕괴되고, 자아통제력을 상실했을 때 나타난다.
  – 아동 : 동물과 자기를 동일시하여 자신이 보호되었던 자궁 내를 동경하며 그 안에 틀어 박히려는 자폐적인 경향을 나타낸다.
- 상흔의 위치 경우
  – 외상경험이 일어났던 연령과 관련이 있을 수 있다.
  – 아래 부분이 유년기의 경험과 관련이 있을 수 있다.

㉣ 나뭇가지 – 피검자가 환경에서 만족을 추구하고 타인과 교류하며 무엇인가 달성하고자 하는 힘을 상징할 수 있으며, 자신이 소유하고 있는 능력의 가능성을 어떻게 보고 있는가에 반영일 수도 있다.

- 가지가 전혀 갈라져 있지 않는 경우 : 환경과의 적응이 어렵고 경직되어 있음을 의미한다.
- 가지 끝이 닫혀 있지 않는 경우 : 개방적이며 여러 가지 분야에 지나친 관심을 갖고 있으나 충동조절이 잘 되지 않는 성격이다.
- 가지의 끝이 창끝처럼 예리한 인상의 경우 : 비판적이고 적의와 공격적 성향이며 행동화의 가능성, 분노의 억제로 내적 긴장감과 관련이 있을 수 있다.
- 가지를 대칭으로 그린 경우 : 외부에 대한 양가 감정을 시사하며, 통제

를 위한 강박적인 경향으로 나타날 수 있다.

- 같은 굵기의 가지 : 단도직입적이고 충동적으로 본능을 외부로 표출할 수 있는 성향을 반영한다.
- 그물과 같은 가지의 경우 : 감수성이 풍부하며, 외부 환경의 자극에 민감한 피검자에게서 나타날 수 있는 경우다.
- 수평적 표현의 가지인 경우 : 양육적인 피검자에게서 흔히 나타난다.
- 위쪽으로 뻗은 가지의 경우 : 감정이 고양되기 쉽고 활동적이고 현실을 무시하는 경향이 있으며, 사물에 열중하고, 억제력이 부족하며 성을 잘 내거나 환경 속에서 기회를 찾아가는 피검자에게서 흔히 나타난다.
- 가지가 뚝뚝 끊어져 있는 경우 : 어떠한 일을 완성할 수 없는 상황의 반영일 수 있다.
- 가지에 적당한 음영이 있는 경우 : 타인과 표면적으로 잘 교제하여 나가는 능력이 있는 것과 관련이 있다.
- 전혀 음영이 없는 가지를 그리는 경우 : 타인에게 굴종하지 않는 감정을 가지고 있음을 시사한다.
- 가지가 잘려져 있는 경우 : 자기의 발전과 활동이 억제되어 있다고 느끼고 있음을 시사한다.

ⓜ 수관 – 갈라진 잔가지와 잎들에 의해 수관을 이룬다.

- 줄기의 부분이 길고 수관을 작게 그린 경우 : 정신의 발달이 지체되어 있고 퇴행하고 있음을 시사한다.
- 줄기가 짧고 수관이 큰 나무일 경우 : 자신감과 야망, 자부심을 가지고 정열적으로 일상에 몰두하는 사람일 가능이 높다.
- 줄기가 가늘고 수관이 큰 경우 : 지나친 성취욕구 때문에 심리적 안정을 상실한 것의 의미일 수 있다.
- 구름 또는 목화송이 형태의 수관일 경우 : 타인에게 잘 동조하고 적응하며, 평범하고 형식적인 성향의 피검자에게서 나타날 수 있다.
- 수관이 자루 형태로 양끝이 처져 있는 경우 : 의지가 약하고 결단력이

부족하여 우유부단한 성향을 반영한다고 볼 수 있다.

- 가지가 수관 속에서 뼈대처럼 그려지고 윤곽선으로 둘러진 경우 : 타인과의 관계에서 지나치게 조심성이 많으며 반면에 자신에 대해서는 불충실할 가능성을 시사한다.
- 수관이 몇 개의 영역으로 나눠진 경우 : 자기 자신이 의도한 것을 은폐시키며 현실과의 접촉을 두려워하며 조심성이 많은 것을 나타낸다.
- 줄기의 낮은 곳에 가지와 수관이 나온 경우 : 성인의 경우는 퇴행과 관련되며, 상황에 맞지 않는 엉뚱한 일을 성급하게 처리할 가능성이 있는 사람이다.

ⓑ 뿌리－나무가 땅에 튼튼하게 서 있을 수 있게 해 주는 부분으로서, 피검자와 현실과의 관계를 나타내 주며 피검자가 현실을 지배하는 자신의 능력을 어떻게 인지하고 있는 지와 관련이 된다.

- 지면을 통해 뿌리가 보이는 것처럼 그릴 경우 : 현실 검증력의 장애를 나타낸다고 볼 수 있다.
- 갈쿠리 모양의 뿌리를 그린 경우 : 외부환경에 대한 공격적 태도와 관련이 있다고 볼 수 있으며 의지하고 있는 사람이나 장소를 말한다.
- 말라 죽었다고 표현한 경우 : 초기 애착 또는 상실 경험과 관련된 우울감정이 시사된다고 볼 수 있다.
- 밑둥의 뿌리가 지면의 선에 연속된 그림일 경우 : 사물을 객관적으로 다루지 못하고 자아의식에 결함을 느끼는 피검자에게서 주로 나타나기도 한다.

② 사람 그림의 내용 분석

- 사람 그림은 의식수준에서 가지고 있는 자기개념, 자기표상, 자기에 대해 가지고 있는 태도나 여러 가지 감정들이 투사되어 나타난다.
- 자신에게 자기대상적 충족을 주는 여러 가지 유의미한 자기대상적 인물, 유의미한 타인의 표상이나 그에 부여된 감정들이 투사되어 나타난다.

- 현실상이나 이성상을 나타내며 자신에게 의미 있는 사람, 인간 일반을 어떻게 인지하고 있는가를 나타낸다.
- 인물화의 필수부분은 얼굴, 몸통, 두 개의 손, 두 개의 발, 코, 입, 두 개의 눈이다.

㉠ 주제

- 일반적으로 피검자와 어느 정도 같은 연령, 환경에서 거주하는 인물일 경우가 많다.
- 성인이 아동을 그리는 경우 : 피검자가 유아기에 고착되어 있으며 퇴행하고 싶은 욕구를 가지고 있거나, 피검자의 환경에 아이들이 많거나, 아이들에 대해 특별한 관심을 가지고 있는 경우가 많다.
- 나체의 인물을 그리는 경우 : 사회규범으로부터 일탈하는 경향이 있고, 성적 갈등이 있거나, 성적 관심이 강한 경우가 많다.
- 생식기를 나체의 인물에 그리는 경우 : 화가나 정신분열증 내담자 이외에는 좀처럼 없다.

㉡ 처음에 그리는 성 – 대부분의 피검자는 자신과 동성인 인물을 먼저 그린다.

- 이성상을 먼저 그린 사람인 경우 : 이성에 대한 성적 관심이 강한 사람, 의미있는 사람이 이성이며, 그 사람과 심리적으로 밀착된 경우, 성의 동일시에 혼란이 있고, 자신의 성적 역할을 심리적으로 받아들이지 못하거나 동성애 등의 가능성이 있다.
- 성범죄자, 동성애자, 알코올중독자, 약물중독자, 정신장애자들이 이성상을 먼저 그린다는 보고가 많다.

㉢ 인물의 크기 – 피검자의 자존심과 활동성을 의미한다.

- 여성 피검자가 여성상을 아주 크게 그린 경우 : 남성의 지배력을 무시하려는 남성적인 여성일 경우가 있다.
- 그려진 여성이 어머니상일 경우 : 가정 내에서 부친보다 모친에게 지배력이 있다고 인지할 수도 있다.

㉣ 만화적이거나 추상적인 인물－검사에 대한 자기 방어적인 태도와 경계심을 나타내는 동시에 인간관계에 불안을 갖고 있으며, 자기개념이 확립되어 있지 않고 타인에 대하여 적의를 가지며 인간관계를 피하려고 하는 것을 나타낸다.

- 동성상 또는 이성상의 하나만을 만화적으로 또는 추상적으로 그리는 것은 자기를 나타내려 하지 않는 사람, 이성에 대한 거부적인 태도와 성적 관심을 은폐시키려는 사람에게서 자주 보여진다.
- 투명성 : 인물의 신체부분이 옷 위로 그려진 경우를 말한다.
- 투명성이 나타날 경우 : 일반적으로 병리현상으로 보며 정서적, 기질적 원인에 의한 성격의 통합 상실이거나 정신분열 내담자에게서 흔히 나타나는 경우가 있다.
- 생략과 왜곡 : 그 부분이 피검자에게 어떠한 갈등이 있다는 것을 나타내거나 부정적인 자아상이 반영된 경우일 수 있다. 또한 실제의 신체 기능이 어렵다는 것을 암시하는 메시지일 수도 있다.

③ 사람에 대한 상징의 의미

㉠ 머리－지적 능력의 원천으로서 충동성과 정서적 통제이며, 자아의 근원이며, 공상과 사회적 관심을 나타낸다.

㉡ 얼굴－신체 중에서 가장 두드러진 타인과의 소통의 중심 부분으로서 피검자의 현실세계와의 접촉을 상징한다.

㉢ 눈－'세상을 향한 창문이다.' 외부로부터 정보를 받을 뿐 아니라 자신의 내면 생활에 대한 태도나 기분을 드러내 주는 중요한 기관이다.

㉣ 눈썹－자기상을 나타낸다.

㉤ 귀－수동적인 작용을 하는 기관으로 타인으로부터 정보를 받아들이는 통로로 정서자극을 수용하고 이에 반응하는 방식에 대해 알 수 있다.

㉥ 코－남근의 상징이며, 후각이라는 통로를 통해 외부세계의 정보를 받아들인다. 얼굴의 중앙에 눈 다음으로 가장 눈에 띄기 쉬운 위치로 환경으로

부터 정서적 자극을 어떻게 받아들이고 이에 반응하는 지와 외모에 대한 관심의 여부나 정도를 알 수 있게 해 준다.

ⓢ 입 – 음식물을 받아들이고 세상과 의사소통을 하는 기관으로서 수동성과 적극성, 공격성 또는 성적인 것의 상징적 의미를 가지며 그 사람의 가치감과 존재감의 상징을 함축하고 있다.

ⓞ 목 – 머리와 몸을 연결하는 통로로서 머리의 지적 영역 또는 통제력의 영역과 몸의 감정적, 충동적 영역을 결부시키는 기관이다.

ⓩ 팔 – 자신이 원하는 일과 타인과의 관계에 대한 욕구와 환경과의 직접적인 접촉을 하는 신체 부분이므로 팔은 피검자의 자아발달과 인간관계에서의 발달에 관련이 있으며, 자기 보호와 타인과의 협조 또는 공격의 상징으로 이해할 수 있다.

ⓒ 손 – 타인과의 교류로써, 팔과 유사한 내용을 상징하며, 손가락은 환경에 직접 접촉하며 대처하고 조작하는 기관이다.

ⓚ 몸통 – 피검자가 내적인 힘을 보유하고 있는 부분으로 세상에서 기능하는 '내적인 힘'을 가졌는가의 관점에서 스스로를 얼마나 유용하다고 혹은 적절하다고 경험하는 가를 나타낼 수 있다.

ⓣ 다리와 발 – 다리는 목표지점을 향해 자기의 위치를 옮기고 충족감을 줄 수 있는 원천으로 다가갈 수 있게 해 주며, 환경의 위험으로부터는 도피하게 해주고, 현실상황에서 지탱해 설 수 있게 해주는 역할을 하는 부분이다. 또한 성격의 안정성과 성에 대한 태도를 상징하는 경우가 많다.

ⓟ 의복 – 옷은 피검자의 사회적 역할과 본질, 성격과 관심을 상징한다.

- 단추 : 배꼽이나 젖꼭지를 상징하며 모친에 대한 의존을 나타낸다.
- 주머니 : 유아적, 의존적인 사람이 많다. 특히 많은 주머니를 그릴 경우는 죄악감, 자위에 대한 죄악감을 나타낸다.
- 넥타이 : 남성적인 것을 의미하며 종종 남근을 상징한다.

▸ 비 : 우울증의 성향과 관련된다(Burns & Kaufman, 1972).

▸ 빗자루 : 가족의 청결을 강조하는 인물을 나타내는 최근의 상징이다(Burns & Kaufman, 1972).

▸ 사다리 : 긴장의 불확실한 균형과 관련된다. 사다리와 인물들 사이가 가까운 것은 중요한 관계나 혹은 상호작용을 말하고 있다(Burns & Kaufman, 1972).

▸ 새 : 자유를 추구하거나 도피를 하려할 때 혹은 위로 성장하려는 경우에 흔하다. 새둥지는 보금자리의 안전을 열망하는 퇴행된 사람의 경우에 흔하다.

▸ 수집된 잎들 : 부모나 혹은 중요한 다른 사람들로부터 온정이나 양육 사랑을 수집한다(Burns & Kaufman, 1972).

▸ 숫자 : 종종 동적 그림에서 대상의 수는 그림 그리는 사람을 탐색할 수 있는 의미를 갖고 있다. 예를 들면 이혼 중인 가정의 아동들이 그린 그림에서 4개의 구름은 가족 가운데서 불안한 사람 넷을 상징한다.

▸ 꽃 : 때때로 가족 구성원을 나타낸다.

▸ 쓰레기 : 새로운 형제의 탄생에 대해 당황한 아동들이 그린 그림에서 종종 보여진다(Burns & Kaufman, 1972). 종종 질투 때문에 퇴행적이거나 경쟁적인 행동을 나타낸다(Burns & Kaufman, 1972). 그것은(보다 어린) 형제들에 대한 경쟁의식이나 양가감정에 대한 심각한 죄의식과 관련된다(Burns & Kaufman, 1972).

▸ 쓰레기를 집어 내는 인물들 : 가족들의 존재 가운데서 원하지 않는 지저분한 부분(사람 혹은 사람들)들을 집어 내고자 하는 소망과 관련되어진다(Burns & Kaufman, 1972).

▸ 연(때때로 풍선들) : 구속하는 가족 환경에서 도망가고 싶은 갈망이다(Burns & Kaufman, 1972).

▸ 열(예를 들면 태양, 불), 빛(예를 들면 백열전구, 램프, 투광 조명등), 따뜻함(예를 들면 다리미질, 햇살) : 온정과 사랑에 몰두하거나 온정과 사랑에 대한 욕구를 보여 준다(Burns, 1982; Burns & Kaufman, 1970, 1972).

▸ 오토바이 : 힘, 우월성과 관련된다(Burns, 1982).

▸ 위험한 물건들 : 위험한 물건들이 많이 있는 것. 예를 들면 망치, 칼 등은 분노(사람을 가리키고 있을 때)나 혹은 수동적 공격적 분노(간접적으로 사람을 가리킬

때)를 나타낸다(Burns, 1982; Burns & Kaufman, 1972).

- 잎들 : 의존성과 관련되어질 때, 양육의 원천에 집착하는 경우의 상징이다(Burns & Kaufman, 1972; Burns, 1982).
- 자전거 : 보통의 아동들이 묘사하는 활동이며, 너무 강조되었을 경우는 아동의(보통 소년의) 남자답기 위한 노력을 반영한다(Burns & Kaufman, 1972).
- 잔디 깎는 기계(때때로 자귀, 도끼, 날카로운 도구) : 소년들의 그림에서, 보통 아버지와의 경쟁과 동시에 거세의 두려움을 나타내는 상징의 주제다(Burns & Kaufman, 1972).
- 자화상에 관련될 때 : 경쟁심, 지배욕, 통제의 시도(Burns & Kaufman, 1972), 지배적인 역할에 대한 욕구 충족, 다른 인물과 관련될 때, 우월한 존재에 대한 두려움 혹은 공포심이나 경쟁심이다.
- 전기 : 사람의 생각을 왜곡하거나 독점하고 있는 온정, 사랑, 힘에 대한 큰 욕구(Burns & Kaufman, 1972; Reynold, 1978), 힘과 통제에 대한 욕구이다(Burns & Kaufman, 1972).
- 줄넘기를 하고 있는(자기 이외의) 인물 : 그 사람에 대한 심각한 경쟁의식이나, 질투를 나타낸다(Burns & Kaufman, 1972).
- 진공청소기 : 그 자체로 구강적 박탈 혹은 충족되지 않은 의존적 욕구의 경험을 지니고 있는 아동과 관련된다. 그 자체로 장의 상징(intestinal symbol), 힘과 통제의 상징, 진공청소기를 사용하는 어머니는 힘이 있거나 통제력 있는 인물로써 보여진다(Burns & Kaufman, 1972).
- 침대 : 침대를 그린 것은 상대적으로 드물며 성적인 것이나 우울증적인 주제와 관련된다(Burns & Kaufman, 1972).
- 태양 : 고정 관념에 따라 그림을 그리는 어린 아동들의 그림에서 종종 보여지며 진단적 중요성이 거의 없다(Burns & Kaufman, 1972). 성인의 그림에서는 온정에 대한 욕구 혹은 주장을 말한다.
- 태양을 향해 기울어져 있는 인물들 : 수용과 온정에 대한 욕구(Burns & Kaufman, 1972) 태양에서보다 멀리 떨어져서 그려진 인물, 태양에서 먼 쪽으로

기울어져 있거나 혹은 멀리 떨어져서 태양을 보고 있는 인물들은 거부감을 나타낸다(Burns & Kaufman, 1972).

- 통나무 : 지나친 남성미의 추구 혹은 남성미를 갖추려는 노력과 관계 있다(Burns & Kaufman, 1972).
- 페인트 붓 : 종종 손의 확장 그리고 고통을 주는 인물과 관련된다(Burns & Kaufman, 1972).
- 풍선 : 우월의 상징, 지배나 도피에 대한 갈망이다(Burns, 1982).
- 흐려진 태양 : 우울증과 관련 있다(Burns & Kaufman, 1972).
- '×'표 증후군(음영이나 선의 강화를 통해서 ×표를 대상 속에 끼워 넣으며 그리고 그림 속에서 누군가와 관련되는 대상에 그려 넣는다) : 강한 성적인 충동들을 통제하려는 시도/욕구(Burns & Kaufman, 1970; Reynolds, 1978), 강한 의식 혹은 초자아의 존재(Burns & Kaufman, 1972), '×'표를 한 곳은 갈등의 상황 속에서 힘과 반대되는 힘을 정의 · 규명할 수 있을 것이다(Burns & Kaufman, 1972; Reynolds, 1978). 그림을 그린 사람이 양가감정을 느끼고 있는 개인들을 규명할 수 있을 것이다(Burns & Kaufman, 1972). 공격적 경향들을 통제할 필요가 있다(Burns, 1982).

〈 KHTP 검사의 예 〉

정서불안 남(12세)

우울 남(11세)

알콜 의존 여(36세)

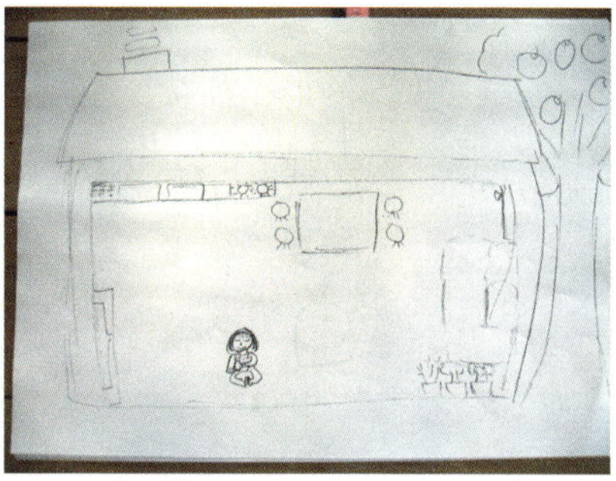
정서불안 여(27세)

제 5 장

가족 그림검사

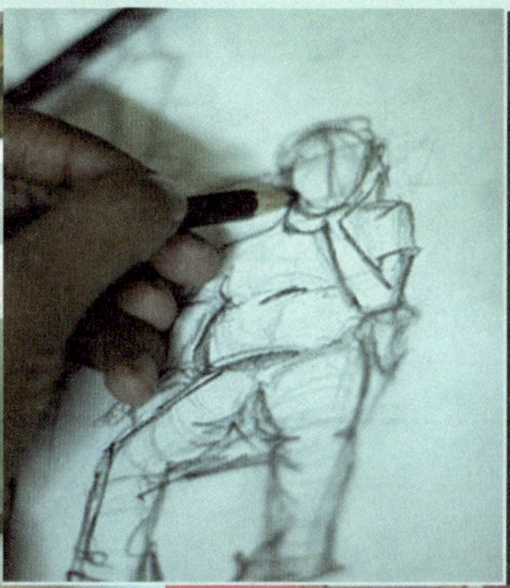

1. 동적 가족화(KFD) 검사와 진단

가족화(DAF: Draw A Family)는 Hulse(1951)에 의해 시작되었지만 그림 속에 사람들의 움직임이 없어 단지 그림형태로서 평가할 뿐, 투사기법으로서의 임상적 정보를 얻을 수 없다. Hulse의 가족화그림기법에 움직임을 첨가한 동적 가족화(KFD: Kinetic Family Drawing)는 Burns & Kaufman(1972)에 의해 발전되었다. 동적가족화는 자신을 포함하여 가족 구성원이 무엇인가를 하고 있는 움직이는 모습을 그리고 그림 설명을 하게 하는 그림 진단 검사로써 가족관계를 파악하고 가족의 체계나 가족지각, 역동성을 평가한다.

1) KFD 그림검사의 개요

주제통각검사와 유사한 점이 많으며 일반적인 가족화가 가지는 상동적인 표현을 배제하고 있다. 따라서 연령순이나 사회적 지위 순으로 그리는 가족화의 단점을 보완하여 가족구성원에 대한 감정이나 태도를 움직이는 가족그림으로 투사하게 하는 것이다.

KFD의 진행방법은 한 장의 종이 위에(A4), 연필로 "당신을 포함한 당신의 가족 모두가 무엇인가를 하고 있는 그림을 그려 보세요"라고 지시하여, 그려진 그림에 관해 각 인물상이 누구인가, 연령, 무엇을 하고 있는가를 질문한다. 인물상의 행위와 그림의 양식(구분, 포위 등), 상징(책상 등), 그림의 역동성(크기, 거리, 방향, 생략 등)을 기준으로 하여 부모-자녀관계, 형제관계 등 가족상호 간의 정서적 변화와 상호작용을 다양하게 평가할 수 있다(Burns & Kaufman, 1972). KFD의 점수계산방법은 O'Brien과 Patton(1974)이 KFD Scoring 척도를 계층 회귀분석을 실시하여 객관적 점수를 수량화하여 발전시켰다.

(1) 동적 가족화의 성격

1 그림에 의한 검사

누구에게나 친밀감을 주고 모든 연령의 피험자가 그림대상으로 받아들이기 쉽다. 다른 과제보다는 솔직하고 자유스럽게 표현할 수 있고 주제가 구체적이며 여러 과제로 볼 수 있는 가족구성원들의 행위를 그림으로 나타낸다.

2 투사검사

구조화되지 않은 자극에 의미를 부여해서 구조화할 때 자신의 동기, 갈등, 생활 양식들이 표현되는 성격의 표출과정을 중요시한다. 피험자에게 자극의 일정한 의미나 정답, 바람직한 이상적인 유형이 제시되지 않는다.

반응의 자유도가 높아 개인의 독특한 경험과 문제, 성격이 제한 없이 나타날 수 있다. 한 번에 여러 차원의 성격을 볼 수 있어 다요인적 해석이 가능하다. 언어능력이 낮은 유아나 아동, 정서장애아동에게 적합하다.

3 인물을 표현

유아나 아동에게 친숙한 방법으로 검사시행 시 피험자에게 저항력을 감소시킬 수 있다.

4 부모나 가족구성원간의 관계 파악

가족은 인간에게 가장 밀접한 환경이며 가족구성원에 대한 피험자의 행동이나 반응으로서의 태도, 감정이 나타난다.

(2) 동적 가족화의 발전과정

- Goodenough(1926) : 인물화 지능 검사
- Buck(1948) : HTP검사
- Machover(1949) : 인물화 성격검사

- Hulse(1951) : 가족화
- Kwiatkowska(1962) : 가족 미술치료기법
- Burns와 Kaufman(1970) : 동적 가족화 검사

(3) 동적 가족화의 특성

1 동적 요소의 가미

가족화에 동적 요소를 가미한 방법으로 가족에 대한 지적인 이해보다 정서적 이해가 투사되어 있다. 피검자 자신이 이해하고 경험하는 '가족'을 볼 수 있으며 상호작용하는 사람들의 집단으로서의 '가족'을 볼 수 있다.

2 지각의 선택성

선택적 지각이란 피험자의 가족구성원에 대한 주관적 판단을 말한다.

(4) 동적 가족화의 장점

① 가족에 대한 나의 경험을 떠 올린다.
② 검사시 피험자의 부담감을 줄일 수 있다.
③ 그림이라는 간접적인 매개체로 피험자의 정신세계를 이해하는데 도움이 된다.
④ 비언어적인 방법으로 방어를 감소하는 효과가 있다.
⑤ 그림의 장점인 공간성은 가족간의 연관성들로 경험을 동시에 표현할 수 있어 개인과 집단의 성격을 이해하기 쉽다.
⑥ 가족에 대한 분노, 적대감정 등을 해소할 수 있는 정화의 기능을 제공한다.
⑦ 자신과 가족성원간의 심리적 측면의 관계를 보게 해 준다.
⑧ 작품을 통해 지나간 상황을 보며 그 상황에 대한 다른 정의와 해석을 가능하게 해 준다.

⑨ 구체적인 유형의 자료를 얻을 수 있다.

⑩ 보관이 가능하므로 그림을 통해 자신의 변화과정을 이해할 수 있다.

(5) 분석기준

1 분석 항목

① 인물상의 특징 및 그림스타일

② 인물상의 행위

③ 그림의 양식

④ 상징

⑤ 그림의 역동성

2 인물상의 특징

① 필압과 선의 특징

- 필압이 강한 아동은 자신감이 있는 아동이다.
- 필압이 약한 아동은 지능이 낮거나 억제가 많은 아동이다.
- 선이 굵고 강한 경우는 충동이 밖으로 향하고 공격적이고 활동적이다.
- 선이 약하고 가는 선은 우울하고 소극적인 사람이다.
- 긴 선은 통제된 행동을 나타낸다.
- 짧은 선은 흥분하기 쉽고 충동적인 사람일 경우다.
- 수평적인 선은 약함, 두려움, 자기 방어적, 여성다움, 공상의 경향을 나타낸다.
- 수직방향의 선은 결단력, 활동성, 자기주장, 남성적 독단성, 과잉 행동성 희미한 선들과 중단된 선으로 보아 불안, 우유부단하며 의존적이고 감정적이며 여성적인 경향이 있다.

② 음영이나 갈겨 그리기

- 신체 부분에 음영이 그려진 경우 그 신체부분에의 몰두, 고착, 불안을 시사한다.

③ 신체 부분의 과장 및 생략

- 신체 부분의 확대 혹은 과장은 그 부분에 기능에 대한 집착을 나타낸다.
- 신체 내부를 투명하게 보이는 경우는 현실왜곡, 빈약한 현실감각, 정신장애 가능성을 내포
- 그 신체 부분의 기능의 거부와 그 부분에 집착된 불안 또는 죄의식
- 머리 : 지능, 공상, 자기통제, 대인관계의 관심을 상징
- 얼굴 : 외부와 현실세계가 어떻게 접촉하는가를 상징
- 눈과 속눈썹 : 내면생활을 나타내는 것뿐 아니라 외부와 접촉하는 중요기관
- 큰 눈 : 외향성, 사회적 의견에 과민함
- 눈동자 없이 원모양 : 자기몰입, 환경에 관심 없음. 미성숙, 퇴행
- 코 : 남근 상징
- 코의 강조 : 성적 어려움, 성적 미숙, 부적절감
- 코 생략 : 성에 대한 갈등, 동성애 경향
- 귀 : 귀의 강조는 외부의 비판이나 타인의 의견에 대한 과감성, 환청, 난청의 가능성
- 입 : 말에 의해 타인과 접촉하는 기관으로 적극성, 공격성, 성적인 것
- 입 강조 : 퇴행, 구순적인 공격충동으로 인한 불안
- 치아 강조 : 공격적
- 입이 한 선으로 표시 : 긴장
- 두툼하고 벌린 입 : 의존적 경향
- 턱 : 힘과 결단력, 공격적 지배적 경향
- 목 : 지적인 통제와 충동을 연결하는 부분

- 긴목 : 본능적 욕구를 과도하게 통제
- 목이 지나치게 짧고 굵은 것 : 충동성
- 목이 없는 것 : 미성숙
- 팔, 손 : 환경을 접촉하고 조작하는 기관
- 짧은 팔 : 접촉의 제한, 무기력
- 긴 팔 : 성취욕, 획득욕, 환경과의 적극적 접촉
- 팔이 신체에 붙어 있음 : 수동적, 의존적, 억압, 긴장
- 팔이 신체에서 뻗어 있음 : 밖으로 향한 공격성
- 팔이 생략 : 무력감
- 손 생략 : 우울, 정신분열
- 손에 진한 음영 : 공격, 절도, 자위 등 손 사용행동에 대한 죄책감
- 손을 감춘 그림 : 도피적인 태도, 손 사용 행동에 대한 죄책감
- 윤곽선 형태 : 강박적 사고와 관련
- 발 : 성격의 안정성
- 긴 다리 : 자율성에 대한 강한 욕구
- 짧은 다리 : 의존욕구, 비활동성
- 길이가 다른 다리 : 양가적 감정, 불안정하거나 공상세계로 도피하는 사람
- 벌리고 서 있는 다리 : 안정성 강조
- 엇갈린 다리 : 정서적 긴장이 강하거나 성적 접촉에 대해 자신을 지키거나 성적 부적응
- 발가락 : 병적인 징표
- 몸통 : 몸통이 없는 인물화는 자신의 신체상을 상실하고 있거나 신체적인 충동의 존재를 부인
- 어깨 : 체격과 체력을 나타냄. 남성적인 힘과 자기과시의 욕구
- 작은 어깨 : 열등감
- 유방 : 성적 관심과 의존욕구
- 허리 : 허리의 선을 강조하거나 반대로 흐리고 파선으로 그리는 경우는

성충동의 표현과 통제간의 갈등과 긴장

- 인물만 보았을 때 : 허리 밑부분의 생략은 성에 관한 부정을 의미한다. 옆얼굴을 그리는 것은 폐쇄적인 사고, 자기애가 강한 사람임을 시사한다.

(6) 동적 가족화 검사를 위한 준비

1 검사를 위한 도구

- 백지(A4용지), 연필(HB나 4B 정도), 지우개

2 검사의 지시

- 소요시간 : 시간제한은 없으나 보통 20~30분 정도

<지시사항>

"자신을 포함하여 당신의 가족 모두에 대해서 가족이 무엇인가를 하고 있는 그림을 그려 보세요. 만화나 막대기 같은 사람이 아닌 완전한 사람 전체를 그려 보세요. 무엇이든 어떠한 행위를 하고 있는 그림을 그려야 합니다. 당신 자신도 그리는 것을 잊어서는 안 됩니다."

- 어떤 질문이던지 "완전히 자유입니다."라고 대답한다.
- 무엇인가 암시하는 듯한 응답은 절대로 피한다.
- 완전히 비지시적이며, 수용적인 태도를 취한다.

3 그림 완성 후의 절차

- 그림의 설명을 요구한다.
- 해석의 왜곡을 막는다.
- 정확한 자료를 얻는다.
- 가족에 대한 애매한 인지를 질문을 통해 통찰을 촉진한다.

4 분석 기준

① 인물상의 특징 및 그림스타일

② 인물상의 행위
③ 그림의 양식
④ 상징
⑤ 그림의 역동성

2) 해석방법

(1) 활동 수준

1 인물활동 수준

행 위	아버지	어머니	자 신
누워 있다	0	0	0
앉아 있다	1	1	1
서 있다	2	2	2
책을 읽고 있다	3	3	3
차를 타고 있다	4	4	4
뭔가 하고 있다	5	5	5
뛰고 있다	6	6	6
던지고 있다	7	7	7
치고(때리고) 있다	8	8	8

2 인물상의 의사소통 수준

의사소통	아버지	어머니	자 신
자고 있다	0	0	0
쳐다보고 있다	1	1	1
듣고 있다	2	2	2
이야기하고 있다	3	3	3
같이 놀고 있다	4	4	4
접촉하고 있다	5	5	5
껴안고 있다	6	6	6

3 인물상의 협동성

협동성	아버지	어머니	자 신
협동성이 없다	0	0	0
일하고 있다	1	1	1
돕고 있다	2	2	2
함께 놀고 있다	3	3	3
함께 일하고 있다	4	4	4

4 피학성

피학성	아버지	어머니	자 신
나타내지 않음	0	0	0
담배를 피움	1	1	1
맞고 있다	2	2	2
상처를 입다	3	3	3
차이다	4	4	4
베이다	5	5	5
화상을 당하다	6	6	6
총상을 당하다	7	7	7
살해당하다	8	8	8

5 인물상의 자기애

자기애	아버지	어머니	자 신
자기애가 없다	0	0	0
옷을 입고 있다	1	1	1
머리를 빗고 있다	2	2	2
몸치장을 하고 있다	3	3	3
마시고 있다	4	4	4
거울을 보고 있다	5	5	5

6 인물상의 양육성

양육성	아버지	어머니	자 신
양육성이 없다	0	0	0
나무를 심고 있다	1	1	1
도와주고 있다	2	2	2
단정히 하고 있다	3	3	3
요리를 하고 있다	4	4	4
접촉하고 있다	5	5	5
안고 있다	6	6	6
식사하고 있다	7	7	7

7 인물상의 가학성

가학성	아버지	어머니	자 신
나타내지 않음	0	0	0
때리고 있다	1	1	1
싸우고 있다	2	2	2
상처를 입었다	3	3	3
차고 있다	4	4	4
물어 뜯다	5	5	5
화상을 입다	6	6	6
총격을 입다	7	7	7
살해 하다	8	8	8

8 인물상의 긴장

긴장	아버지	어머니	자 신
긴장이 없다	0	0	0
자고 있다	1	1	1
매달려 있다	2	2	2
떨어지고 있다	3	3	3

(2) 인물의 특징

1 팔길이

팔길이	아버지	어머니	자 신
팔이 지워짐	0	0	0
신체길이의 1/8	1	1	1
1/8~1/4	2	2	2
1/4~3/8	3	3	3
3/8~1/2	4	4	4
1/2~3/4	5	5	5
3/4 이상	6	6	6

2 신체완성도

신체완성도	아버지	어머니	자 신
지워짐	0	0	0
머리만 있다	1	1	1
머리와 목	2	2	2
머리, 몸, 몸통	3	3	3
머리, 몸, 몸통, 다리	4	4	4
완전함	5	5	5

3 눈

눈	아버지	어머니	자 신
없다	0	0	0
눈동자가 없는 눈	1	1	1
완전함 (눈, 눈동자)	2	2	2

4 얼굴

얼 굴	아버지	어머니	자 신
이목구비가 없다	0	0	0
눈만 그려져 있다	1	1	1
눈, 코 혹은 입	2	2	2
눈, 코, 입	3	3	3

5 얼굴표정

얼굴표정	아버지	어머니	자 신
매우 비우호적	0	0	0
비우호적	1	1	1
무표정	2	2	2
우호적	3	3	3
매우 우호적	4	4	4

6 발

발	아버지	어머니	자 신
발이 없다	0	0	0
바퀴 위에 놓여 있는 발 (예 : 자동차, 자전거, 스케이트)	1	1	1
발이 다리길이의 1/4 이하	2	2	2
발이 다리길이의 1/4~1/2	3	3	3
발이 다리길이 3/4 이상	4	4	4

7 가족생략

생 략	아버지	어머니	자 신
없다	0	0	0
있다	1	1	1

8 인물상의 크기

크 기	아버지	어머니	자 신
	0	0	0

9 치아에 대한 점수 규준

치 아	아버지	어머니	자 신
치아가 있다	0	0	0
치아가 없다	1	1	1

(3) 역동성의 차원

1 인물상의 우월성

인물의 우월성	아버지	어머니	자 신
용지의 하단 1/8 안에 있다	0	0	0
용지의 하단 1/4 안에 있다	1	1	1
용지의 1/2 안에 있다	3	3	3
용지의 1/2 위에 있다	4	4	4
용지의 1/4 안에 있다	5	5	5
용지의 1/8 안에 있다	6	6	

2 인물상의 방향

인물상의 방향	아버지	어머니	자 신
정면	0	0	0
측면	1	1	1
후면	2	2	2

3 인물상간의 거리(mm)

인물상의 방향	아버지	어머니	자 신
	0	0	0

4 인물상간의 보는 방향

보는 형태	아버지	어머니	자 신
아버지가 나를 본다	0	0	0
아버지가 어머니를 본다	1	1	1
어머니가 아버지를 본다	2	2	2
어머니가 나를 본다	3	3	3
내가 아버지를 본다	4	4	4
내가 어머니를 본다	5	5	5

(4) 양식차원

1 양식

양 식	나타나지 않음	나타남
구분	0	1
가장자리	0	1
포위	0	1
종이접기 구분	0	1
하부의 선	0	1
상부의 선	0	1
인물하선	0	1
조감도	0	1

2 그린 순서

그린 순서	
남편 – 아내 – 아이	①
남편 – 아이 – 아내	②
아내 – 남편 – 아이	③
아내 – 아이 – 남편	④
아이 – 남편 – 아내	⑤
아이 – 아내 – 남편	⑥

구분양식

인물하선 양식, 상징

상부의 선 양식

하부의 선 양식

2. 동적 학교생활 그림검사(KSD)

동적 학교생활화(Kinetic School Drawing: KSD)는 Burns와 Kaufman(1970)의 동적 가족화(Kinetic Family Drawing, KFD)로부터 비롯되어 Prout와 Phillips(1974)의 동적 학교생활화로 발전되었다. 그러나 이러한 도구들에는 해석의 지침이나 평가의 근거가 미비하여 본 연구에서는 동적 학교생활화의 해석지침서와 간편점수화시트(quick scoring sheet), 참고지침(reference guide) 및 평정척도(rating scale)가 제시된 Andrews와 Janzen(1988)의 동적 학교생활화(KSD) 검사도구를 사용한다(표 3-1).

동적 학교생활화 검사는 우울, 고립 · 거절, 불안 · 갈등, 공격성, 성적 관심, 우월성 · 힘, 방어, 지지 · 수용, 충동성, 학교생활의 어려움, 불안정 · 의존성, 경쟁의식, 신체에 대한 관심 및 부정적인 자기상 등 전체 14개 하위변인으로 구성되어 있다. 그 내용은 학교생활의 어려움이나 적응을 의미하는 총 121개 문항으로 구성되어 있다. 이 도구의 세부적인 하위영역은 '강하게 나타남' 3점, '중간정도로 나타남' 2점, '최소로 나타남' 1점, '나타나지 않음' 0점으로 평점되었다.

동적 학교생활화 검사를 위해 사용한 재료는 A4용지(8.5×11 inch), 연필 및 지우개이며 검사 실시자를 위한 검사요강이 사용된다. 검사 방법은 다음과 같다.

"이제부터 학교생활에 대한 그림을 그려 볼까요? 여러분 자신과 선생님, 친구들을 그리는데 인물들이 무엇인가를 하고 있는 그림을 그리세요. 만화나 막대기 같은 사람이 아닌 완전한 사람으로 그리세요. 어떤 내용을 그리든 어느 방향으로 그리든 여러분의 자유입니다."라고 대상자에게 구두로 설명하였다. 그림을 그린 후에는 ① 그린 인물 위에 누구를 먼저 그렸는지 순서를 적고, ② 그린 인물 위에 그 사람이 누구인가를 기록하며, ③ 그 사람이 무엇을 하고 있는지를 그림 옆의 여백에 쓰도록 한다. 이는 명확하지 않은 그림을 다시 확인하고, 기록의 산만을 방지하며, 정확한 자료를 얻기 위한 것이다(Andrews & Janzen, 1988). 그림을 보고 친구와의 관계, 교사와의 관계, 학교생활에 대해 질문을 하고 이야기를 나눈다.

- 학교생활에서 어떤 부분이 어려운지 또는 즐거운지?
- 친구나 교사와의 관계 등이 원활하지 못할 경우는 어떤 요인이 작용을 하고 있는지?
- 관계개선을 하고 학교생활에 적응하기 위해서는 어떤 부분이 변해야 하는지?
- 그 같은 변화를 위해 자신이 할 수 있는 것은 무엇인지? 등에 대해서도 이야기를 나누는 것이 좋다.

예를 들면 초등학교 6학년 여자아동의 경우, 친구들에 대한 불만과 미움이 많고 욕을 많이 사용하며 여자 친구들과 잘 어울리지 않는 것 때문에 학교 담임선생님에 의해 의뢰가 된 경우 상담에 적용할 수 있다. 초등학교 6학년 남자아동의 경우 숙제나 준비물을 잘 챙겨오지 않으며 '인터넷 중독 설문지'에서 고위험군으로 2번이나 판정을 받았으며 학습 능력 및 지적 욕구, 자기표현이 낮은 것 같아 담임선생님에 의해 의뢰되었다. 또 다른 초등학교 6학년 남자아동의 경우 수업준비가 되어 있지 않고 학습의욕이 없으며 친구들과 공격적인 장난을 많이 한다고 담임선생님에 의해 의뢰되었다. 또 학교 내에서의 친구, 교사와의 상호관계 및 학업 성취성을 파악할 수 있다.

표 5-1 동적 학교생활화(KSD) 검사의 문항 구성

구분	지표	점수	지표	점수
우울 (12)	얼굴 없음	3	낮은 참여도	2
	우는, 상처입히는, 그리고/또는 언어적 표현의 그림	3	절망감	2
	물에 관한 주제	3	빈 공간	1
	눈에 띄는 위축의 흔적	2	종이하단의 가장자리 근처에 그린 작은 그림(자기)	1

구분	지표	점수	지표	점수
	환경에 대한 관심(흥미) 결여	2	약한 필압(흔들리는 선)	1
	에너지(힘의 영역)의 결여	2	수동적인 활동	1
고립/거절 (9)	구분화	3	의미있는 사람으로부터 외면당한 자기	2
	포위	3	의미있는 사람의 생략	2
	집단으로부터 자기의 분리	3	회전된 그림	1
	자기를 그리지 않음	3	서로 다른 활동을 하는 사람들	1
	조감도	3		
불안/갈등 (16)	과도한 음영(자기/타인)	3	매우 상세한 그림	2
	평행선	3	지배적으로 묘사된 그림	2
	그림들 간의 장벽	3	물건을 반복해서 그림	2
	Xs(X표시)	3	신체의 일부를 과장되게 그림	2
	지우개로 지워진 그림(자기/타인)	3	종이 상단에 선긋기	2
	매달려 있는 그림	3	필수적인 신체 일부를 빠뜨림(자기)	1
	뒷장에 그림	3	필수적인 신체 일부를 빠뜨림(타인)	1
	위험한 자세(위치)의 그림	3	낙서(마구 그림)	1
공격성 (8)	인물들 간의 경쟁심	3	베는(자르는) 행동	2
	그림들 간의 적개심(언어적/시각적)	3	두꺼운 필압	2
	무기나 상해를 입히는 물건의 표현	3	치아	2
	고무줄 종이맞추기, 비행기, 다트를 그림	3	뾰족하고 날카로운 손가락/발가락	1
성적 관심 (8)	투시화	3	가슴의 강조	1
	생식기 그림	3	지퍼를 그림	1
	유혹하거나 성을 표현하는 그림	2	벨트가 강조됨	1
	옷을 입지 않은 그림	1	상징적인 성기 그림	1
우월성/힘 (4)	힘을 상징하는 표현	3	근육이 잘 발달된 그림	2
	윗쪽에 그린 그림	3	자기를 과장되게 그림	2
방어 (2)	도피	3	동작이 없음	2

구분	지표	점수	지표	점수
지지/수용 (6)	중요한 사람과 가까이 있음	3	모든 인물들의 상호 연관된 활동	2
	온정/인정을 의미하는 표현("안녕, 잘했어")	3	따뜻함을 상징하는 표현(해, 전등, 빛 등)	1
	미소짓기	2	부정적인 표현이 없음	1
충동성 (7)	그림의 통합성 실패	3	끊어진, 울퉁불퉁한, 불안정한 선	2
	단순한 구성	3	고착, 반복	1
	상세한 표현의 결여	3	중앙선을 중심으로 좌측에 있는 자기 모습	1
	과다하게 그려진 선	2		
학교생활의 어려움 (11)	비학업적인 개입	3	뒷모습(자기상)	2
	곤란한 상황에 처한 자기를 내비침	3	슬픔의 표현	2
	학교활동에서 바람직하지 않은 행동	3	분노의 표현	2
	싸우기	3	치아	2
	고무줄 종이맞추기, 비행기, 다트 등을 그림	3	좌측으로 치우침	1
	교내 활동보다는 교외 활동을 그림	2		
불안정/의존성 (10)	덫	3	얇은, 끊어진, 울퉁불퉁한 선	2
	테두리	3	따뜻함을 상징하는 표현(해, 전등, 빛 등)	1
	각각의 그림에 밑줄 긋기(강조)	3	아주 작은 발	1
	팔을 길게 그림	2	단추를 그림	1
	상세한 부분을 지나치게 강조	2	중앙보다 위쪽에 위치한 자기상	1
경쟁의식 (5)	경쟁을 표현	3	스포츠 장비의 표현	2
	성취의 표현	3	공놀이	1
	As(A표시, 그물이나 보도블럭 등)	2		

구분	지표	점수	지표	점수
신체에 대한 관심 (15)	신체 일부에 지나친 음영 표시	3	손이 가려짐	1
	신체에 지우개를 많이 댄 흔적	3	종이 밖으로 사지가 잘려나감	1
	신체의 일부가 가려진 그림	3	손가락 하나를 다른 손가락보다 크게 그림	1
	동물이나 괴물 같은 용모	3	손가락 하나를 다른 손가락보다 작게 그림	1
	판에 박힌 용모	3	막대기 인물상	1
	신체의 일부를 과장되게 표현	2	작은 머리	1
	신체 일부의 통합능력이 떨어짐	2	큰 머리	1
	신체 일부가 빠짐	1		
부정적인 자기상 (8)	자기상의 생략	3	그림을 마주 보고 있는 자기	2
	중요한 사람으로부터 자기가 분리됨	3	자기와 타인 사이의 장애물	2
	얼굴이 없음	3	다른 그림을 외면함	2
	자기를 마지막으로 그림	2	작은 자기의 상	1

심리검사는 의식수준의 질문지법과 전의식수준의 동작성검사(Performance Test), 그리고 무의식 층에서 의식수준에 걸친 것으로 투사검사기법으로 구분할 수 있다. 그림검사기법은 인격을 전체로 파악하는 것이 가능한 투사검사에 속한다고 볼 수 있다. 투사검사법 중에 로샤검사(Rorschach Inkblot Technique)와 주제통각검사(Thematic Apperception Test: TAT)가 언어를 매개로 하는 검사인데 비해 그림검사법은 비언어적인 것으로 임상장면에서 많이 이용되고 있다. 이들 투사법에 의한 심리검사는 여러 가지 규제나 자아방어(ego-defence)가 없는 상황에서 개인의 일상생활에서 나타나는 심리적 욕구와 태도를 알 수 있다.

그림검사가 인물상을 주제로 하는 이유는 인간의 초기부터 친숙해진 것을 비언어적인 방법으로, 아동에서 성인에 이르기까지 적용시킬 수 있고, 보다 깊이 있는 무의식적 심리현상을 표현할 수 있기 때문이며 검사를 시행할 때 피험자에게 일어나는 저항이 비교적 적다는 특성을 가지고 있다.

그림검사로서 현재 우리나라에서 사용되고 있는 인물화검사는 Goodenough의 인물화지능진단(Drawing A Man: DAM)검사가 김재은 · 여광응에 의해 소개되어 아동과 장애인의 지능을 평가하는 도구로 유용하게 사용되고 있으며, 아동과 성인의 성격을 투사하는 것으로써 특히 자아상이 투사되는 성격진단 도구(Drawing A Personality: DAP)로써 인물화 검사에 대한 연구가 조직적으로 이루어지게 된 것은 Machover가 발표한 논문(Personality projection in the drawing of the human figure, 1949)이 계기가 되었다.

이 연구에서 Machover는 각 개인이 그린 인물화로써 성격의 중요 부분을 진단하는 방법을 밝히고 있다. 결국 인물화는 그들의 언어를 대용하는 그림을 통해 그들의 내면 요구, 자아개념, 생활경험의 표현과 환경에 대한 지각을 이야기한다. 또한 인물화는 그들이 자아상의 투사인 동시에 무의식 세계의 동기나 욕구를 종합적이면서 객관적으로 표현해 주는 중요한 구실을 한다.

1926년 Goodenough의 인물화에 대한 지능 측정에 이어, 1948년 Buck의 집 · 나무 · 사람에 의한 성격검사(HTP), 1949년 Machover의 인물화 성격검사(DAP), 그리고 1952년 Hulse에 의해 소개된 가족묘화법 DAF(Drawing A Family)로 발전하면서 거기에 역동성을 파악하기 위하여 동작성을 가미한 Burns & Kauffman (1970)의 동적 가족화기법(Kinetic Family Drawing: KFD)과 Bing(1970)의 합동가족미술치료(CFD), Wadeson(1971)의 부부치료의 미술 적용기법 등이 있다.

학교생활 그림(Kinetic School Drawing: KSD)은 Knoff와 Prout(1988)가 고안, 아동과 청소년들이 학교 내에서 그들과 관련성이 있는 학교인물, 즉 자신, 친구들, 교사가 무엇인가를 하고 있는 그림을 그리게 함으로써, 학교 환경 내에서의 상호관계 및 학업 성취성을 알아낼 수 있다고 고려되어 학교생활 그림(Kinetic School Drawing: KSD)을 개발하였다.

KSD는 그림 내에서 심리학적 문제들과 관련된 행동과 역동성을 일으키는 임상적, 진단적인 면을 갖추고 있으며, 개인의 성격과 태도들에 대한 양상을 조사하는 기법으로서의 역할을 한다. 따라서 동료, 가족, 학교, 의미 있는 타인 가운데서 관계에 대한 아동과 청소년의 지각을 측정하는 투사기법의 역할을 할 뿐만 아니라 청소년 상담과 심리치료에 유용한 도움이 된다.

그러나 KSD를 포함한 투사적 검사는 검사의 신뢰도에 영향을 미치는 검사자에 의한 측정오차가 연구되어야 하는 문제점이 있고 해석도 다분히 주관성이 개입되므로 해석의 차이에 따른 측정오차가 발견될 수 있다.

〈 KSD 검사의 예 〉

	 학교부적응 여 (15세)
 학교폭력 남(13세)	 대인관계 문제 여(12세)

3. 동그라미 중심 가족화(FCCD, PSCD)에 의한 심리진단

동그라미를 중심으로 하는 가족화에는 두 가지 방법이 있다. 그 하나는 동그라미 중심 가족화(Family Centered Circle Drawing: FCCD)로써 Burns에 의해 개발된 투사적 그림기법으로서 각 인물상 주위에 그 인물에서 떠오르는 상징을 표현하게 함으로써 상징에서 연상되는 상징을 동그라미를 중심으로 탐색한다. 이는 원의 중심에 인물상(부친상, 모친상, 자기상)을 각각 따로 그리고 원의 테두리 주변에 상징물(시각적인 자유연상을 기본으로)을 그리는 방법으로서 자신과 부·모와의 관계를 잘 나타낸다. 상징은 시각적인 자유연상을 기본으로 하고 있어서 추상화된 사고와 정서를 발견하게 하여 동그라미 중심 부모–자녀그림에 내재되어 있는 부모와 자신과의 관계를 보고, 그 관계를 통해 자기 자신을 바라보도록 하는 방법이다.

또 부모상과 자기상을 한꺼번에 하나의 원안에 그려 분석하는 방법인 동그라미 중심 양친그림(Parents Self Centered Drawing: PSCD)이 있다(加藤孝正, 江口昇勇, 1990). 개인의 문제는 인간과 인간과의 관계의 문제이므로, 부모와 자신을 하나의 원안에 그리는 것이 자녀의 관계를 더 명확히 진단할수 있고 시간도 절약할 수 있다.

또 비언어적 표현 수단으로서 인간의 감정이나 사고가 자신도 모르게 구체화되는 동시에 시간과 공간의 제약을 받지 않음으로 부모–자녀관계의 과거나, 현재상황에 관계되는 생각과 감정, 또는 미래에 대한 생각까지도 표현하게 된다. 그려진 그림에 대한 이야기는 그림의 전달 내용을 보충할 수 있고 진단에서 그림의 비언어적인 측면과 그림에 대한 피검사자의 이야기를 통한 언어적 측면의 결합은 가족관계 진단에 매우 유용하다.

1) 시행방법

일반적인 상담 장면에서 그림을 그리게 되는데 다른 심리진단의 진단장면에서와 마찬가지로 피험자가 자유롭고 수용적임을 느낄 수 있는 래포 형성이 일차적으로 요구됨은 물론이다. 대개의 경우 책상을 가운데 두고 마주 보는 자세로 진단준비를 갖추지만, 어린 아동의 경우에는 평행으로 같은 방향에 앉는 것이 좋은 경우도 있다. 본래 투사법 심리진단을 임상장면에서 이용하는 경우 시간적 제한을 설정할 필요는 없으나, 일반적으로 30~40분 정도 소요된다.

(1) 준비물

우선 실시에 필요한 준비물로는 동그라미 중심 부모-자녀 그림을 그리기 위해, 동그라미가 그려진 용지, HB나 4B 정도의 연필, 지우개, 그리고 그리는데 지장을 주지 않을 평평한 책상과 의자가 필요하다.

투사법은 반응상에 자유도가 크다. 결국 검사장면에 있어서 제약이 비교적 적은 검사법이다. 이런 의미로 크레용 등의 색채를 사용해도 좋으나, 곤란한 작업을 비교적 용이하게 하는 한 가지 방법으로서 무채색의 연필화를 사용하면 다소 완화됨이 경험적으로 나타났다.

색채화를 한다면, 피험자가 색채에 대해서 부여하는 심상과 감정 때문에 복잡해진다. 해석에 있어서도 색채의 상징적 해석 등 모든 색에 대해 충분히 확립된 해석상의 가설을 갖지 않으면 어려워진다. 더욱이 검사용구에 대한 측면에서도, 모든 피험자에 공통의 색채 용구를 필요로 하는 등 상당히 번잡해진다. 결국 색채라는 그림(검사)의 자유도를 확대하는 방향이 오히려 그림 작업에 저항을 유발하게 하고, 임상적 효율성도 저하되며, 자료의 비교 검토를 곤란하게 할 수 있다. 이런 의미에서 연필화라는 것은 최소한 필요한 사항이라고 보는 것이 타당하다. 당연히 연필의 종류도 일정해야 한다. 그러므로 아동에게는 연한 4B 정도의 연필이 좋은 것 같고, 치밀한 그림을 그리기 쉬운 청년기 피험자는 단단한 연필의 종류를 선택하게 하는 것도 좋을 것이다.

(2) 검사의 지시

분위기는 자연스럽고 부드럽게 이끌어 주나, 자기가 그리는 그림에 열중하도록 해 주어야 한다. 지시는 다음과 같다.

- PSCD : "원의 중심에 부모와 자신을 그리십시오. 막대기나 만화 같은 그림이 아닌 전 신상을 그려 주십시오. 그 다음 부모와 자신에 연상되는 상징을 원의 주위나 인물상의 주위에 그려 주십시오."
- FCCD : 부친상, 모친상, 자기상을 각각 따로 그려 각각을 분석하는 방법이다.

유아나 아동의 경우에는 쉬운 말로 지시어를 바꾸어서 제시한다.

"원의 가운데에 아버지와 어머니, 그리고 자기의 모습을 그려 주세요. 막대기나 만화같이 그리지 말고 몸 전체를 그려 주세요. 그리고 아버지, 어머니, 자기의 주위에 아버지, 어머니, 자기와 관계된 것을 무엇이나 그려 주세요."라고 말한다. 검사자가 그림에 대한 암시를 주어서는 안 된다. 질문이 제기될 때 "완전히 자유입니다"라고 대답하면 된다. 무엇인가를 암시하는 듯한 응답은 절대로 피하고, 완전히 비지시적, 수용적 태도를 취한다. 질문에 대한 언어 및 비언어적인 암시가 그림의 결과에 영향을 주게 될 경우 효과적인 진단을 할 수 없게 되므로 주의해야 한다.

(3) 검사자의 태도

검사 장면을 설정하고 지시를 한 후에는 검사자는 피험자의 그림을 그리는 과정을 주목하지 않는 것이 좋다. 혹은 검사자는 검사실을 나와서 가끔씩 돌아보는 것이 좋다. 피험자가 그림을 거부하는 일은 거의 없지만, 만약 그와 같은 일이 생기면 피험자에게 용기를 주고, 그림을 완성할 때까지 방에 머물도록 한다. 이 같은 검사장면의 설정 외에는 시간제한을 하지 말고, 피험자가 말이나 몸짓으로 그림의 완성을 이야기할 때가지 그 장면을 유지하도록 한다.

(4) 그림 완성 후의 절차

그림을 완성한 후, 그림 속에서 각각의 인물상이 누구인가, 연령, 그리고 무엇을 하고 있는 것인가를 확인하고, 용지의 여백에 기입해 두는 것이 바람직하다. 이것은 상세하지 않은 그림을 다시 확인하기 위한 절차이며, 기록의 산만을 방지하고, 정확한 자료를 얻기 위한 것이다. 또한 피험자의 그림에 대한 확인 질문이 피험자의 애매한 가족인지에 통찰을 촉진하는 것과 같은 유효한 상담효과를 수반하는 경우도 있다.

2) 동그라미 중심 부모 – 자녀 그림의 진단기준

(1) 인물의 해석

먼저 인물에 대한 임상적 해석에 대해서 알아보고자 한다.

1 인물상에 음영을 넣거나 갈겨 그리기

인물상에 음영이나 갈겨 그리기는 불안이나 공격의 지표가 된다. 또 음영이 붙여진 신체부분은 그 부위의 몰두, 고착, 그리고 불안을 의미하기도 한다.

2 일반적인 윤곽

강박적인 사고와 관련되는 것으로 생각된다. 그 부분을 빈틈없이 칠할 수 없을 정도의 과도한 집착을 나타내는 태도를 투사하는 것이다.

3 신체의 부분적인 과장

신체부분의 확대, 혹은 과장은 그 부분의 기능에 대한 집착을 나타낸다. 예를 들면, 큰 귀는 청각이나 다른 사람의 말을 받아들이는 것과 관련된다. 큰 손은 공격적 태도를 나타내고 절도 등의 비행아의 그림에서 보여진다.

4 신체의 부분적 생략

신체부분의 생략은 종종 그 신체부위의 기능에 대한 거부와 그 부분에 대한 집착의 불안을 의미한다. 예를 들면 약시 아동은 눈을 그리지 않기도 하고, 도벽을 가진 아동은 팔을 그리지 않기도 한다.

5 얼굴의 표정

얼굴에 나타나는 표정은 직접적으로 여러 가지 감정을 나타내는 것이기 때문에 해석에서 더욱 확실한 지표라고 여겨진다.

6 의복의 장식

의복의 단추 모양이나 액세서리의 강조는 의존성 또는 애정요구가 만족되지 않음을 의미한다.

7 인물상의 크기

인물상의 극단적으로 큰 경우나 작은 경우가 있다. 극도로 큰 인물상은 내적 통제의 부족이나 미성숙함의 지표가 된다. 극히 작게 그린 아동은 소심, 우울, 혹은 극단적인 정서 불안정인 경우가 많다.

또 상대적으로 과장된 혹은 축소된 인물상은 그린 사람의 심리적 지각을 나타낸다. 즉 해당 인물에 대한 자신의 관심도와 연결된다.

8 경사진 인물

기울어져 있거나, 옆으로 누운 인물상은 공격적 혹은 소심한 아동, 절도자에게서 보여진다. 보편적으로 강한 불안과 정서 통제가 되지 않는 아동이 많다.

9 정확한 묘사

그림이 극히 정교하고, 정확한 경우는 환경 구성에 대한 아동의 관심이나 욕구의 반영일 것이다. 매우 위협적인 환경을 통제하려는 시도라고 생각된다.

10 필압

필압은 충동이 향해지는 방향을 시사한다. 즉 충동이 밖으로 향하는 공격적이고 활동적인 사람은 과도한 압력을 이용하고, 안으로 향하는 우울적이고 소극적인 사람은 필압이 약한 터치를 보인다.

(2) 상징의 해석

우리나라에서는 상징에 대한 연구가 거의 이루어지지 않았기 때문에 일본과 미국의 연구를 중심으로 요약해서 제시하고자 한다.

1 연필

연필은 아동에게 있어서 가장 친근하고 친숙함이 있는 자기표현을 위한 용구의 하나다. 그런 의미로 많이 발견되는 것 중의 하나이기도 하다. 따라서 피험자가 당면한 문제나 그림 속에서 연필이 무엇을 위해 이용되어지고 있는 것인가 하는 관점에서 해석되어야 하는 것이다. 예를 들면 학업 우수아와 부진아 혹은 비행아가 각각 무엇을 위해 연필을 이용하고 있는 것인가? 일반적으로 연필은 자기방어와 같은 합리화의 기제와 관련하는 경우가 많은 것 같다.

2 서적

교과서인지 만화책인지에 따라서 의미가 달라진다. 전자는 가족으로부터의 기대와 강요되는 모습이기도 하고, 후자는 퇴행 기분과의 관련 등이 검토되어야 한다. 또 서적은 합리화와 관계되는 것이 확실하다.

3 노트

이것은 연필과 함께 그려지는 경우가 많다. 해석상의 의미는 연필에 준하는 것이라고 생각된다. 즉 피험자에게 친숙한 것이고, 각각의 경우 개별적인 의미의 검토가 필요하다.

4 드럼

분노를 밖으로 표현하는 것이 곤란하여 그들의 분노를 드럼으로 대치하려고 하는 사람들의 그림에 나타난다.

5 단추

단추가 그려진 인물에로의 애착과 의존을 나타낸다.

6 의자

의자는 책상과 함께 이용되는 것으로서 함께 그려지는 일이 많다. 개인적 사용에 관계하는 것이고, 다른 사람과 관계하지 않는 경우가 많다.

의자는 그 크기나 등받이 부분, 팔걸이 부분에 의해서 교묘하게 사용자들을 둘러싸 버린다. 또 등받이 부분이 그려진 경우, 인물상은 후두 부분만이 보인다. 전자는 포위 양식으로 고립이나 소외감을, 후자는 해당 인물에 대한 거부감을 표시하고 있다.

7 완구

피험자의 퇴행 기분과 관련되는 것 같다.

8 책상

개인적 사용을 의미하고, 그 인물의 고립, 격리 등을 나타낸다. 해당 인물상이 등을 보이고 있는 경우에 이 경향이 더욱 두드러진다.

책상은 적응아 보다 부적응아에게 두 배 이상의 출현율을 보이며, 특히 정신장애자와 비행자에게 많이 그려진다.

9 모자

모자는 일반적으로 외출시에 문 밖에서 이용하는 것이다. 이른바 만들어진 상태 또는 자기 방어를 의미하며, 수동적인 태도와 관련되는 것 같다.

10 공

공은 사람의 힘에 의해 그 사람을 떠나 그 사람에게는 미치지 않는 먼 쪽으로 갈 수 있는 것이다. 즉 공은 힘을 상징한다. 그리고 공은 현재 상태의 힘(공격)이나 현실화되지 않은 폐쇄상태에 있는 힘(갈등) 등 여러 상황의 힘을 나타낸다.

11 다리미

어머니의 따뜻한 애정을 의미하게 되는 경우가 많다. 그러나 닿으면 화상을 입게 된다. 따라서 어머니의 과잉 혹은 그 표현방법이 적절하지 못한 애정, 관심,

주의 등을 피험자가 인지하고 있는 것으로 해석하는 것이 적절하다.

12 편물

어머니다운 따스한 애정을 느낄 수 있지만, 편물은 단독작업으로 다른 사람과의 상호작용을 하지 않는 경우가 많다.

13 앞치마

가정 내에서 여성적 과업의 수행을 나타낼 때 그려지는 일이 많다. 따라서 어머니에 대한 역할 기대를 의미한다. 안정감, 때로는 생존의 보장을 의미하는 뜻도 있다. 반면 옷에 의한 포위라고도 할 수 있다. 즉 역할행동이 단순히 의무적으로 행해지고 있는 듯한 경우다.

14 음식

어머니의 대표적인 행위는 부엌일과 요리다. 그 행위의 결과로써 음식물이 묘사되는 경우가 적지 않다. 일차적인 생리욕구의 충족에 관계하는 사물의 묘사는 그 욕구충족을 항상 가정에서 구하고자 하는 것이다. 혹은 이 같은 가정의 당연한 기능을 투사하지 않으면 안 될 정도로 그 충족패턴의 불안정성이 예측되기도 한다. 또 피험자의 퇴행 기분과의 관련성도 지적할 수 있다.

15 식기, 찻잔

일반적으로 아동의 섭식욕구의 충족을 의미하는 것이며 이것을 묘사해야만 한다는 그 기제가 문제시된다. 표현율은 보통군보다 임상군의 경우가 훨씬 높다. 그러나 가족 전체의 식사장면에서 묘사되는 경우에는 긍정적인 의미를 가지고 있다.

16 세탁물

세탁은 어머니상에 묘사되는 일이 많다. 일반적으로 아름다움을 좋아하는 어머니라든가 가족생활에 있어 물적 관계에 중점을 두는 어머니의 태도와 관련되는 것 같다. 또 때로는 다시 시작함이나 재생을 상징하는 일도 있다.

17 청소기

청소기는 힘이 세고 제어력이 있으며, 빨아들임의 상징이다. 청소기를 사용하고 있는 어머니는 이 상징이 나타내는 것과 같은 의미로 생각되는 일이 많다. 지배적이고, 통제적이며, 때로는 거부적인 태도다.

18 가구

가정 내의 물질성이 도형으로 표시되고, 따뜻한 마음의 연결이 빈약하다고 느껴지고 있는 피험자에게서 많이 보여진다. 예를 들면 외적 측면을 기대하려는 경향이 너무 강한 어머니의 태도와 관련되는 듯하다.

19 식탁

식탁은 여러 사람들이 동시에 공유할 수 있는 것이고, 대화와 담소로 연결되어 가는 사물이다. 연대감을 표현하는 경우가 많다. 혼자서 사용하는 것에 관계하는 책상과 의자와는 반대의 의미를 가지고 있다.

20 부엌, 수도(싱크대)

대부분의 경우 어머니에게 그려진다. 섭식욕구의 충족이라고 할 수 있는 가정의 일차적인 기능과 관련되는 것이다. 음식물을 먹는 것에 강한 관심이 있는 경우와 그 같은 욕구가 안정적으로 만족되지 않는 경우 혹은 만족되지 않을지도 모른다는 불안감을 안고 있는 경우 등에 그려지는 일이 많다.

21 냉장고

냉장고는 어린이의 최대의 바램인 식욕, 즉 피양육 욕구를 만족시키기 위한 재료의 모습이다. 동시에 차가움이라는 양면적인 성질을 가지고 있다.

22 침구

수면시에 이용되는 것이기 때문에 그 같이 그려진 인물에게 나타나는 거부감정과 퇴행, 그리고 억울한 감정 등을 나타내고 있다. 침구는 해당 인물을 포위하기도 한다.

23 방석

개인의 사용에 관계되는 물체이고, 몸 밑에 깔려지는 것이다. 인물하선의 양식으로 여겨지며 이것이 강조된 묘사는 해당 개인에의 불안감을 의미한다.

24 빗자루, 먼지털이

종종 어머니상에 그려진다. 이들은 팔의 연장이 되고, 그 인물의 지배범위를 확장하는 것이다. 따라서 지배, 통제하는 역할을 담당하고 있는 인물을 상징하는 것이고, 때로는 공격과 거부의 감정을 의미하는 것이 된다.

25 바늘

칼 정도는 아니지만, 고통을 줄 수 있는 것이다. 억제된 공격행동을 의미하는 일이 많다.

26 진흙, 오물

더렵혀진 것, 더러운 것, 즉 버려야 할 것이라는 부정적 감정을 표현하고 있다.

27 쓰레기

먼지, 티끌 등의 폐기물이다. 바라지 않는 존재를 나타내기도 한다. 그 존재를 수용하기 어려운, 새로 태어난 갓난아기에게 행해지는 공격적 감정 같은 것이다.

28 비

비, 바다, 호수, 강, 때로는 수돗물도 포함해서 일반적으로 물은 억울한 감정과 관련된다. 종종 청년기의 피험자에 의해서 그려지며, 그들의 발달 단계 특유의 억울한 기분을 상징하고 있다고 생각할 수 있다.

29 물

바다, 강, 수영장 등 여러 가지로 물은 그려지지만, 그것들은 모두 여러 상태에서의 억울한 감정을 의미한다.

30 물뿌리개

기본적으로 물과 관계되는 것이다. 불안이나 억울한 감정과 관련된다.

31 양동이, 세면기

이것은 당연히 물의 주제와 관련된다. 즉 억울한 감정이지만 동시에 수동의 뉘앙스를 수반하고 있다.

32 신문

그것을 읽는 사람의 사회에의 관심을 의미한다. 더욱이 신문을 읽는 사람은 가족 내에 있어서 사회적 책무의 대표적 수행자임을 의미하는 것 같다.

33 담배

성인다움이나 가까이 하기 어려운 어른의 세계를 시사하고 있다.

34 TV

안식이나 오락을 의미한다. TV는 외계의 정보와 자극이 가정 내에 전파되어 오는 미디어다. 결국 외부지향을 의미하는 것이다.

35 자동차

자동차는 심리적, 물리적 격리를 의미한다. 종종 승차하고 있는 사람은 포위양식이고, 다른 성원과의 격리를 표현하는 것이 된다. 청소년기 피험자 중에는 자동차의 부품만을 표현하는 경우가 있다. 핸들, 바퀴 등의 표현은 결국 차체에 의한 포위를 피하는 것이다.

36 방망이

이것은 팔의 연장이 되는 것이고, 주로 힘, 공격을 의미하고 있다.

37 칼종류

공격, 거부, 거세공포 등에 관련되고 반사회적 부적응행동을 나타내는 남자 피험자에게서 보여지는 일이 많다.

38 태양

태양은 밝음과 따스함을 의미하는 것임을 상식적으로 이해할 수 있다. 유아의 그림에는 거의 정해진 듯이 그려지고 있는 것이다.

청소년 이상에서 태양이 보여지는 경우에는 특별한 의미가 예측된다. 대부분의 경우 피험자의 미성숙한 감정이나 퇴행현상을 이야기하는 듯하다.

39 열과 빛

열과 빛이 주제로 그려지는 것은 밝음, 따뜻함, 애정, 희망 등의 긍정적인 감정과 관련하고 있다.

40 불

불은 두 가지로 해석될 수 있다. 우선 화로, 난로, 스토브 같은 난방기구의 경우는 따뜻함이나 애정에의 욕구라고 생각된다. 또 하나는, 전자와 반대의 경우로, 만족되지 않는 애정 욕구에의 심한 증오나 분노의 상징이 된다. 또 부정적인 의미에 있어서는 파괴적, 파멸적인 공격 충동을 표현하는 것이고, 가학증과 피가학증의 맥락에서 해석되는 성질의 것이다.

41 줄넘기

줄넘기의 줄은 해당 인물에 대해서 포위의 양식으로 그려진다. 해당 인물의 갈등, 자기고착 등을 의미한다.

42 그네

그네를 타고 있는 인물상은 포위양식의 전형적인 경우다. 때로는 그네와 지주와 지면의 선에 의해 이중으로 포위되고 있고, 그 인물이 안고 있는 폐쇄감, 불안정성을 의미한다.

43 돛단배

보다 높은 수준으로 상승하려는 것이다.

44 꽃

꽃은 아름다움과 사랑을 상징한다. 성장의 과정을 나타내기도 한다. 일반적으로 여아가 그린 경우 여성스러움을 의미하는 일이 많다.

45 연(풍선)

좋아하지 않는 상황에서의 이탈, 도피를 의미한다. 자동차와 침구 그리고 그네 등에 의해 둘러싸인 인물상은 현실 상황에 가두어진데 반해서 연이나 풍선은 그 자체가 공중에 떠있는 것이다. 따라서 전자만큼 현실성을 갖지 않고 오히려 공상화된 자유에의 희망을 의미한다고 볼 수 있다.

46 나비

사랑이나 아름다움을 상징한다. 태양이나 꽃이 의미하는 것보다도 오히려 더 공상화된 심정을 표현하는 것이다.

47 고양이, 개

고양이가 가진 체온, 털의 부드러움과 발톱이나 이빨의 예리함에서 보듯이 부드러움과 공격이라고 하는 불균형적인 태도와 양가적 감정을 상징하고 있다.

개는 충성심과 공격성을 의미하는 것이다. 고양이는 여아에 의해, 개는 남아에 의해 그려지는 일이 많은 것 같다.

48 별

별은 차갑고 멀리 있는 것으로 물심양면에 있어서 박탈과 관계된다.

(3) 그림의 양식

그림의 양식은 구분, 종이접기 구분, 포위(둘러쌈), 가장자리, 인물하선, 상부의 선, 그림 밑 · 인물 밑의 선 등 7가지로 분류한 Burns와 Kaufman에 기초하여 제시하였다.

1 구분

이 양식은 사회적으로 고립된 사람이나 내성적인 사고를 가진 사람에게서 많이 보여진다. 감정적 격리를 의미함과 아울러 도피를 의미하는 경우도 있다.

2 종이접기 구분

미리 검사용지를 접어서, 사각형을 만들고, 그 안에 인물을 각각 그리는 것이며, 전술한 구분의 극단적 양식이다. 인물간에 존재하는 강한 불안이나 공포를 나타내고 있는 것이라고 생각된다.

3 포위(둘러쌈)

타인에 대해서, 혹은 타인과의 관계에 있어서 개방적인 감정적 태도를 갖지 못할 때, 혹은 자기 자신을 닫아 버리는 양식이다. 강한 공포나 불안의 표현이라고 생각된다. 예를 들면 이 양식은 책상, 그네, 줄넘기, 자동차 등의 형태로 표현되는 경우가 많다.

4 가장자리

지적 능력에 문제가 없고, 또한 방어적인 사람은 단순히 인물상을 용지의 주변 부위에 그리는 일이 있다. 이 양식을 나타내는 피험자는 상당히 방어적이며, 면접 시에도 상당히 강한 저항을 나타내고, 문제의 핵심에 좀처럼 접촉해 가지 않으려 하는 경우가 많다.

5 인물하선

자신 혹은 특정 인물에 대해서 불안감이 강한 경우에, 그 인물상의 아래에 선을 긋는 경우가 있다. 인물 상호간의 인간관계의 불안정성을 시사하고 있다고 보여진다.

6 상부의 선

상부에 그린 선은 격심한 불안을 의미하는 경우가 많다.

7 그림 밑 · 인물 밑의 선

불안정감을 해소하기 위해서 견고하고 강한 토대가 필요한 경우에 그려진다. 강한 스트레스하에 있는 사람의 그림에서 보여진다.

(4) 그림의 역동성

1 인물상의 묘사 순서에 대한 해석

인물을 그리라는 지시를 주었을 때 "누구부터 그리기 시작하는가?"라고 하는 것은 의식수준의 문제라고 생각된다. 특히 적응상의 문제를 가지고 있지 않는 피험자의 대부분이 아버지상을 제일 먼저 그린다. 그리고 자기상을 마지막에 그리는 경향이 많은 것 같다. 결국 인물상의 순서에는 가족 내의 일상적 서열을 정확히 반영하고 일이 많다.

2 인물상의 위치

위쪽으로 그려진 인물상이 가족 내 리더로서의 역할이 피험자에 의해서 주어지고 있는 셈이다. 그러나 부자연스럽게 떨어져 위쪽에 그려진 경우에는 그 인물에게 나타나는 불만이나 불안정감을 의미하는 것이 된다. 또 전원이 위쪽으로 그려진 경우는 현재의 상황에 대한 피험자의 불안이나 불안정감을 의미하는 것이 된다.

반대로 아래쪽은 억울함이나 침체감과 관계한다. 아래쪽으로 위치하는 인물상이 그린 순서의 제일 마지막이거나 자고 있는 모습인 경우에 이 경향은 더욱 강해지는 것이다.

중앙부에 그려진 인물상이 중심인물인 경우가 많다. 그러므로 중앙부에 위치한 자기상은 자기중심성이나 미성숙한 인격을 의미하는 일도 있다.

3 인물상의 크기

무의식적 수준에 있어서 인물에 대한 관심의 정도가 인물묘사의 상대적인 크기로 투사된다고 판단된다. 긍정적이든 부정적이든 관심이 큰 인물의 신체부분이 크게 그려지고 있다. 그리고 이같은 가설은 높은 연령의 피험자에 있어서 더욱 유효한 임상적 지표가 될 수 있다. 청년기의 남자나 부적응 상태에 있는 피험자는 자기상을 최대로 그려서 자기고착의 양상을 나타내는 것을 볼 수 있다.

4 인물상의 위치

그린 인물상을 지우거나, 용지의 이면에 그리기도 하며, 완전히 생략해 버리는 일도 있다. 이것은 다른 인물과 동일 장면에 두기 어려울 정도의 적의나 공격, 불안 등의 부정적 감정을 안고 있는 인물에 대해 생긴다.

5 인물상의 방향

얼굴 방향이 '정면', '측면', '배면' 중 어느 쪽인가, 몸체부분이 '정면', '측면', '배면' 중 어느 쪽인가는 임상적 의미가 크다. 또 몸은 배면이라도 얼굴을 측면으로 그림으로써 방향을 긍정적으로 표현하기도 한다. 자고 있는 모습을 그리거나, 명백히 다른 인물과 다른 차원에 나타내기 위해 그 인물상 자체가 '도치'되어 버리는 일도 있다. 얼굴의 방향에 대해서는 정면은 긍정, 옆면은 반긍정 혹은 반부정, 배면은 부정적인 감정과 관련하는 경우가 많다. 도치된 인물상에 대해서는 이 얼굴의 방향과 연결해서 해석되지 않으면 안 된다.

6 인물상간의 거리

친밀성의 정도나 혹은 감정적 거리를 나타내는 것으로 보인다.

(5) 동그라미 중심 부모-자녀 그림의 기준

1 일반적 기준

① 인물들 간의 상대적 크기

그 인물의 권위나 심리적 크기, 그 인물의 내부에 있는 힘의 양을 반영한다.

② 신체 각 부분의 생략과 과장

- 눈의 생략은 감시나 보고 싶지 않음을 나타낸다. 눈의 과장은 경계를 의미한다.
- 코의 생략은 분노를 나타내지 않으려는 것을 나타내고, 대개 분노의 표현이 허용되지 않는 가정에서 양육된 사람에게서 나타난다. 코의 과장은 의존성이다.
- 입의 생략은 의존성과 약함을 표현할 수 없음을 나타내고 있다. 입의 과장은 의존성이다.
- 목의 생략은 완고한, 즉 강한 의지를 보인다. 긴 목은 의존성이다.

- 팔의 생략은 힘에 대한 불안을 의미한다. 긴 팔은 힘의 조정에 대한 욕구를 의미한다.
- 허리 밑부분의 생략은 성에 관한 부정을 의미한다.
- 발의 생략은 불안정과 집시같은 성격을 나타낸다. 길게 늘어진 발은 안정성 및 안정에 대한 욕구의 표현이다.

③ 얼굴의 표정

누가 웃고 있는가, 행복한가, 불행한가.

④ 인물 위의 상징

상징의 심리학적 의미로 해석한다. 상징의 많음은 관심을 의미하며, 적음은 상호작용의 단절을 의미한다. 그리고 이 상징들이 긍정적인 상징인가, 부정적인 상징인가? 예를 들면 하트는 사랑을 의미하며, 칼은 분노를 의미한다.

⑤ 인물들 간의 거리

거리는 심리적인 거리를 의미한다.

⑥ 인물들의 위치

중심에서 어느 위치에 있는가.

2 건강하게 내재된 부모-자녀 관계

① 인물이 생략되거나 과장되어 있지 않다.
② 각 인물의 신체 각 부위가 균형을 이루고 있다.
③ 밝은 얼굴 표정이다.
④ 자신의 상이 중심에 있고, 통제되어 있다.
⑤ 인물상의 상호간에 지나치게 접촉되어 있지 않고, 적당히 떨어져 있다.
⑥ 부모상이 대조적으로 위치하고, 자신의 상에 인접하는 쪽의 신체 왜곡이 없다.

⑦ 이상적으로는 부모상이 자신의 상을 부상시켜 바라 보고 있다.

⑧ 주위의 상징이 긍정적이고, 희망적이다.

⑨ 살고 싶은 세계가 그려지고 있다.

3 불건강하게 내재된 부모-자녀 관계

① 인물상의 신체부위의 생략

② 인물상의 지나친 크기 및 왜곡

③ 화목해 보이지 않는 얼굴 표정

④ 부친상과 모친상이 중심부에 있거나 중심부가 비어 있다.

⑤ 인물들이 서로 떨어져 있다.

⑥ 부모가 자신을 보지 않고, 눈이 없거나 앞만 보고 있다.

⑦ 주위의 상징이 부정적이다.

⑧ 그림에서 자신이 살고 싶지 않은 듯한 세계를 그리고 있다.

이상에서 서술한 것은 어디까지나 하나의 수단에 지나지 않는다. 이들의 해석은 피험자의 사적 세계를 지배하고 총괄하고 있는 심리 역동적 기제를 이해한다고 하는 역동적, 유동적인 해석이어야 한다. 이 같은 유연성을 결여한다면 모든 투사법 심리검사는 피험자나 진단가 모두에게 해로울 뿐이고, 의미도 없는 것으로 끝나 버릴 수 있다.

〈 동그라미 중심 가족화의 예 〉

성인 남자의 PSCD

성인 여자의 PSCD

성인 여자의 PSCD

성인 여자의 PSCD

〈 FCCD의 예 〉

어머니상 여(24세)

아버지상 여(24세)

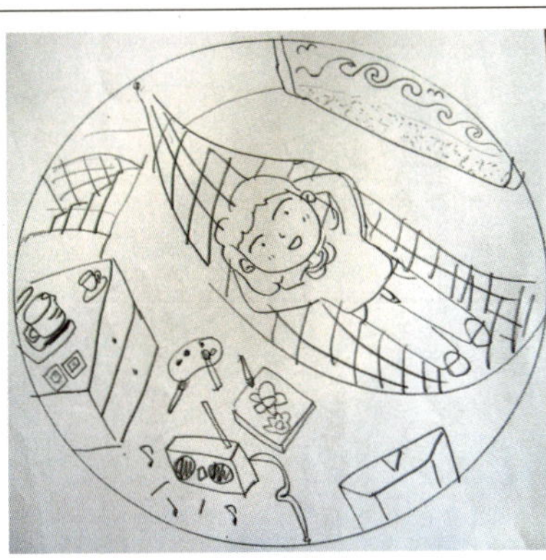
자기상 여(26세)

자기상 여(27세)

4. 동적 물고기 가족화(KFFD)

1) 동적 물고기 가족화란?

'동적 물고기 가족화(Kinetic Fishs Family Drawing: KFFD)' 진단검사는 가족의 역동성을 진단하기 위한 기법으로 유아부터 성인에 이르기까지 진단이 가능하다. 가족의 역동성은 그림진단에서 가장 중요한 부분이다. '나(내담자)와 부모', '나와 형제', '내가 느끼는 가족 분위기'는 내담자의 정서적 배경 그리고 대인관계, 사회 적응도를 측정하는 기초 배경이 된다. 그러나 가족의 이혼, 별거, 해체를 겪은 이들에게 '가족이 무엇을 하고 있는지 그려 보세요.'라는 '동적 가족화'의 직접적 지시는, 감추고 싶은 가족사를 들추는 것으로 내담자에게 심한 방어기제와 스트레스의 한 원인이 되기도 한다.

'동적 물고기 가족화' 지시방법은 다음과 같다.

- 지시어 : "물고기 가족을 그려 보세요."
- 준비 : 어항을 미리 그려 준다.

다음 물고기 가족과 더 그리고 싶은 것으로 채우게 한다. 이 제시에 따른 결과만으로도 지금 상담받는 내담자의 가족과 가족관계, 사회성까지도 파악할 수 있다.

'동적 가족화 진단검사'를 대안할 방법으로 고안된 '동적 물고기 가족화'(KFFD) 진단검사는 방어기제로 인해 진단되기 어려운 가족의 역동성을 보다 쉽고 간단하게 진단할 수 있는 우회적 방법이다.

역동성의 진단이 가능하여 가족관계나 또래관계를 이해하는데 도움이 되며, 현재의 심리적 갈등을 일으키는 존재를 파악하는 데도 유용하다. 반드시 내용에 대한 설명을 들어 보면 분석에 많은 도움이 되고, 정확한 갈등과 억압의 상태를 알 수 있다.

아동들을 대상으로 어항그림 진단검사를 할 경우에 아이들 그림 대부분 공통적으로 나타나는 것 중 하나가 물고기 가족 중 자신의 물고기를 생략한 아이들이 많다는 것이다. 또 실제 자신의 가족 수보다 훨씬 많게 그리는 등 실제 가족 성원과 다르게 그리는 아이들이 많다.

〈 어항 가족화의 예 〉

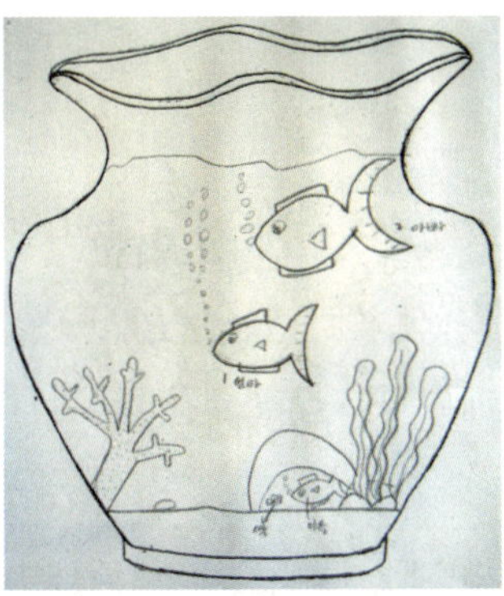

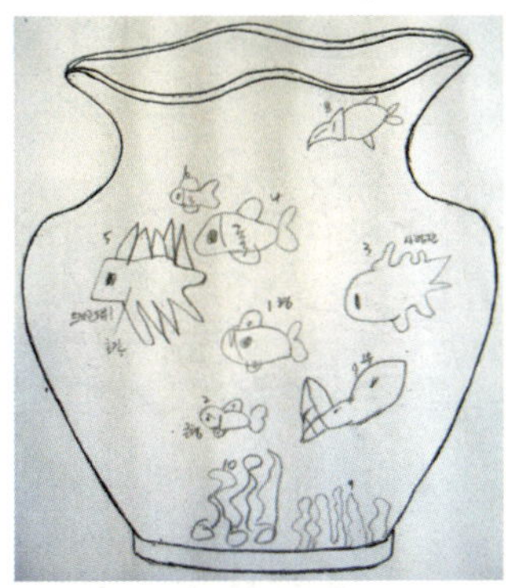

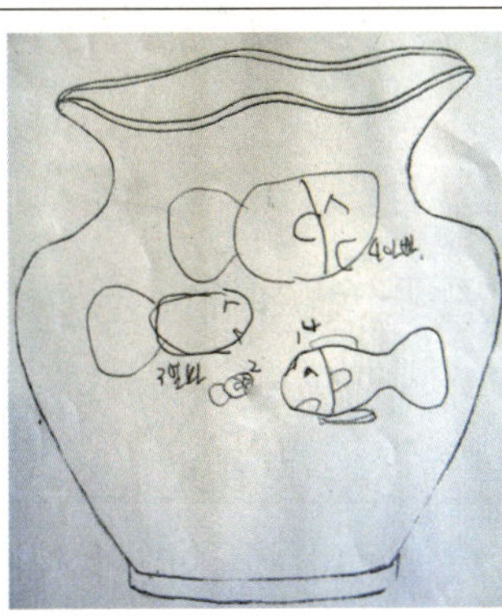

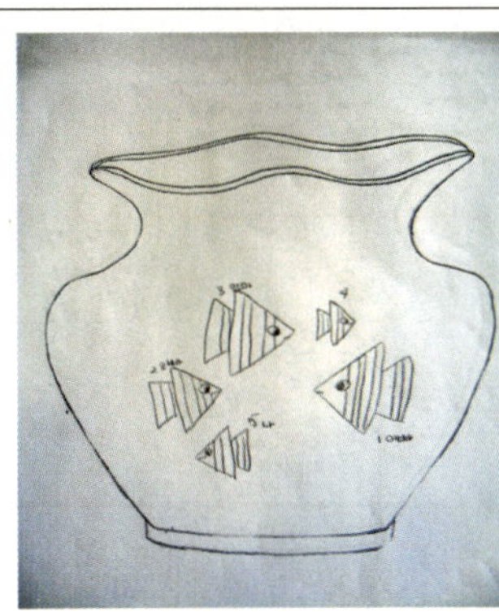

대인관계 문제 여(12세)

물고기 가족화는 어항을 그린 도식을 주어 그 안에 자신이 꾸미고 싶은 세계를 꾸며 보게 하는 것으로 자기 집의 수족관이나 실물을 보고 그리면 안 된다.

또한 검사자가 의도하여 나를 포함한 물고기 세계를 표현하게 하거나 자신의 가정에 대한 비유나 자신의 내면에 대한 것들을 그리게 코멘트해도 무방하다.

주의해야 할 것은 그림만 보고 해석해서는 안 되며, 왜 그렇게 그렸는지를 들어보아야 분석에 도움이 된다는 것을 잊지 말아야 한다. 여기서 어항은 '프라이버시가 없는 상태'라는 중의적 의미를 가지므로 가족 내의 역동성을 물고기라는 매개체를 통하여 별 저항없이 표현하게 된다.

2) 물고기 가족화의 상징적 의미와 분석방법

(1) 어항

- 어항과 물고기의 조화가 적당하고 동적인 움직임이나 공간의 여유가 있으며 물풀이 조화롭게 있으면 안정된 정서로 해석한다.
- '나'를 중심으로 그려졌을 때, '나'의 위에 위치한 배열은 권위적, 지배적인 상징이며 수평적이거나 아래에 위치해 있으면 친절한 관계를 나타낸다. 그림을 그린 순서는 나와의 친밀도, 중요도, 권위도를 나타내며 '나'와의 거리는 나와의 심리적인 거리와 일치한다. 가족 중에 그리지 않은 사람이 있을 때는 불편한 관계를 표시하며 죽은 가족을 그렸을 때는 잊을 수 없는 친밀한 관계를 표시한다.
- 주어진 어항 도식 외에 손잡이를 그린다거나 받침을 그리는 등의 가필은 불안심리와 외부로부터 도움받기를 요청하는 안전에 대한 욕구로 해석된다. 주변장식을 하지 않고 물고기만 그리는 경우는 인간관계의 관심도나 고민을 나타내며, 반대로 주변장식에 너무 많이 치중하면 사회화에 대한 관심을 갖고 있다는 것이다.
- 산소기는 의존적인 상태에서 강조하여 그리며 큰 물방울은 감정의 둔감함을, 작은 기포는 타인의 태도여하에 따라 민감한 성격을 나타낸다.
- 물이 어항에 가득한데도 밖으로부터 연결된 물호수는 억압으로부터 분출욕구

를 나타낸다. 물이 어항의 2/3 정도를 차게 그린 경우는 정서적으로 안정된 상태이지만 절반 이하는 정서적 결핍으로 해석할 수 있다.

- 희미하여 분명하지 않은 필압은 자신감이 결여된 상태를 나타내며 반드시 심리적 원인이 숨어 있는 것으로 해석하며, 물풀이 지나치게 무성하거나 자갈을 크게 그리면 숨고 싶어하는 비사회화와 열등감을 보여 준다.

(2) 물고기

- 물고기의 형태가 지나치게 크면 자기 중심적, 외향적인 성격이고 지나치게 작으면 자아축소적이며 내향적인 성향을 나타낸다. 또한 중심에 모양을 넣어 화려한 물고기를 그리면 감정적이며, 감각적인 면이 많이 있음을 보여 준다.
- 이를 드러낸 물고기의 모양은 부정적이며 억압으로 인해 정서상태가 공격적인 상태를 표현한다.
- 아기 물고기나 임신한 엄마 물고기, 또는 새끼집을 그릴 경우에는 유아기적 퇴행과 모성 회기 욕구를 말해 준다.
- 무리진 물고기 형태는 대인관계의 원만함이나 풍부한 애정적 성향을 나타낸다.
- 아래로 집중되어 있는 경우는 이성적이며 사고하는 성격이다.
- 위로 집중되어 있는 경우는 행동적인 면을 더 중시하는 경향을 의미한다.
- 분명하지 않은 필압으로 그려진 물고기는 자신감이 결여된 상태다
- 그리다 지워진 부분은 반드시 심리적 원인이 숨어 있는 것으로 해석한다.

(3) 물풀과 자갈

- 물풀이 물고기보다 지나치게 무성하거나 자갈을 크게 그리면 숨고 싶어하는 비사회화와 열등감을 보여 준다.
- 물 위에 떠 있는 연잎이나 수련잎을 크게 그릴 때, 그리고 어항 밖으로 무성하게 뻗은 수초를 그릴 때는 나서고 싶지 않은 소극적인 성격으로

대인관계의 장애를 의미한다.

- 먹이는 애정, 보살핌에 대한 욕구다.

(4) 산소기와 물방울

- 산소기 : 의존적인 성격
- 큰 물방울 : 감정의 둔감함
- 작은 기포 : 타인의 태도 여하에 대해 민감한 성격
- 물이 어항에 가득한데도 밖으로부터 연결된 물호수 : 억압으로부터의 분출 욕구
- 물이 어항의 2/3 정도를 차게 그린 경우 : 정서적으로 안정된 상태
- 절반 이하 : 정서적 결핍

(5) 집

- 휴식을 원하거나 보호받고 싶을 때
- 안정된 집에 대한 소원이 있을 때

편애는 싫어요. 나의 보호막이 되어 주세요.

중 1 여학생의 그림으로 액티브한 남동생과의 심한 갈등이 보인다.

동생의 위협적인 모습에 자신의 모습을 1, 2로 나누어 만화 형태로 그린 그림이다.

제 1의 나의 모습은 물풀인 아빠에게 숨어 상어가 가기만 기다리는 모습을 보이고 있다.

도움을 주어야 할 엄마는 동생을 편애하는 듯, 선글라스를 낀 거북이 모습으로 그 위협적인 상황을 알면서도 "뭔 일이여?"하며 외면하는 것으로 묘사되어 있다.

자신의 그림을 설명하는 중에도 남동생이 없었으면 좋겠다고 하였는데 아마도 그 심리는 완력을 행사하는 동생에 대한 미움보다 자신에게 보호막이 되어 주는 부모의 따뜻한 애정을 간절히 바라는 소망이 들어 있으리라 생각된다.

위험하니 날 건드리지 마세요.

초등학교 4학년 남아의 그림으로 정서장애 치료를 받고 있는 아동이다.

1년 전 공격적인 행동이 돌출되어 정신과에 의뢰하여 현재까지 약을 복용하고 있다.

공격성이 나타나는 경우는 부모에게 자신의 욕구가 관철되지 않았을 때 동생에게 폭력을 행사하여 보복적 행동을 하고 그래도 분이 풀리지 않으면 부모를 밀쳐 넘어지게 하는 행동을 보인다.

물고기 가족을 그리라고 했더니 서슴치 않고 상어, 복어, 고래 순으로 그리며……

"위험하니 날 건드리지 마세요"의 강한 메시지를 전해 주었다.

어머니는 아이가 어렸을 때, 맞벌이로 아이를 방치하고 심한 체벌을 가했던 부분을 후회하였다.

화면 가득 위협적인 고기들의 모습이 마치 아이의 깊은 상처로 인한 분노의 자아상처럼 보인다.

다음 사례는 초등학교 교사의 물고기 가족화이다. 동적 물고기 가족화를 통해 자신에 대한 통찰의 기회를 갖고 가정에서의 권위적이고, 과다한 일을 가지치기 해서 늘 미안한 가족에게 시간을 함께 하고자 했다. 다음은 분석 결과이다.

- 어항의 가장 밑바닥에 가라앉은 물고기(중2 작은 아들) : 늘 조용하고 집 안에서 게임기나 책을 보거나 해서 밖으로 돌아다니지 않는다.
- 통통하고 넓적한 물고기(아빠) : 항상 집에 오면 소파에 앉으려고 애를 씀, 가족일에 좀 무관심한 편이다.
- 주황색의 위에 있는 물고기(엄마) : 늘 분주하게 다니며 집의 모든 일에 주도권을 가진다.
- 분홍 물고기(큰 아들) : 집에 오면 입을 다물고 소통이 전혀 없다.
- 작고 빨간 물고기 : 우리 가족은 아니지만, 보육원에 있는 후원하는 여자아이(초등 1학년). 학교에 같이 다니면서 항상 나랑 가깝게 느끼며 이야기한다.

5. 동물 가족화

1) 목표

가족의 성격 특성 및 가족 간의 역동성을 파악한다.

2) 방법

① 가족구성원의 성격, 역할, 가족 내에서의 위치 등을 생각하게 한다.

② 지시사항에 따라 가족을 자신이 그리고 싶은 동물 모양으로 그리도록 한다.

<지시문>

"옛날이야기 속에서 자주 동물이 사람으로 변하기도 하고, 사람이 동물로 변하기도 하지요. 자, 가족이 동물로 변했다고 상상해 보세요. 가족을 어떤 동물로 표현할 수 있을까요? 자신은 물론 가족을 동물로 그려 보세요."

③ 만약 그림을 그리지 못할 경우에는 동물 그림을 주고 오려 붙이도록 하지만 가능한 한 그리도록 한다. 같은 동물이라도 표정이나 크기, 방향 등이 다를 수 있으므로 그리는 것이 내담자로부터 더 다양하고 정확한 정보를 파악할 수 있기 때문이다.

④ 그림 모양이나 크기, 위치, 방법에 대해서는 어떠한 단서를 주어서는 안 되며 내담자의 질문에는 "자유입니다. 하고 싶은 대로 하면 됩니다."라

고 말해 준다.

⑤ 그림을 그린 후 그린 순서와 그림 속의 인물이 누구인지에 대해 적게 한다.

⑥ 그 후 그림에 대한 설명을 듣고 관련된 질문을 하고 내담자의 반응에 대해 서로 이야기한다.

<상담과정으로서의 적용>

- 내담자의 연령과 발달상태, 성향에 맞게 선택하여 사용하는 것이 좋다.
- 동물 가족화는 동물이 주는 상징적인 의미가 있으므로 언어능력이 부족하고 연령이 어린 유아와 아동의 경우 효과적일 수 있다.
- 가족구성원들을 특정 동물로 표현한 배경과 이유에 대해 질문하고 이야기를 나눈다.
- 가족을 표현하는데 있어 가장 어려웠던 사람은 누구인지, 어떤 부분이 힘이 들었는지에 대해 이야기를 나눈다.
- 다른 가족은 자신을 어떤 동물로 표현할 수 있을지에 대해 생각해 보고 만약 서로 표현이 다르다면 어떤 부분 때문인지에 대해서도 이야기를 나누어 보는 것이 좋다.
- 치료자가 관찰하는 과정에서 내담자가 보였던 행동에 대해서도 이야기를 나누는 것이 좋다.

3) 가족의 상징 표현과 분석방법

(1) 아버지

- 권위적인 아버지 : 호랑이 사자, 고릴라, 뱀, 코끼리 등 위협적이거나 큰 동물
- 친밀한 아버지 : 원숭이, 개, 양 등 순하거나 작은 동물
- 체벌하는 가정 : 감촉－아프다, 따갑다, 까칠까칠하다

날씨－폭풍, 태풍, 흐림, 눈
*변덕이 심한 성격 : 엘리뇨에 비유
꽃－가시가 있는 장미, 할미꽃, 호박꽃, 식충꽃

(2) 어머니

- 포근한 어머니 : 포근하다, 따뜻하다, 부드럽다 등의 좋은 표현
- 잔소리를 많이 하는 어머니 : 맛으로 짜다, 엄청 맵다, 시다로 표현

(3) 자신

- 아동 자신이 반항과 분노를 가지고 있는 경우 : 자신의 마음을 날씨로 표현하는 부분을 폭풍, 태풍으로 표현
- 우울하고 침울한 상태일 경우 : 비, 눈. 흐림으로 표현

(4) 형제, 또래관계

- 미운 동생 : 망아지, 여우
- 누나, 여동생 : 호박꽃
- 색 : 검은색, 누런색, 빨간색
- 맛 : 쓴맛, 신맛
- 또래와의 갈등을 겪는 경우 : 친구를 거미, 장미, 톡 쏘는 맛으로 표현

(5) 집 분위기

- 친밀한 가정 : 부드럽다, 초콜릿 맛, 구수하다, 하늘색 등으로 표현
- 부모와 자녀가 즐기지 못하는 가정 : 아무 맛없다, 밋밋하다로 표현

4) 동물 상징 해석

- 새, 닭 : 현실도피, 안주
- 부엉이 : 지혜
- 독수리 : 용맹, 관조
- 돼지, 나무늘보 : 게으름, 느림
- 다람쥐 : 약함
- 거북, 개구리, 물고기 : 보수적
- 악어, 박쥐 : 양면성
- 곰 : 양육적
- 망아지 : 미숙함
- 강아지 : 애교스러움
- 뱀 : 지혜, 탄생, 새로운 시작
- 늑대 : 의리, 동료, 독려, 공동체
- 여우 : 귀여움, 애교, 지혜
- 하마 : 공격성, 언어적 공격
- 소 : 부지런함, 성실
- 코끼리 : 이지적
- 원숭이 : 잔머리, 지혜
- 비둘기 : 안정, 평화
- 오리 : 근원적, 보수적
- 용, 봉황 : 신비로움
- 말 : 역동적
- 고양이 : 애교와 공격의 양가감정
- 양, 염소 : 희생
- 캥거루 : 양육적

- 기린 : 섬세함, 멀리 봄
- 토끼 : 순함, 보호적
- 사슴 : 지혜, 안정
- 호랑이 : 위압적
- 공룡 : 공격적

5) 동물 가족화에 나타난 본인과 가족관계의 분류

(1) 고립형

- 본인이 작고 자기를 맨 나중에 그리며 다른 가족들과 떨어져 있거나 동물의 종류가 판이하게 다르고 다른 쪽을 바라보고 있고 표정이 다름(고립, 위축, 약자, 이질감)

(2) 병렬형

- 가족전체를 쭉 나열하거나 비슷한 크기, 모습, 형태로 그림
- 개개인의 특성이 불명확하고 감정을 억압하고 있으며 미분화(감정의 미분화시 가족과 분리되었을 때 새로운 가족과 문제를 가져올 수 있음), 감정표현 억제

(3) 지배형

- 본인을 상부에 그리고 위에서 내려다 보고 날아다니고 있다(새). 강한 동물의 손톱, 부리, 이빨 등, 공격성 표현
- 지배(내가 지배하고자 함), 공격성

(4) 자기중심형

- 본인을 크게 그리고 제일 먼저 그림, 정중앙에 그림, 양친 사이(부부 사이)에

자식이 가로막고 있음, 포유류가족

- 자기중심, 보호, 주목

(5) 부모지배형

- 부모가 크며 위에 위치하고 억누르고 있으며 포악하고 강한 동물, 손톱, 부리, 이빨 등의 공격성의 표현(단 부모가 약한 동물로 위에 있을 땐 해당하지 않음)
- 절대적 힘의 지배, 부모의 위압, 협박, 본인 위축

(6) 기타

- 어느 정도의 표현은 되어 있지만, 위의 분류에 해당하지 않는 경우

(7) 거부형

- 그림을 그리지 않거나 중단 또는 그리는 것을 힘들어 할 경우, 동물 그림을 오려붙일 수 있도록 동물이 그려져 있는 동물그림카드를 제시하여 그림 붙이기를 한다.
- 감정표현 거부, 가족 이미지의 미성립

6) 동물 가족화의 예

(1) 만 6세 여자 아동의 예

- 아빠는 이빨이 뾰족하고 고함을 잘 지르며, 화를 잘 낸다./ 사자
- 엄마는 설겆이를 하고 있고/ 기린
- 나는 엄마 심부름을 가고 있어요./ 다람쥐

(2) 만 7세 여자 아동의 예

- 아빠는 키가 커서/ 기린
- 엄마는 키가 작고 행동이 느려요./ 거북이
- 나는 착해서/ 곰
- 동생은 할머니 집에서 키워요.

(3) 만 6세 남자 아동의 예

아빠는 악어/ 무서우니까
할머니(동생)는 개미인데 악어가 개미를 잡아먹을 것 같아요.
형은 나보다 더 크니까 호랑이, 호랑이는 무서워요.
엄마는 토끼/ 토끼는 예뻐서, 아빠를 제일 좋아해요.
나는 다람쥐/ 귀여워서, 아빠를 제일 무서워해요.

〈 동물 가족화의 예 〉

6. 새둥지화(BND)

새둥지화(Birds Nest Drawing: BND)는 Kaiser(1996)의 연구에서 애착안정성의 유용한 임상적 진단도구로서 잠재적 가치가 있음이 검증되었다.

- 지시어 : “새둥지를 그리세요.”
- 준비물 : A4용지, 4B연필
- 실시시간 : 충분한 시간

1) Kaiser의 애착지표와 채점 준거

<둥지의 담는 기능>

- 내용(contents) : 둥지에는 내용물이 있는가?
- 나무(tree) : 둥지는 나무에 의해 지지받고 있는가?
- 바닥(bottom) : 둥지에는 바닥이 있는가?

- 담을 가능성(able to contain) : 어떤 내용물이 들어 있든 떨어지지 않도록 둥지는 기울지 않는가?
  - 정신건강/병리학 관련 요소
- 공간(space)사용 : 종이를 1/3 이상 사용하였는가?
- 배치(placement) : 둥지를 중심에 두었는가?
- 색상(colors) : 3－4개의 색상을 사용하였는가?
- 선의 질(line quality) : 선은 적절한가?
- 둥지(nest)의 크기 : 여백(대상물)이 1/3 이하인가?
  - 개정판에 들어 있는 새 요소
- 아기새들(baby birds) : 아기새들이 들어 있는가?
- 부모새들(parent birds) : 부모새들이 들어 있는가?
- 아기 또는 부모새들(either baby or parent birds) : 아기 또는 부모새들이 들어 있는가?
- 두 부모새들(two parent birds) : 두 부모새들이 들어 있는가?
- 알들(eggs) : (새는 없고) 단지 알들만 들어 있는가?

2) BND 애착지표 및 해석

우리나라 아동의 그림에서 흔히 나타나는 애착지표는 다음과 같다.

(1) 아기새만 있음 : 낮은 하위 안정애착 수준

부모새가 아기새를 두고 가버린 그림은 중요한 타인들에 의한 지지의 결여를 느낀 것을 무의식적으로 표현한다.

(2) 부모새 만 있음 : 하위 안전애착 수준

부모 혹은 중요한 타인들로부터 엄격한 통제의 경험에 의해서 지지적 환경의 결여를 무의식적으로 표현한다.

(3) 부모새 아기새가 함께 있음 : 상위 안정애착 수준

부모 혹은 중요한 타인들로부터 적절한 양육환경 속에서 자라 안정애착을 보인다.

(4) 알들만 있음 : 매우 낮은 하위 애착 수준

알을 따뜻하게 부화할 부모새가 없는 것은 정서적인 지지가 없는 양육자와 초기생활을 한 경험을 무의식적으로 나타낸다.

(5) 둥지가 비워져 있음 : 매우 낮은 하위 애착 수준

둥지가 비어 있는 이미지는 고립(분리)되고 주변이나 지지하는 환경이 없음을 무의식적으로 표현한다.

(6) 둥지가 나무에 의해 지지받고 있음(낮은 지지 : 낮은 애착/높은 지지: 상위애착)

나뭇가지 위 둥지그림은 지지적 환경의 경험을 무의식적으로 나타낸 것이다. 곧 둥지 안 내용물이 쏟아질 것 같은 이미지, 가지가 너무 약해 가지가 부서질 것 같은 이미지는 낮은 안정애착 수준이다.

(7) 공간사용 : 공간 활용이 1/3 이상 – 안정애착

그렇지 못했을 때 불안정애착 공간활용은 현재 삶의 에너지를 측정할 수 있으며 우울과 위축되고 희망 없고 사랑받지 못한다고 느끼는 아동은 낮은 안정애착 수준이다. 이러한 아동은 여백이 많거나 내용이 단순하다.

(8) 선의 질 : 강한선(공격성 나타냄/ 진한 선: 불안을 나타냄/약한 선: 자신감 없음, 폐쇄적임)

선의 질은 과거의 애착경험에 따른 현재 행동상태를 나타낸다. 정서적 지지환경 박탈 경험이 많았던 아동의 선은 매우 강하게 혹은 극도로 약하게 나타난다.

- 매우 약한 선 : 부적응적임, 우유부단하고 청하고 두려움이 많음
- 불연속적인 스케치 풍 : 소심함

(9) 둥지의 크기(작은 둥지 및 과대 둥지(낮은 안정애착 수준/적절한 둥지: 높은 안정애착 수준)

엄격한 양육의 경험을 한 아동은 작은 둥지를 표현하여 환경의 압력을 무의식적으로 표현한다. 너무 큰 둥지의 그림은 방임 혹은 위협적인 환경의 경험에 의해 힘을 가지고 싶어 하는 무의식적 표현이다.

7. 색종이 가족화

1) 목표

- 가족의 성격 특성 및 가족 간의 역동성을 파악
- 자신과 가족구성원에 대해 정서적인 측면에서 어떻게 지각하고 있는지를 파악

2) 준비물

종이(A4용지, 4절지 등 용지 크기는 다양하게 준비), 색종이, 풀, 가위

3) 방법

① 가족구성원의 성격, 역할, 가족 내에서의 위치 등을 생각하게 한다.

② 지시사항에 따라 색종이를 이용하여 형태, 색깔, 크기 등으로 가족을 표현하여 종이에 붙인다.

③ 그림 모양이나 크기, 위치, 방법에 대해 어떠한 단서를 주어서는 안 되며, 내담자의 질문에는 "자유입니다. 하고 싶은 대로 하면 됩니다"라고 말해 준다.

④ 그린순서와 그림 속의 인물이 누구인지에 대해 적게 한다.

<지시문>

"가족을 색종이로 표현한다면 어떤 모양과 색깔로 표현할 수 있을까요? 자신을 포함하여 가족을 색종이로 표현해 보세요."

초등학교 5학년 여자 아동

- 분홍색 동그라미 : 아빠. 성격이 부드럽고 원만하며 따뜻하다.
- 하늘색 하트 : 엄마. 찬찬하고 얌전하며 자신에게 잘해 준다.
- 노랑색 : 동생. 밝고 까불고 별나서 모서리가 많다. 누나를 괴롭히거나 다 뺏어 간다.
- 빨강색 : 자신. 열정적이며 봄같이 따뜻하다. 동생을 싫어하는 마음이 각이진 것 같다.
- 색종이 색은 살색 한 가지만을 사용하며, 나머지는 사인펜으로 마무리를 했다. 자신을 중심으로 차례대로 표현을 했으며, 완성을 하고 난 뒤에는 작게 그린 것이 마음에 걸린다고 했다. 이런 가족사진을 찍고 싶다고 했다.

여대생의 색종이 가족화

- 아버지 : 노란색의 둥근 모양(원만한 성격)
- 어머니 : 사각형(열정적이나 성격이 모가 난 것 같아 빨간색의 사각형)
- 자신 : 청색삼각형
- 동생 : 아버지, 어머니의 사랑을 받고 있기 때문에 녹색의 원 속에 어머니와 아버지 색깔의 하트모양을 표현, 자기 안에 부모님과 동생이 다 들어 있지만 부모님의 사랑이 동생에게 치우치고 있다며 부모님에 대한 불만을 토로했다.

초등 4학년 여학생 작품

- 어머니는 화를 많이 내기 때문에 빨간색으로 표현, 자상하다가도 한 번씩 폭발하므로 화산으로 표현
- 아버지는 검은색 옷을 많이 입고 다니므로 검은색이 생각나고 라면을 좋아하시고 오랫동안 라면을 드셨기 때문에 라면으로 표현
- 동생은 푸른색으로 표현하고 바람처럼 빨리 달리기 때문에 바람이 생각난다고 하였다.
- 부모님은 별거하고 있는 중
- 동생과 어머니가 함께 살고 있음
- 자신 : 황색 옷을 되풀이하다가 결국 표현하지 못하였다. 부모님의 별거, 어머니에 대한 두려움 등으로 불안과 불만이 많이 내재되어 있었다.

<색의 의미>

▶ 만다라의 색 상징 참고

색과 형태는 가장 개인적인 의미를 가지고 있다는 것이 중요하다. 따라서 색과 형태의 상징을 너무 일반화하여 모든 사람에게 적용하지 않도록 조심해야 한다. 그림을 그린 사람의 느낌과 인상을 제일 먼저 받아들여야 한다.

8. 가족체계진단(FSDT)

1) 미술과제에 의한 가족이나 집단, 학급문제 평가

가족미술치료는 가족체계이론(Ackerman, 1985; Bell, 1953; Haley, 1971)과 정신역동에 기초한 미술치료이론(Naumberg, 1966)을 토대로 이루어져 이러한 이론적 배경은 응용정신치료에서 필요로 하는 기술로서의 기능을 지니고 있다.

미술치료로서 가족이나 집단의 문제를 평가하는 데는 미술과제에 의한 체계진단기법을 이용하여 평가를 하게 되는데 가족체계이론은 개인의 역동이나 행동보다 가족간의 관계에 주안점을 두고 미술작업을 통해 가족이나 집단 구성원 간에 교류되는 상호작용을 알 수 있게 된다. 이 기법은 일차적으로는 작업과정에서, 이차적으로는 작품 내용에서 그 가족의 의사소통 유형이 나타난다. 또한, 한번 시행된 단 한 번의 작업으로도 그 가족이나 집단구성원 전체의 체계를 알 수 있기도 하다(Landgarten, 1983).

이러한 이론적 배경으로 실시된 가족미술치료는 진단과 치료에 사용되는 주요 수단으로서 Landgarten의 미술과제에 의한 가족체계진단은 가족의 의사소통 유형과 문제행동의 인과관계, 그 가족전체는 물론 각 가족구성원의 강점과 약점을 알 수 있다.

2) 평가절차

(1) 비언어적 팀 과제

미술치료를 통한 가족이나 집단의 평가는 우선 치료사가 가족이나 집단구성원에게 팀을 나누도록 한다. 팀을 나누는 과정에서 가족간 동맹이나 팀을 형성하는 과정에서 구성원간의 권력통제를 알 수 있고 구성원 각자의 참여 정도를 관찰하는 것이 쉬어진다.

먼저 팀을 나눈 뒤 자신을 나타내는 색을 선택하게 하여 팀별로 한 장의 종이를 주고 작업하게 한다. 각 구성원은 한번 선택한 한 가지 색을 그림이 끝날 때까지 사용하게 한다. 작업 중에는 말을 해서는 안 되며(비언어적 공동과제) 작품이 완성되면 침묵을 깨고 작품을 보고 서로 의논하여 제목을 정하여 적도록 한다.

(2) 비언어적 팀 전체 과제

가족전체가 하나의 팀으로써 하나의 종이 위에 작업하면서 위의 비언어적 과제를 실시한다. 과제를 마친 후 서로 의논하여 제목을 정하도록 한다.

(3) 언어적 팀 전체 과제

전가족이 참여하여 하나의 작품을 만드는 공동 작업으로서 언어차원의 의사소통을 허용하며 역동이 어떻게 이루어지는지 무엇을 관찰하여 그리게 할 것인지 어느 색과 어느 색이 가장 밀접하여 있는지 무의적인 심리적 거리와 의사소통을 알 수 있다.

* 위의 과정을 치료사는 〈표 5-2〉와 같은 기록지에 철저하게 관찰하고 기록해야 한다. 과정에서 나타나는 모든 비언어적인 표현들은 자녀의 위축이나 부모의 무관심, 과보호, 방치, 세대간의 불분명한 경계 등의 부적절한 가족체계를 관찰하는데 중요한 단서를 제공하기 때문에 이를 근거로 정확한 치료계획이 만들어져야 한다. 과제를 마친 후 서로 의논하여 제목을 정하도록 한다.

표 5-2 미술과제에 의한 가족체계진단 기록표

이 름		일 시		
관 찰 항 목		기 록 란		
		비언어적 팀 별 과제	비언어적 팀 전체 과제	언어적 팀 전체 과제
1. 미술과제를 누가 처음 시작했으며, 그 사람이 처음 시작하게 된 과정은? 2. 나머지 구성원들은 어떤 순서로 과제에 참여했는가? 3. 누구의 제안이 채택되었으며, 누구의 제안은 무시되었는가? 4. 각 구성원들의 개입의 정도는? 5. 각 구성원들 가운데 미술과제에 전혀 참여하지 않은 사람은? 6. 다른 사람의 그림 위에 다시 그려 그 사람이 한 것을 "지워버린" 사람은? 7. 어떤 형태의 상징적 접촉이 이뤄졌으며, 누가 이 상징적인 접촉을 시도했는가? 8. 집단구성원들은 교대로 과제에 참여했는가? 혹은 서로 서로 협력하여 과제에 참여했는가, 또는 각 구성원들이 교대로 과제에 참여하면서 한편으로 서로 협력하여 과제를 수행했는가? 9. 각 구성원들이 그린 그림의 위치는? 10. 과제 수행 방법에서 변화가 있었다면 변화를 촉진시키는 일은 무엇인가? 11. 구성원 각자는 얼마나 많은 공간을 차지했는가? 12. 각자의 분담이 상징적으로 의미하는 것은 무엇인가? 13. 누가 독자적으로 행동했는가? 14. 누가 처음으로 행동했는가? 15. 누가 추종자 혹은 반응자인가? 16. 눈짓이나 웃음 등의 정서적 반응이 있었는가? 17. 가족의 작업형태는 협동적, 개별적(독자적) 혹은 비협동적이었는가?				

〈가족체계진단의 예〉

비언적 미술공동 과제의 예

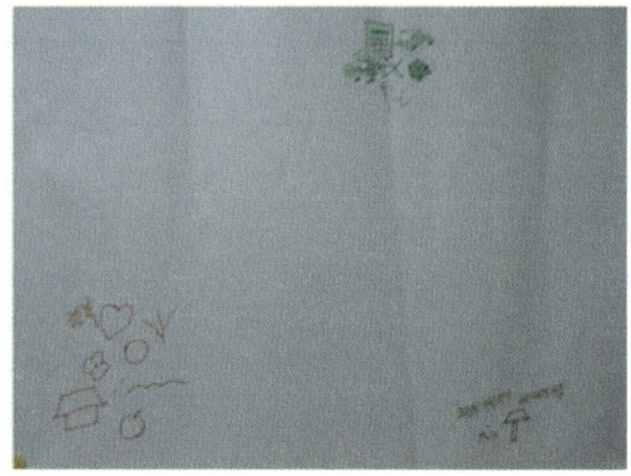

(부 : 연두, 모 : 갈색, 자 : 녹색)
비언어적 미술공동 과제
도박 성인 남(31세)

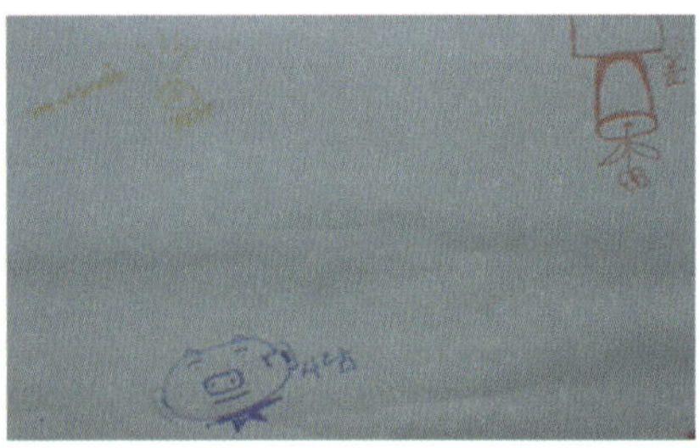

(부 : 노랑, 모 : 빨강, 자 : 파랑)
등교거부 남(고1)
비언어적 미술공동 과제

비언어적 미술공동 과제의 예
학교부적응 여(12세)

(부 : 하늘, 모 : 보라, 자 : 주황, 여 : 노랑)
언어적 미술공동 과제
등교거부 남(고1)

제 6 장

통합 그림검사

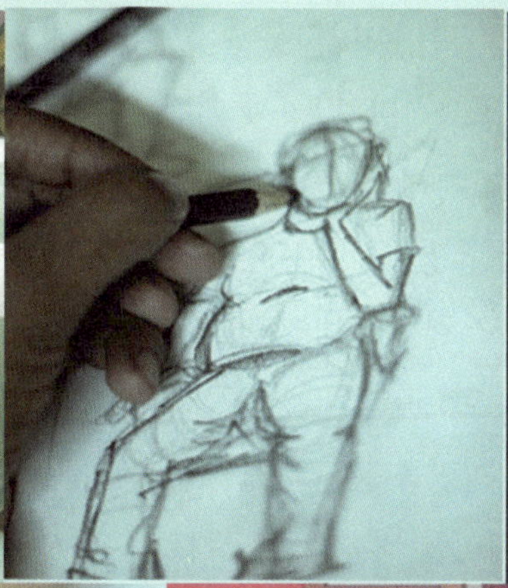

1. 9분할 통합회화기법

1) 9분할 통합회화기법이란?

일본의 愛知醫科大學 심리학과 교수인 森谷實之(1986)는 상당히 복잡하게 얽혀서 하나로 정리할 수 없는 다양한 이미지를 가능한 포괄적이고 통합적으로 표현하기 위한 기법으로서 9분할 통합회화기법을 제안했다. 이 방법은 도화지에 테두리를 친후, 화면을 3×3으로 9분할하고 그 각 칸 속에 그림을 그리게 하는 것으로 森谷는 이것에 관하여 현재까지 많은 연구결과를 보고하고 대학생을 대상으로 자기 이미지에 관한 그림을 수집했다. 그 결과 '이미지 조사기법'의 기법의 하나로 사용될 수 있는 가능성을 나타내었다. 여기에서는 하나의 연구로서 심리치료 과정 중에서 가족화로서 이용한 것을 소개하고자 한다.

내담자의 심리적 갈등의 중요한 부분에 가족문제가 있는 경우 내담자가 가족구성원에 대해서 어떤 이미지를 안고 있는가를 아는 것이 심리치료를 실시하는 경우에 상당히 중요하다. 따라서 이전부터 가족관계를 알기 위하여 다양한 기법이 고안되고 있으며 특히 최근에는 동적 가족화 등이 많이 이용되고 있다. 특히 가족관계를 알기 위한 방법으로 KFD(동적 가족화)가 사용되고 있다. 하지만 이는 개인적으로 주관적이고 결정적인 장면을 나타내는 경우가 많아 내담자의 가족에 대한 복잡한 감정은 한 국면으로 한정짓지 않는 것이 바람직하다.

이러한 경우 화면을 분할한 종이를 제시하면 여러 장면의 가족이미지가 용이하게 표현된다. 이러한 기법은 심리치료를 실시하는 현장에서 기존의 미술치료방법이 상당히 유익하게 사용되어 왔다. 그렇지만 정작 표현되는 것은 가족관계의 한 국면에 한정되는 경우가 많았기 때문에 분할한 통합회화기법에서 가족이미지가 비교적 용이하게 여러 국면으로 표현되는 것을 볼 수 있다.

(1) 그림 순서에 관한 고찰

기존의 백지 도화지에 그림을 그리는 방법으로는 생각난 몇 가지의 이미지 중에서 어떤 장면을 선택하여 그리게 하는 것이 많다. 이 9분할법에서는 9개의 구분이 지어진 칸에 생각난 순서대로 그림을 그리는 장점이 있다.

이것은 결국 종이 위에 자유연상을 실천하는 것이 되며 공간적 요소만이 아니라 시간적 요소도 동시에 한 장의 종이 위에 표현되는 것이다. 이전의 그림검사에 있어서는 그것을 해석할 때에 공간적 차원을 주축으로 하는 일이 많고 시간적 차원은 거의 고려되지 않았다. 따라서 시간을 중시하는 기법에 언어연상검사가 있듯이 이 9분할기법에서도 언어연상의 연속연상을 그대로 적용하고 있다고 할 수 있다. 잘 알려져 있는 바와 같이 특히 Jung의 언어연상에서는 시간의 요소를 중시하고 반응시간의 지체에 따라 그 사람의 콤플렉스와 자아방어기제를 찾아낸다. 그러나 본 9분할 기법에 있어서는 시간을 정하기 위한 초시계 등은 일체 사용하지 않는다. 왜냐하면 반응 시간을 엄밀하게 측정하면 심리치료적 분위기를 파괴해 버릴 가능성이 있기 때문이다. 시간을 측정하고 기록하지 않았는데도 불구하고 남겨진 도화지에는 시간이 잠재적으로 표현되어 있어서 여기에서는 로샤 검사의 계열분석과 마찬가지의 입장에서 해석할 수 있다.

森谷는 대학생의 자기 이미지에 관한 집계 결과로부터 그려진 이미지의 순서에 의한 반응 내용의 변화에 관하여 보고하였다. 즉 '인물상은 전반(1~3번)부터 중간(4~6번)에 오면 감소하고, 그에 반하여 건물, 풍경, 자연, 추상적인 것보다도 중간이나 후반(7~9번)에 옴에 따라서 유의하게 증가하거나 증가 경향을 나타내었다.' 또한 9개의 이미지 중에서 '나에게 있어서 둘도 없이 귀중한 것을 3개' 선택 경우에 '둘도 없이 귀중한 이미지는 전반부에 중간보다도 유의하게 많고 후반부보다 많은 경향이었다. 이것은 연상의 첫부분이 피험자에게 있어서 중요한 이미지를 주기 쉽다는 사실을 의미한다. 또한 그림의 중심 (즉 마지막 반응)에 그려진 이미지도 첫부분에 못지않게 중요'하다는 사실을 알 수 있다.

그러나 이것은 어디까지나 건강한 피험자에 의한 일반적인 결과로써 신경증과 정신병자 등의 사례는 각 임상군에 따라 자아방어기제의 작용이 사람에 따라 다르다.

9분할기법은 그 그림에 표현된 그림 순서를 추적해 봄으로써 그 사람의 자유연상의 자세, 즉 자아방어기제까지 읽을 수 있으며 9분할 통합회화기법을 통하여 내재된 분노, 우울, 공격성을 표출하고 다양한 미술치료 기법을 통하여 마음의 상처를 치료를 받을 수 있다.

(2) 공간 축소의 영향

9분할법의 기법은 A4용지를 9등분하기 때문에 그림의 공간이 당연히 축소되기 마련이다. 뿐만 아니라 그 속에 그리려는 내용도 제한을 받을 수밖에 없을 것이다. 따라서 충분한 양의 그림을 그리지 못하는 대신 공간이 적어진 만큼 상징성이 더욱 강조되는 특성을 가지게 된다. 그 사람의 소유물 등과 같은 작은 상징물 속에는 매우 중요한 정서적 내용이 포함되어 있는 경우가 많다.

사람에 따라서는 그림으로 표현하기보다 문자를 써넣기도 하는데, 성인의 경우 언어연상, 언어표현의 단서가 되어 중요한 역할을 한다. 이는 큰 도화지에 문자를 쓰는 것보다 저항을 적게 느끼기 때문에 메모하듯이 가벼운 마음으로 단어를 쓸 수 있게 된다. 이는 언어연상검사에서와 같이 간단한 단어 중에 치료의 중요한 열쇠가 포함되어 있다고 말할 수 있는 것이다.

2) 방법

(1) 실시시점

심리치료 장면에서 가족(혹은 자신 및 친구)과의 관계가 중요한 주제가 되고 있는 시점을 포착하여 실시한다. 내담자의 가족이나 친구에 대한 복잡한 이미지를 가능한 손상시키지 않은 형태로 촉구하는데 유용하게 사용된다.

(2) 화면분할 방법

준비물은 A4용지, 검은 매직, 연필, 색연필, 사인펜이다.

치료사가 내담자와 마주 앉아서 A4용지에 검은색 매직으로 자유로이 테두리를 그린 후 화면을 3×3으로 분할한다.

〈9분할 통합회화법〉

5	4	3
6	*	2
7	8	1

(3) 지시사항

① 오른쪽 밑 칸부터 반시계방향으로 중심을 향하여 순서대로 그리든지, 또는 그 반대로 중심에서부터 시계방향으로 오른쪽 밑칸을 향하여 순서대로 그리든지 어떤 방법이더라도 순서는 상관이 없습니다. 어머니(아버지, 가족, 형 등)에 관하여 일상생활 중에서 느낀 대로, 생각나는 대로, 머리에 떠오르는 대로 무엇이라도 상관이 없습니다. 자유로이 그림을 그려 주세요. 그래도 그림을 그리지 못할 경우에는 문자, 도형, 기호 등 무엇이라도 상관없습니다. 그림 순서에 관해서는 언급은 하되 제약하지 않는 것이 좋다. 자기방어가 심하여 9칸을 다 그리지 못하는 경우에는 전부 그릴 필요는 없다는 것을 알려 준다.

② 그림을 그린 후 각 그림마다 간단한 설명을 써 넣도록 한다.

③ 그림에 색연필이나 크레용으로 색칠하도록 지시한다.

(4) 치료과정에서의 대화

① 그림을 모두 그린 후 이러한 여러 가지 이미지 전체를 하나로 파악시키기 위하여 전체를 보면 어떤 주제가 생각납니까?라고 질문을 한다.

② 그려진 그림, 문자, 도형, 기호를 근거로 하여 떠오르는 연상을 묻고, 그러한 이미지를 가능한 넓혀 나간다.

③ 처음에 그린 ①번 이미지와 마지막에 그린 ⑨번 이미지가 내담자에게 있어 중요한 심리적 반응을 포함하는 것이므로 그림을 그리는 과정의 관찰이 중요하다.

〈 9분할법의 예 〉

도박 남(31세)

나를 화나게 하는 것들
지적장애 남(26세)

역기능 가족 남(9세)

정서문제 여(36세)

2. 발테그(Wartegg) 그림검사

1) 발테그 그림검사란?

발테그 그림검사(Wartegg Zeichentest Test: WZT)는 독일의 심리 교육학자 발테그(Ehrig Wartegg)의 쉼없는 노력에 의해 개발되어 1939년에 발표된 바움테스트(Baumtest-Karl Koch-칼 코흐의 나무 그림검사)처럼 그림검사로서 이용해 왔다.

검사용지에는 8개의 굵은 테두리로 구획된 영역이 있고, 거기에 여러 가지 자극적인 도형이 그려져 있다. 내담자는 각각의 영역에 그림을 그리도록 되어 있는데, 이때 어떤 형태로든 각각의 자극적인 도형(圖形)에 새로운 반응을 나타낸다고 추측되어 Silver의 자극그림검사와 비슷한 일면을 갖고 있다.

검사용지에 그려진 8개의 자극도는 각각 개성이 다른 부분으로 구성되어 있거나 상이한 차원의 것이 되도록 디자인되어 있다. 이와 같은 자극도에 대해 내담자가 어떠한 인상을 받고, 무엇을 그려내는가를 살펴봄으로써, 그 자극도와 연결된 주제에 대한 내담자의 반응이나 태도를 이해할 수 있다.

이에 덧붙여 제 2차 세계대전 이후 발테그의 동료인 베텔(August Vetter)에 의해 발테그 묘화검사와 필적을 결합시켜 분석하는 시도가 생겨났다. 이러한 시도는 이후에 아베랄르멘(Av'e -Lallemant, Ursura)에 의해 계승되고 개발 · 연구되었다.

2) 실시방법

내담자에게 8개의 사각형이 그려진 A4용지와 연필을 건네고, "이 8개의 테두리 모두 안에 무엇인가를 그려 주세요" 라고 지시한다. 각각의 테두리 안에는 자극도가 그려져 있지만, 내담자가 이 자극도를 사용하여 그림을 그리도록 지시해서는 안 된다. 순서대로 그리도록 하는데 그리기 힘든 것은 나중에 그리게 해도 된다. 또한 정리 마지막에 그린 것은 기록해 둔다.

3) 아베랄르멘(Av'e-Lallemant)에 의한 발테그 그림검사 해석

(1) 자극도를 활용하는가, 그 성질에 대해 반응하고 있는가?

우선 검토되어야 할 것은 내담자가 그리는 중에 ① 자극도를 활용하는 것인가이다. 일반적으로 내담자는 자극도에 반응하고 어떤 형태이든 간에 자극도를 이용해서 그려나가는데, 그것은 실현인지가 기능하고 있다는 것을 의미한다. 자극도를 전혀 무시하고 그리는 경우에 내담자는 내적 실현을 외적 실현보다도 중요시하고 있다고 판단되므로, 이런 내담자는 외부로부터 독립되어 있을 가능성이 추측되어진다(일반인도 자극도를 무시하는 경우가 있다).

다음은 ② 자극도의 성질에 반응하는가인데, 발테그 자극검사 용지에 그려진 자극도는 각각 다른 성질을 가지고 있다.

예를 들면 1. 2. 7. 8의 테두리 안에 그려진 자극도는 곡선적인 자극도에서는 곡선적인 반응이 많고 생명적인 것이 그려지는 경향이 있다.

3. 4. 5. 6의 테두리 안에는 직선적(직선적 반응이 많다. 물건, 사물이 그려지는 경향이 있다)인 것을 이루어진 것으로 여겨 내적 실현을 외적 실현보다도 중요시하고 있다고 판단되므로, 이런 내담자는 외부부터 독립(차단)되어 있을 가능성이 추측되어진다.

이렇듯 다른 자극도에 의해 상이한 반응이 나타나기를 기대한다. 반면에 직선적인 자극도에는 직선적인 반응이 나타나기 쉽고, 사물이 그려지는 경향이 있다. 이러한 자극도의 상이한 성질에 전혀 반응하지 않고 그려진 그림은, 내담자의 주관성이 강함을 시사하고 있다고 할 수 있겠다. 다른 성질의 반응이 발생했을 경우에는 그 테두리 안의 주제에 대해서 내담자와 상담하는데 단서가 된다.

(2) 각 테두리 안의 주제에 반응하고 있는가?

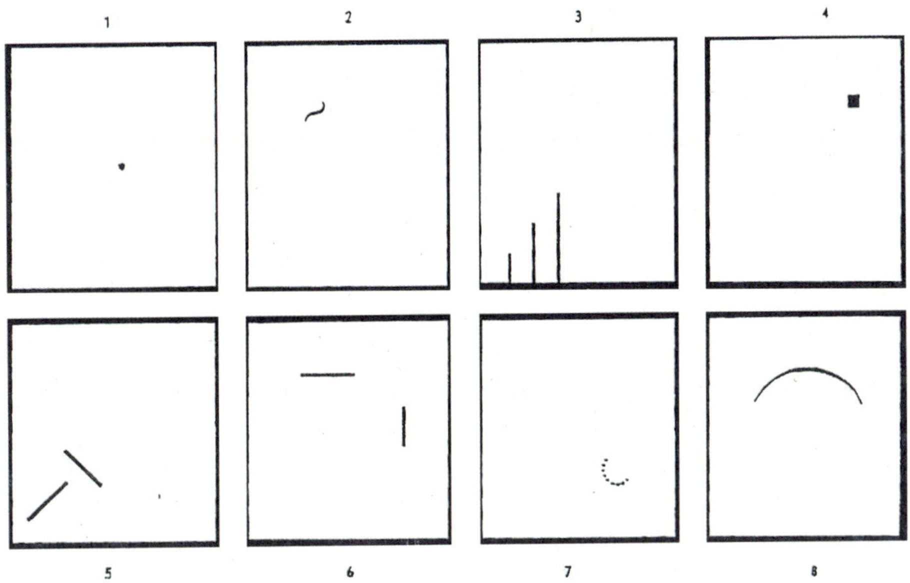

8개 그림의 각각의 테두리 안에는 특정한 주제가 있다. 이 주제는 다음과 같다.

SET	1과 8	자아와 안심
	2와 7	감정과 감수성(민감성)
	3과 5	성취와 긴장(능력)
	4와 6	문제와 통합

또한 이들 자극도의 특징과 지침서에 있는 각 테두리 안의 주제를 살펴보면 다음과 같다.

① 중심적, 집약적/중심성, 중심점, 자기, 자아(점, 중앙에 있기 때문)

② 유동적, 부동적/운동, 움직임, 부유(浮游), 감정

③ 상승경향, 엄격성, 규칙성/상승, 노력, 의욕

④ 중량감, 무의식 영역과의 관련/하중, 무게, 곤란, 문제성

⑤ 갈등, 긴장감/긴장, 능력, 3에 필요한 에너지는 어떠한가?

⑥ 통합, 전체성/완전성, 통합(횡선, 종선이라 연관 없어 보이나 합쳐지면 통합성)

⑦ 섬세함, 민감함/감수성, 민감성

⑧ 마음 편안하고 느긋함, 감싸기/안심

이상과 같은 관점을 참고로 하여 그린 그림의 각 주제에 적합한 것인지, 각 주제에 대해 무엇인가 특징적인 반응을 인식하고 있는지 등을 검토한다.

(3) 그림의 분류

별과 파도검사의 제 1단계로 행해진 것과 똑같은 방법으로 그림의 양식을 분류한다. 발테그 그림검사에서는 어느 양식의 그림이 몇 개 출현하는가 그 수를 센다.

- 형식적인 양식 : 일러스트식, 문양적인 그림. 자기를 보이고 싶어하지 않는다. 또 장식하고 싶고 자기주장이 강한 사람이다.
- 요점만 있는 양식 : 사물이 그려져 있다. 이성과의 연결고리가 강한 사람
- 회화적인 양식 : 풍경적, 정경적(情景的)인 그림과 형상적인 그림이 있다. 자기가 경험한 것을 타인과 공유하고자 하는 사람이다. 단 회화적 양식 내의 풍경적인 것이 별과 파도검사에서는 감정이 들어간 양식으로 독립되어 있다.
- 상징적인 양식 : 다른 양식과 공통으로 출현한다. 인생사 갈등의 무의식적 표현이다.

(4) 필적 분석

별과 파도검사의 항목을 참조하기 바란다.

(5) 생활상황

이상에서 살펴본 발테그 묘화검사에 대한 해석을 내담자의 생활상황 내의 문맥

안에서 파악해 본다.

(6) 기타

① 맨 나중에 그린 것을 묻는다. 나중으로 미루어서 그렸다는 것은 그 사람에게 있어 현재 다루기 힘들고 꺼리는 감정이 있는 주제이다.

② 무슨 그림인가를 묻는다. 검사를 받고 있는 사람(피험자)에 의한 의미를 중시한다.

③ 좋아하는 그림, 싫어하는 그림을 묻는다. 피험자에 의한 평가나 기타 연상되는 것들을 묻는다.

* 이들 자극도의 특징과 지침서에 있는 각 테두리 안의 주제를 살펴 기준과 같은 관점을 참고로 하여 그린 그림의 각 주제에 적합한 것인지, 각 주제에 대해 무엇인가 특징적인 반응을 인식하고 있는지 등을 검토한다.

표 6-1 WZT 자극그림검사 평가 기준

평가	2점	1점	0점
1	자극도의 검은 점모양을 중심으로 그려진 그림(예, 과녁, 방사선형, 시계의 글자판, 바퀴, 꽃), 중심적, 집약적/중심성, 중심점, 자기, 자아(점, 중앙에 있기 때문)	그 외의 그림	미완성
2	자극도의(~) 모양이 유동적이거나 부동적인 소재로 되어 있는 그림(예, 곤충, 세균, 새, 연기, 눈썹, 코, 어깨), 유동적, 부동적/운동, 움직임, 부유(浮游), 감정	그 외의 그림	미완성
3	3쌍의 규칙적인 선과 길이로 되어 있는 자극그림으로부터 규칙성, 상승경향을 표현한 그림(예, 계단), 상승경향, 엄격성, 규칙성/상승, 노력, 의욕)	그 외의 그림 (공장의 굴뚝)	미완성
4	오른쪽 구석 위의 검은 사각형(■)을 이용하여 균형잡힌 구도를 만들어 낸 그림(변화가 풍부하면서도 균형잡힌 중량감), 무의식 영역과의 관련/하중, 무게, 곤란, 문제성	그 외의 그림	미완성
5	서로 마주 보며 균형을 이루고 있는 두 개의 선이(ㅅ) 잘 조합되어 안정된 구도를 만들어 내는 그림(예, 우산, 부채의 손잡이, 삽, 검도, 도끼), 갈등, 긴장감/긴장, 능력에 필요한 에너지는 어떠한가.	그 외의 그림 (균형이 아닌 긴장)	미완성

평가	2점	1점	0점
6	관계가 없는 2개의 선(─ ı)을 이용하여 1개의 구도로 완성시킨 그림(예, 1개의 사물이나 하나로 되어 있는 도형, 얼굴, 술잔, 하나의 공간, 사물), 통합, 전체성/완전성, 통합(횡선, 종선이라 연관 없어 보이나 합쳐지면 통합성)	그 외의 그림	미완성
7	자극도의 점선으로 된 반원형(⊂)의 섬세한 감각을 살려 그 질감을 표현한 그림(예, 꽃, 불꽃, 동물의 신체일부, 발자취, 빛나는 물체등의 모양), 섬세함, 민감함/감수성, 민감성	그 외의 그림	미완성
8	밑으로 열린 호(⌒)의 부드럽고 풍부한 감각이 표현된 그림(예, 달, 태양, 박쥐, 우산, 밥솥, 얼굴, 머리), 마음 편안하고 느긋함, 감싸기/안심	그 외의 그림	미완성
총점	16점		

〈 발테그 검사의 예 〉

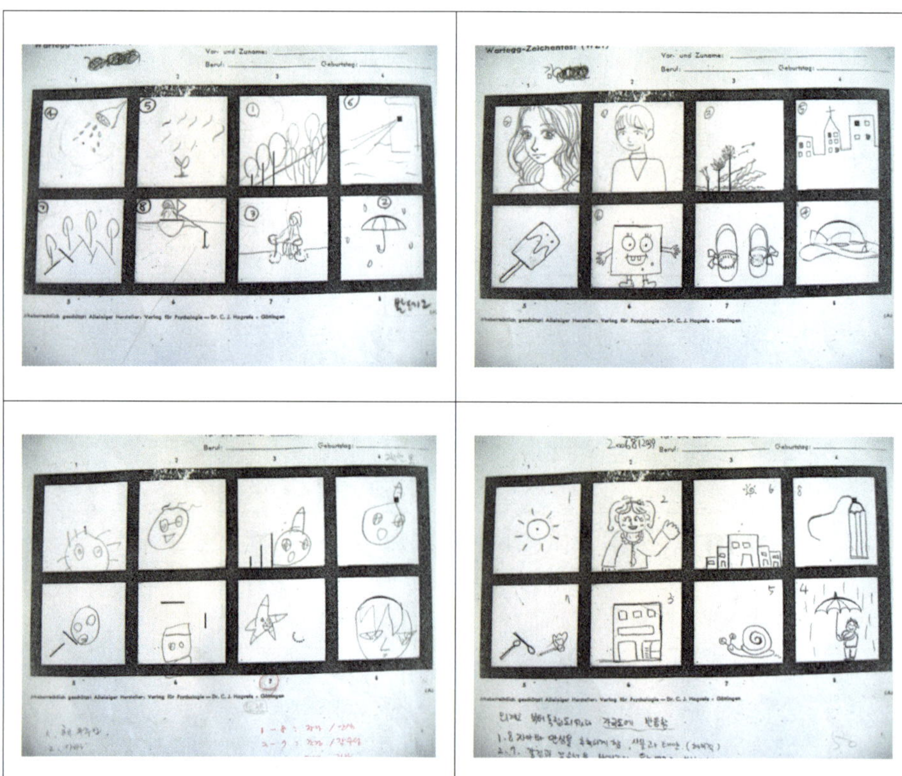

3. 실버 그림검사(DAS)

1) Silver 그림검사의 발달과 특징

그 동안 많은 연구자들에 의해서 여러 유형의 그림을 이용한 투사검사들이 활발하게 만들어졌지만, Silver는 자극그림들(Stimulus Drawings)을 이용한 세 가지 그림검사인 SDT, DAS, SD를 만들었다(1993).

여기에서 소개하는 DAS는 14가지 자극그림을 통하여 그 그림을 그림 청소년의 인지능력과 정서특성을 모두 측정할 수 있게 만들어진 검사도구이다. 지금까지의 그림검사의 문제점인 소재의 단조로움과 여러 가지 검사의 번거로움을 보완하기 위하여 다양한 소재(사람, 동물, 물건, 장소)로 만든 각종 자극 그림들을 제시하고 그것들을 선택적 단서로 하여 자신의 내면적인 상태를 마음껏 표출하도록 만들어진 검사도구다.

실버의 그림검사는 언어장애 아동들을 위한 미술프로그램 중 하나로 시작되어 우울증을 발견하는 검사도구로 발전되었다. 신뢰도와 타당도를 높이기 위한 노력은 새로운 그림검사 개발로 이어졌다. 그림자극유형 A형과 2002년 개발한 자극유형 B는 여성과 남성의 이야기 그림검사 반응이 서로 다르다(Draw A Story: DAS).

본래 Silver의 자극그림(stimulus drawings)은 1960년대에 수화(manual communication)를 금지하고 있는 농아학교의 예술 수업시간에 농아학생들과의 의사 전달 수단으로 시작되면서 발전되었다.

Silver는 당시 많은 학생들이 입술을 읽거나 말을 하지 못했고, 그 자신 역시 수화를 할 수 없었다. 수업에 참여한 모든 사람들은 몸짓이나 손짓을 사용하였는데 그림그리기를 통해서 의사전달을 할 수 있다는 것을 깨닫게 되었다. 가장 많이 표현반응을 불러일으키는 그림들을 모아서 3~5인치 크기의 카드모음으로 만든 결과, 궁극적으로 투사그림검사도구(projective drawing instrument)가 되었다.

Silver(1981)는 본래 3매의 그림인 예측하여 그리기, 관찰하여 그리기, 상상하여 그리기를 지시한 다음, 그것으로 아동의 인지와 정서를 한꺼번에 측정하고 동시에 언어적 개념 획득과 언어능력의 결손을 검사하려고 하였다. 그리고 더 나아가 그림에 나타난 구체적 내용을 중심으로 인지적, 정서적, 심리 역동적 행동의 결함을 치료하고 아동의 정서적 상태를 파악하는 종합적인 심리검사도구를 개발하였다.

실버그림검사는 기존의 다른 투사그림검사와는 달리 발달기법(developmental techniques), 사정기법(assessment techniques), 치료기법(therapeutic techniques)이라고 하는 세 가지 기법으로 구성된다. 인지적 능력과 정서적 특성을 살펴볼 뿐만 아니라 심리적으로 문제를 안고 있는 아동을 치료하는 방법으로도 사용한다. 개념 획득과 표현능력 등과 같은 커뮤니케이션 기술을 지도하는 교육수단으로도 사용하였다.

발달기법이라 함은 수검자에게 제공한 미술활동을 이용하여 개념획득, 표현력 등을 지도하는 방법이다. 사정기법은 정서적 내용을 평가하는 척도와 인지적 및 창의적 능력을 평가하는 척도를 의미한다.

실버의 미술 수업 중 대부분의 아동이 부정적인 주제로 그림을 그린 것은 아니었지만, 상당수의 아동들이 죽음이나 절망적인 상황에 관한 그림을 그렸다. 이러한 과정에서 그림그리기가 우울증을 발견하는 방법이 가능함을 발견하여 실버그림검사를 만들게 되었다(Silver, 1993). 이 검사는 그림으로 표현된 내용과 관계 등에 따라서 5점 척도로 그림을 평가하고 우울증을 판단하는 척도를 가지고 있어 우울증의 조기 진단과 창의적 사고의 진단도구로 사용되고 있다.

자극 그림은 그리기에 거부감이 있는 내담자들도 선택한 그림을 따라 그리기도 가능하여 비교적 편안하게 그림으로 그릴 수 있다. 그리고 이야기를 덧붙임으로써 자신의 생각과 상상력을 자연스럽게 표현할 수 있는 장점이 있다.

2) 실시방법

Silver의 이야기 그림검사는 자극 그림을 제공하고 그 중 두 가지를 선택해서 이야기를 꾸민 후 그림을 그리도록 요구하는 검사기법이다(Silver, 2002). 자극 그림은 A형과 B형 두 가지 유형이며 각 유형은 총 14가지 그림카드로 되어 있다. 그림 A형에는 아동으로부터 성인에 이르기까지 친근하게 느낄 수 있는 대상들의 그림으로서 면사포를 쓴 여인이나 아이, 여러 가지 동물과 나무, 화산, 성 같은 것들이 있다.

이야기 그림검사의 도구는 검사지와 연필, 지우개를 사용하도록 한다. 검사지는 A4용지의 사이즈로 그림을 다 그린 후에는 이야기를 쓰도록 하고 간략한 개인 정보와 기분을 묻는 질문에 대답하도록 한다. 검사시간의 제한은 없으나 Silver의 보고에 따르면 대부분의 아동 및 성인 피검자들은 10분 안팎의 시간을 사용한다고 한다. 표준화된 검사의 지시문은 다음과 같다.

"다음 그림들 중 두 개를 선택해서 그 두 그림 간에 어떤 일이 일어나고 있다고 이야기를 상상해 보세요. 준비가 되면 상상한 것을 그려 주세요. 어떤 일이 벌어지는지 그림을 통해 보여 주세요. 그림을 변형해서 그리셔도 됩니다. 다 그리신 뒤에는 이야기를 적어 주세요." 이러한 지시는 언어적으로 제시될 뿐 아니라 자극이 그려진 용지에도 제시되어 있다.

이야기 그림검사의 채점은 내용을 중심으로 평가해서 1~5점을 주도록 한다. 1점은 가장 부정적인 내용을 그린 그림이며, 다소 부정적인 내용이 표현된 경우에는 2점에 해당한다. 3점이 되는 그림은 표현된 내용이 양가적인 경우, 혹은 긍정적이지도 부정적이지도 않은 모호한 경우 등이 해당된다. 4점은 우호적인 관계를 그린 경우며, 보다 적극적인 관계양상이 보이거나 대상이 행복한 경우 5점으로 채점한다.

표 6-2 실버 그림검사 DAS(Draw A Story)의 평가 기준

점 수	그 림 내 용 평 가
1점	① 가장 부정적인 내용이 나타나며, 그림에 나타난 대상이 슬프거나 고립되어 있고 무기력하거나 자살 혹은 치명적인 위험에 노출되어 있다. ② 대상 간의 관계가 파괴적이거나 한쪽이 다른 쪽을 살해하거나 위협하는 내용일 때 점수를 준다.
2점	① 다소 부정적인 내용으로 대상이 좌절하거나 겁에 질려 있고 불운하다. ② 표현된 관계는 스트레스를 주거나 적대적이다.
3점	① 대상이나 관계가 부정적인 면과 긍정적인 면 양 쪽이 다 드러나거나 양가적 혹은 갈등적이다. ② 주제와 관계가 모호하거나 불분명, 양가감정의 경우 ③ 주제와 관계에 대한 어떠한 느낌이나 감정도 드러나지 않은 경우도 여기에 해당된다.
4점	① 다소 긍정적인 내용이 드러난 경우로 대상이 수동적이긴 하나 운이 좋은 경우 ② 관계가 우호적인 경우다.
5점	① 매우 긍정적인 내용으로서 대상이 행동이 행복하거나 목표를 성취한 경우다. ② 표현된 관계는 서로를 보살피거나 사랑하는 관계일 때 점수를 준다.

A형 그림카드

〈 DAS의 예 〉

제 7 장

만다라 그림검사

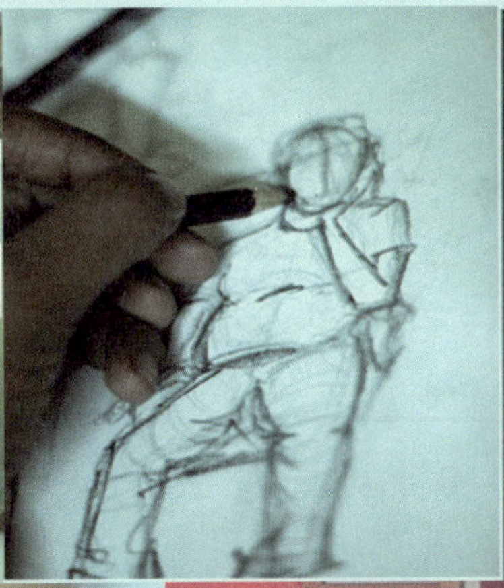

1. 만다라(Mandala)의 정의

만다라(曼荼羅; Mandala)는 인도의 고대 언어인 산스크리트에서 원상(圓相)이라는 의미를 가지고 있다. 어근 mandala는 참 또는 본질을 의미하고 접미사 la는 소유 또는 성취를 의미한다(한국문화 상징사전 2, 두산동아, 1995). 즉 만다라의 정의는 중심과 본질을 얻는 것, 마음 속에 참됨을 갖추고 있거나 본질을 원만히 하는 것이라고 할 수 있다.

2. 만다라의 세 가지 영역

① 만다라는 개인적 삶의 영역, 즉 소우주 영역을 나타낸다. 만다라를 바라보며 깊이 묵상을 하는 사람은 자기의 중심에 와 있으며, 동시에 자신은 삼라만상의 존재와 서로 연결되어 성스러운 우주에 속해 있는 것을 발견한다. 개인적 삶의 영역으로서 만다라를 심층심리학적 관점에서 접근한 대표적 심리학자는 Jung(1875)이다. 융에 의하면 만다라는 원형적 통일체를 상징한다. 원형적 통일체가 의미하는 것은 만다라가 고대의 여러 문화에서 항상 다양한 형상으로 존재해 왔으며, 이러한 것이 현대인들의 꿈이나 무의식적으로 그린 그림을 통하여 원형적 상징 언어로 나타난다는 것이다.

② 만다라는 우주적 영역을 나타낸다. 만다라는 소우주 영역뿐만 아니라 '무한 공간과 시간을 포괄하는 영원성의 상징'인 대우주 영역을 나타낸다. 대우주

영역으로서의 만다라는 바로 자연의 신비를 상징적으로 표현하고 있다. 인간은 우주의 질서와 조화의 신비 속에서 항상 자신의 진정한 모습과 마음의 고향을 찾고자 한다. 만다라 수행을 하는 사람은 만다라에서 우주의 질서와 본질을 깨닫게 되며, 자신의 생명과 우주와의 관계를 터득할 수 있다.

③ 만다라는 신적인 영역을 나타낸다. 만다라는 가시적으로 나타난 신성이며 초월적 현실을 추상적으로 묘사한 것이다. 그렇기 때문에 만다라는 내적인 관조와 명상을 투영하고 내면의 경험을 체험하도록 지도한다.

3. 만다라 그리기 작업의 의미와 효과

① 자신에게 침잠하고 고요해질 수 있다.
② 정신을 집중함과 동시에 이완을 할 수 있다.
③ 분열된 것이 하나로 모아진다.
④ 불안이 사라진다.
⑤ 긴장이 완화된다.
⑥ 모범적 생활을 찾는다.
⑦ 경험한 것을 잘 통합한다.
⑧ 일체감을 형성한다.
⑨ 원만한 성격을 키운다.
⑩ 자신의 중심에서 나온 힘을 얻는다.
⑪ 인간적인 따스함을 경험한다.
⑫ 소란하고 산만한 외부세계를 떠날 수 있다.
⑬ 자기 자신과 단체생활에 대해 집중할 수 있다.

⑭ 여유와 민감성을 갖는다.
⑮ 창의적이고 적극적인 학습 자세를 갖게 된다.
⑯ 신중해진다.
⑰ 한계를 받아들이고 필요한 것을 수용하는 것을 배운다.

4. 미술치료로서의 만다라

1) 정의

내담자가 만다라를 통해 분열된 자신을 통합하고 삶의 본질, 자신의 중심에 이르는 생활을 영위할 수 있게 하는 것이다.

2) 대상

(1) 예방적 차원(안정과 요양이 목적)

- 해결하지 못한 갈등 때문에 고통을 받고 있다.
- 자신에 대한 의구심과 회의에 시달린다.
- 더 이상 균형잡힌 생활 상태를 이루지 못한다.
- 자신을 잘 조정할 수 없다는 자제심에 대한 불안감을 가진다.
- 자주 우울한 상태에 있다.
- 하찮은 것에도 흥분하고 공격적이 된다.
- 자신의 문제를 다른 것(예: 술, 담배, 폭식 등)으로 비켜 가려 한다.

- 모든 일에 아주 과민하고 쉽게 감정이 폭발한다.
- 위기 상황에 직면해 있다.

(2) 치료적 차원

1 성격장애(다중인격)

만다라 그림이 중심과 관련된 균형적 효과를 가지기 때문에 분열된 인성을 한 곳으로 집중시키는 역할을 한다. 만다라에 의한 시간과 공간의 방향감각도 훌륭한 효과를 준다.

2 정신분열증

만다라를 통하여 내담자는 삶의 중심으로 다시 되돌아오고 시간과 공간의 질서 체계에 있게 된다. 정신분열증 내담자는 자신만의 세계에 살고 있다. 따라서 삶에서 방향감각과 자신의 중심과 본질감각을 잃은 정신병 내담자들에게는 만다라를 바깥에서 안으로, 즉 원주에서 중심으로 그리도록 유도하는 것이 더 효과적이다.

3 조울증

조울증 내담자의 기분의 고저가 매우 불안정하게 최상의 상태로 갔다가 죽음의 문턱가지 다운되거나 내려가는 불균형을 이룬다. 이러한 내담자는 중심을 잃고 있기 때문에 그를 다시 중심으로 데리고 오는 것이 필요하다. 만다라를 밖에서 안으로 그려가든지, 안에서 밖으로 그려나가든지, 그들은 항상 중심과 관계를 맺고 있다. 고대의 성채, 건물이나 교회, 사원 등의 미로를 찾아보고 자신의 길을 잃은 사람은 만다라에서 그 길을 다시 찾을 수 있다.

4 죽음과 불안

만다라를 그리는 사람은 무의식적으로 중심과 관계된 그림을 그림으로써 우울증이나 죽음에 대한 불안에서도 벗어나게 된다.

이러한 죽음에 대해 불안해하는 사람은 밖에서 안으로 만다라를 그리는 것이 낫다. 그렇게 함으로써 인생의 종착역을 위한 죽음을 더 직접적으로 느끼게 되며, 결국은 삶의 종착역을 위한 우회도로나 귀향이 없다는 것을 받아들이게 된다.

5 신체적 병

이들에게는 자신의 현재 삶을 성취하는 용기가 필요한데, 만다라를 그림으로써 현재의 자신에게 집중할 수 있다(예를 들어, 에이즈, 심장병, 노인성 질환, 암, 장기 입원 어린이 등).

5. 지도방법

1) 만다라 제작 전에

만다라 미술치료는 미술치료 수업시간에 2학년 360명과 함께 하면서 그 마력을 발휘할 수 있었다. 그 학생의 장점과 단점, 건강상태, 의지, 욕구들을 들어내 주면서 많은 학생들은 신기해했고, 자신에 대해서 분명해 하며 갈 방향을 잡는 것 같았다.

(1) 정의

중심과 본질을 얻는 것이다. 마음 속에 참됨을 갖추고 있거나 본질을 원만히 하는 것이다(종교-불교회화, 천주교 성당).

(2) 기본형태

태양, 보름달, 꽃, 나무의 나이테, 새집, 팽이, 바퀴, 소용돌이, 사람 · 동물의 눈, 교회의 색 유리창, 동심원 등이다.

2) 상담 사례

(1) 그리는 사람의 개성과 심리상태

원의 안쪽은 내면의 심리상태를 보여주고 원의 바깥쪽은 자신의 행동상태나 생활환경을 보여 준다. 한 학생은 원의 바깥 부분은 따뜻하고 밝은 색으로 칠하였으나 안쪽은 검정과 파랑계통을 칠하여 밝고 명랑하고 적극적으로 생활하는 친구가 "무슨 고민이 있는 모양이구나" 했더니 엄마와 아빠가 자주 싸우는 것이 고민이었다.

(2) 그리는 사람의 당시 기분상태와 정신상태

한 친구가 행동영역(바깥 부분)을 분홍으로 칠하여 "무엇이 속상한 모양이구나"라고 했더니 친구와 싸워서 속상하다고 했다.

(3) 현재나 과거의 문제와 그와 연관된 감정

평생교육 일환으로 어머니들과 5월 중순부터 주1회 어머니 미술치료를 하고 있는데 어머니들 중 행동영역 대부분이 파랗고 최종 테두리를 검정으로 칠하여서 "책임, 의무 부분 활동을 많이 하고 억압을 많이 받고 있다."고 하였더니 남편이 아이가 셋이니 취미 특기 활동 외에는 사회 활동을 못하게 하여 셋째아이 출산 이후 가사만 돌보고 있었다고 했다. 살면서 참았던 억울하고 속상한 이야기로 참여한 어머니들 모두 자신의 이야기를 하느라 2시간이 짧기만 하였다.

(4) 해석이나 story-telling을 하지 않아도 색칠만 하여도 정신적인 통합이 이루어지는 효과

작년 가을 만다라를 시작하면서 여러 가지 문양을 다양하게 복사하여 집에

갖다 놓았는데 딸 내미가 두 달간 날마다 색칠하더니 징징거리던 버릇도 없어지고 심부름도 기분좋게 하는 등 마음자리가 넓어진 모습을 보여 주었다.

(5) 다양한 문양을 제공하고 색칠하기를 권하면 대체적 · 계속적으로 의욕

매사 끈기와 의욕이 없는 초등학교 1학년 어린이도 만다라 문양을 보더니 자진해서 끝까지 색칠하는 모습을 본 적이 있다.

(6) 만다라 상담 결과 높아진 학습의욕

대중 앞에 나서기를 좋아하는 학생의 경우 진하게는 칠하였는데 어둡고 칙칙한 색을 칠했다. "너는 남 앞에 나서기를 좋아하는데 자신감이 없구나." 하였더니 그렇단다. "남 앞에 나서고 인정받고 싶지?" "예." "그런데 너를 인정하지 않지?" "예." "인정받으려면 무엇이 필요할까? 실력이 있어야 하지 않을까? 공부를 열심히 해 성적을 올려 봐. 어떻게 생각해?" 그 학생은 중간고사가 끝나자 쫓아왔다. "선생님 저 평균 90이 넘었어요." "축하한다." 악수하고 손을 흔들어 주었다.

(7) 건강상담

색을 연하게 칠한 사람들 중 많은 사람은 소화기관이 약하여 에너지가 올라오지 않아 내면적으로는 욕구가 있으나 쉬 지치고 포기를 잘하는 사람이 많다. 그런 사람은 소화기 치료 및 운동을 권하여 주면 열심히 운동을 하는 모습을 보았다. 신규 선생님 한 분이 아침마다 30분 거리를 걸어서 출근하게 되었다. 학생들 중에도 그런 학생들의 손을 잡아 보면 얼음장같이 차가웠고 설탕 안든 꿀, 인삼 등을 복용할 것과 운동하기를 권하여 준다.

(8) 개인마다 모두 특징과 장점 및 단점

학생들 자신의 무의식의 부분을 들추어 내 주고 방향을 잡아 주었다. 그랬더니 학생들은 미술교사인 나를 신뢰의 눈빛으로 바라보고 엄마 같이 언니 같이 따르고 의지하고 신뢰를 해 주어 행복하고 감사한 날들을 보낼 수 있었다.

3) 시행방법

(1) 처음에는 그려진 문양을 사용하여 색칠하기를 한다. 색연필이나 사인펜 혹은 크레용, 칠판펜 등을 사용하여 자유롭게 칠할 수 있도록 한다. 사람은 생김새가 제각각 다르듯이 색칠도 다 다르게 한다. 선택하는 색도 다르지만 칠하는 방법이나 강도 또는 농담, 터치 등이 개인마다 다 다르다.

(2) 학생들과 수업시간에 할 때는 색칠하기 전에 눈을 감고 단전호흡을 할 수 있도록 한다. “단전호흡 합니다. 눈 감으시고, 들이쉬고 천천히 길게, 멈추고……”, “내쉬고 천천히 부드럽게 길게……” 1분에 두 번 정도 들숨과 날숨을 하게 하고 이를 3번 정도 하면 교실은 조용해진다. 소란했던 교실은 조용해지고 주변의 소리가 잘 들리게 된다. 자신이 얼마나 많은 소음을 냈는지 느낄 수 있는 기회도 되고 수업에 쉽게 집중하게 된다. 수업시간마다 시작하면서 하면 쉽게 학생들의 주의를 집중시킬 수 있어서 좋다.

(3) 같은 만다라 문양을 두 번째 시간에는 보고 그리기를 한다. 사고와 생활이 구조적인 학생들은 보고 그리기를 매우 쉽게 한다. 무질서하고 무계획적인 생활을 하는 학생들은 방법을 가르쳐 주어도 어려워한다.

6. 만다라 창작하기

보고 그리기를 하면서 방법을 터득하였기 때문에 쉽고 새로운 자신만의 문양을 만들어 나간다. 특히 만다라 창작은 디자인의 원리가 그대로 들어 있어 디자인 수업 때 하면 적절하다. 원 속에 디자인의 구성원리인 변화, 통일, 균형, 대칭, 율동, 점이(전이), 대비 등 재미있는 요소들이 들어 있고 구성을 하라 하면 어려워하는 학생들이 만다라를 색칠해 보고, 보고 그리기를 하고, 창작을 하게 되면 그 어떤 평면구성보다도 훌륭한 평면구성 작품이 나온다. 이 때에는 굳이 구성의 원리를 가르치지 않아도 구성의 원리를 터득하고 표현하는 것을 보면 신기하기도 하고 그들이 대견스럽다.

7. 만다라로 마음 나누기

3학년 기말고사가 끝나고 복사된 만다라 문양을 나누어 주었다. 환호성이다. 오랜만이란다. 모두 열심히 색칠을 한다. 즐겁게 이론 공부를 할 때는 힘들어 하던 친구들인데, 한 친구가 주황, 노랑, 연두 등 밝은 색을 화사하게 칠하였다. "요즈음 기분이 좋은가 봐?" 아이는 손으로 하트를 그려 보이며 좋아라 한다. "무엇이 그렇게 좋아?" "그냥 다 좋아요." 3학년 9반 학생 하나도 원의 바깥 부분이 다홍과 노랑이다. "몸의 상태가 상당히 좋은데? 방방 뜨고 있어." "맞아요, 맞아요." 손뼉을 치며 좋아라 한다. "정신상태는요?" "정신상태는 모호해." "모호한 게 뭐에요?" "하고 싶은 것도 없고, 해야 하는 것도 없어." "예, 맞아요." "다만 연한 보라로 봐서 뭔가 하긴 해야 할 뿐이지." "예, 맞아요. 그래서요?" "이렇게 몸의 컨디션이 좋을 때는 기말고사가 끝났으니 기말고사 문제를 한 번 쭉 훑어 봐. 그럼 머리에 쏙쏙 들어오지." 그 친구 그 다음 시간 생기가 넘치고 대답을 열심히 하고 힘이 넘치는 것이 아마 좋은 효과가 있었던 모양이다. 한 친구는 연지색을 칠했다. "자신이 좀 더 성숙해져야지 하는 생각이 드는구나?" "예, 그래요." "그리고 작년보다 많이 조신해지고 실제 많이 성숙해졌는걸." "정말 그래요." "그래, 작년보다 우아해지고 많이 성숙해졌어." 어깨를 으쓱해 하고 아주 기분이 좋아져서 생글생글 웃는다.

치료자는 치료적 시작 단계에서 만다라를 그리는 화자 혹은 내담자에게 중심으로부터 그려 나갈지 혹은 원주에서 안으로 그릴지를 물어 본다. 여기에서 일반적으로 내향적인 사람과 외향적인 사람은 그리는 과정이 다르게 나타난다.

① 원 중심에서 원주로 향하는 만다라를 그리도록 유도해야 되는 대상은 내향성, 근육운동 장애, 자폐성, 경련성 마비를 겪는 사람 등이다.
② 원주에서 중심으로 향하는 만다라를 그리도록 유도해야 하는 대상은 외향성, 운동형 사람, 몽상가, 노이로제, 정신질환, 뇌막염, 집중력 결여, 허풍성향을 가진 사람 등이다.

1) 만다라 제작을 위한 준비

명상적 분위기, 호흡연습과 이완연습, 시각화 연습, 상상여행, 자연산책

2) 만다라 치료의 효과

- 정신과 육체가 건강해진다.
- 고요하고 침착해진다.

- 자신의 중심을 발견하고 자신의 힘을 얻는다.
- 주변의 현실을 새롭게 받아들인다.
- 자기 자신과 우주 만물의 모든 생명체와 일체가 되는 것을 체험할 수 있다.
- 자기 자신을 수용하며 자기소외를 극복한다.
- 갈등상황을 더 쉽게 극복한다.
- 자신 안에 있는 새로운 에너지를 발견하며 기쁨을 누릴 수 있다.
- 자신의 에너지를 조정할 수 있으며, 역동적으로 이용할 수 있다.

8. 만다라의 색 상징

1) 빨강

- 질병을 치료하는 위력이 있는 색상으로 잠재적인 치유의 색상이다(Birtten, 1988).
- 피를 연상시키는 색이다. 죄를 회개하는 제의적인 의식행위인 자기희생과 개심을 상징한다.
- 불을 연상시키는 색이다. 불은 따뜻함과 동시에 태운다는 파괴력과 용광로에서 무쇠를 녹인다는 점에서 변형시키는 위력도 가지고 있다.
- 따뜻함과 에너지가 넘치는 색상으로 신체적으로 자극당하는 느낌을 가지게 한다(Luscher, 1969).
- 빨강이 너무 많으면 심리적, 정신적 상태를 의심해 보아야 하며 반면 빨강이 너무 적으면 심한 수동성과 자기주장을 위한 의지력 결핍으로 볼 수 있다.

- **긍정적 측면** : 사랑, 감각, 열정, 자기신뢰, 힘, 권위, 지구력, 자립심, 삶의

기쁨, 생의욕구, 생명력, 강한 의지, 즉흥성, 정직, 감사 · 용서, 인간적, 외향적

- **부정적 측면** : 본능, 분노, 미움, 자기연민, 자기만족, 급한 성격, 무례한, 지배적, 오만한, 격렬한, 잔인한

2) 파랑

- 맑게 갠 하늘과 드넓은 대양, 시원한 그늘을 연상시킨다.
- 잠잠함과 정적, 평화를 상징하는 색상이다.
- 융에 의하면 "높이와 깊이를 의미하는 색상"이라고 한다.
- 물의 상징으로 깨끗하게 씻어 주고, 양육하고, 뜨거운 것을 식혀 주고, 물질을 용해시키는 것으로 물질의 본질을 변화시키기도 한다.
- 밝은 파랑은 사랑과 보살핌이 긍정적으로 반영되며, 어두운 톤의 파랑은 지배적이고 주도적인 어머니 상을 의미한다.

- **긍정적 측면** : 고요, 평화, 이완, 안전, 충실, 성실, 섬세한 감각, 원만함, 온유함, 세련된, 침착한, 순진한, 소박한, 다정한, 감격시키는, 창의력이 풍부한
- **부정적 측면** : 권태, 무력, 공허함, 야망을 품고 있는, 불성실한, 의심이 많은, 거드름을 피우는, 정서적으로 불안정한, 냉담한

3) 남색

- 밤하늘, 어둠 혹은 폭풍의 바다 등의 느낌을 내포한다.
- 내면의 어두움의 표현, 무의식상태나 잠자고 있는 상태, 죽음을 은유적으로 나타낸다.
- 어머니와의 뿌리 깊은 갈등을 나타내는 것과 관련해 마음 속 깊이 자리잡고 있는 불안과 갈등을 나타낸다.

- **긍정적 측면** : 신뢰, 현실적 이상주의, 꿈이 있는, 직관력이 있는, 심안을 가진, 두려움이 없는 의무를 충실히 수행하는, 환경에 매우 적극적인
- **부정적 측면** : 겁을 내는, 편협한, 아량이 없는, 비판적, 어두운 면만을 보는, 우울한

4) 노랑

- 태양의 색으로 밝은 빛과 따뜻함, 삼라만상에 삶을 가져다 주는 힘을 가지고 있다.
- 융은 노란색이 직관을 상징한다고 말한다(계몽적인 색, 빛의 색).
- 노랑이 만다라에 항상 우세하게 나타나는 경우는 갈등을 극복하는 시기, 내면화된 아버지의 영향으로부터 자유로워지는 경우이며, 강렬한 노란색에 음양의 대비가 강한 만다라인 경우에는 의식과 무의식의 싸움을 나타낼 수 있다.

- **긍정적 측면** : 빛, 태양, 기쁨, 자유, 발전, 지정, 지혜, 사교성, 환상, 자유에 대한 욕구, 정신적 역동성, 높은 정신력, 직관, 조화로운 중심, 명백한 사고, 넓은 시야, 훌륭한 유머감각, 명랑함, 깨달음, 낙관적, 확신에 찬, 자신이 있는, 행복한
- **부정적 측면** : 질투, 자기 과대평가, 협소함에 대한 불안, 피상적, 염세적, 회의적, 아첨을 잘하는, 교활한, 소심한, 비겁한

5) 녹색

검은 전나무 색은 죽음, 위험, 부패의 위협을 경고하며, 황록색은 독, 고름을 의미하며 전이적 의미로서 자제력이 없는 열정과 욕심이다.

- **긍정적 측면** : 균형, 성장, 희망, 저항력, 생명, 자연, 의지, 치유, 완쾌, 새로운 시작, 일체성, 건강, 건전함, 목적달성, 강인성, 지구력, 명성, 조화로운, 어린이와 동물을 사랑하는, 이해심이 있는, 자제력, 적응력이 있는, 동정심이 있는, 관대한, 겸손한
- **부정적 측면** : 거짓, 욕심, 권력, 판별력 부족, 돈 문제에 부정직한, 소유욕, 질투심이 많은, 분별력이 없는, 무모한, 잔인한, 무자비한

6) 주황(주홍)

- 빨강(에너지)과 노랑(아버지)의 관계성에 투사되었다고도 할 수 있다.
- 가을의 색이며 석양의 색이다.
- 에너지로 충분한 노력과 강력한 정체감, 건전한 자기주장을 시사한다.
- 힘의 부정적인 사용, 즉 권위에 대한 적대적인 태도나 자제력의 부족을 나타낸다.

- **긍정적 측면** : 에너지, 낙천주의, 생의 욕구, 생명력, 활동성, 용기, 강함, 개방성, 젊음의 활력, 건강, 자기신뢰, 친절, 순수한, 진심, 기쁨, 열정, 자기확신, 독립적, 건설적, 사교적, 섬세함, 싱싱함, 음식을 좋아하는, 넘치는 에너지, 스포티한
- **부정적 측면** : 권세욕, 자기과시, 경망함, 다른 사람들로 하여금 문제를 해결하도록 하는 성향, 병적 거식증(혹은 폭식증), 알코올 오용, 거만한

7) 분홍

- 빨강(에너지)과 흰색(영성)의 혼합이다.
- 인간 신체와 연관되는 색상으로 신체적 질병을 나타낼 수 있다.
- 만다라에서의 분홍은 매우 섬세하고 감정과 강한 보호욕구를 나타내며 병을

감추고 있거나 스트레스를 받는 신경 증세를 의미할 수 있다.

- **긍정적 측면** : 즐길 수 있는 능력, 낭만, 우아, 애정, 자제력, 헌신, 자기망각, 부드러움, 겸양, 소녀나 젊은 여성, 여성성.
- **부정적 측면** : 보호욕구, 억제, 경쟁심 상실, 센티멘털한, 허약한

8) 보라

- 빨강(에너지)과 파랑(고요함)의 혼합이다.
- 보라색이 우세하면 내적으로 긴장하고 있으며, 특히 성 역할과 사회적 위치에서 갖게 되는 긴장과 관계가 깊다.
- 고귀함과 짙은 포도주를 연상시키는 바다 그리고 눈 속에 핀 패랭이꽃의 색상이다.
- 기독교 전통 속에 권위의 상징이며 개인적인 성장을 나타내는 색이기도 하다.

- **긍정적 측면** : 신비주의, 신비한 힘, 영성, 초자아, 변화, 영감, 정서존중, 대립의 극복, 개별성, 강한 정서, 창의성, 상상력, 정신력, 영적 지도자, 자기희생, 순수한 이상주의자, 친절한, 공평한, 인도주의
- **부정적 측면** : 우울증, 고통, 단식, 포기, 전향, 노이로제 경향, 내적 긴장, 오만한, 거드름을 피우는, 속물적인, 불성실한, 광신적, 해로운 마술에 관심이 있는

9) 터키색

문제 극복 수단으로 사용되며 상처와 아픔에 대한 의식화를 두려워하는 위기의 과정에서 자기치유의 역할을 한다.

• **긍정적 측면** : 사교성, 우정, 의사소통 능력, 독창력, 우아, 매력, 자아의식, 유머감각, 자기치유의 역할
• **부정적 측면** : 자기중심, 고집, 인정받고자 하는 욕구

10) 흰색

• 순결함이나 처녀성, 영성성을 의미한다.
• 영성적으로 상승과 확실함, 변화를 받아들이려는 태도를 시사하고 있다.
• 달빛이나 우유, 그리고 진주의 색이지만 때로는 아무것도 아닌 것, 재, 뼈를 나타내는 색이기도 하다.
• 만다라의 중심부가 비어 있을 경우는 임박한 변화를 받아들일 자세가 되어 있음을 나타낸다고 한다(Kellogg, 1978).
• 은색으로 사용되기도 하며 흰색이 우세하면 심오한 영적 풍요를 나타내며 다른 한편으로는 강한 심리적 압박을 증명한다.
• 만다라에 사용된 진주빛 흰색은 이제까지의 경험을 재정비하는 것을 나타낸다고 한다.

• **긍정적 측면** : 순결, 완전성, 덕, 구원, 고결함, 명료함, 천진, 공평성, 신뢰성, 사업수완, 정직성, 진실함, 여성성, 영적 풍요로움, 지혜
• **부정적 측면** : 완전주의, 추상적 경향, 차가움, 심리적 압박감, 감추어진 감정과 정열, 화

11) 검정

• 어둠과 악, 죽음과 신비의 색깔이다. 또한 흰색과 더불어 균형을 맞추는 기능을 한다.
• '지워 버린다'는 속성으로 의식성의 상실(자아의 상실)을 뜻한다.

- 모든 과정들의 시작단계에서 나타나는 원칙이 없이 혼란스러운 상태를 상징한다.
- 새로운 생명이 시작되는 신비로운 자궁의 색으로 여성의 생산성을 의미한다.

- **긍정적 측면** : 정복 불능, 개혁, 복구, 가치, 회귀
- **부정적 측면** : 권태, 강요, 압박, 희망상실, 고독, 죽음, 상실, 공포, 위협, 희미함, 우울증

12) 회색

- 무채색으로 느낌의 부재를 뜻한다.
- 중성적인 색상이다.

- **긍정적 측면** : 참회, 지혜
- **부정적 측면** : 우울증, 무기력, 무관심, 무감각, 억제, 미결정

13) 갈색

- 빨강(리비도)과 초록(조정)의 혼합이다.
- 오렌지(자율적으로 되기 위한 노력)와 파랑(여성성)의 혼합이기도 하다.
- 풍요로운 들판과 대지를 연상시킨다.
- 갈색이 우세하면 자신감 부족이나 보호나 안정에 대한 욕구로 추측할 수 있다. 다른 한편으로는 대지와 결속, 모성, 비옥함, 다산, 힘든 인생여정의 종말을 상징할 수 있다.

- **긍정적 측면**(따뜻한 갈색톤) : 어머니인 대지와 관련, 보호하고 영양분을 주는 역할과 과제, 고난의 시기를 극복, 검소, 퇴비

• **부정적 측면** : 가난, 대변, 죄인, 억압

간단한 워밍업 만다라 문양 색칠의 순서는 다음과 같다.

① 명상음악이나 조용한 음악을 튼다(혹은 그냥 조용한 것을 원한다면 생략해도 된다).

② 간단히 칠하는 방법을 설명한다(지도자만 해당).

③ 좋아하는 문양이나 원하는 문양을 선택한다.

④ 문양을 프린트한 후 잠시 눈을 감고 몇 차례 심호흡을 하면서 어떻게 칠할 것인지 생각해 본다(생략하거나 다른 방법을 대체하여도 좋다).

⑤ 자유롭게 색칠한다(선과 색에 제한없이 자유롭게 칠하면 된다. 선을 무시하고 칠해도 된다).

⑥ 서로 혹은 스스로 문양에 대해 이야기하거나 생각해 본다(좋다 나쁘다는 평가없이 서로의 느낌에 대해 이야기해 본다).

<효과-노인이나 아이들 위주로>

이것은 이 효과가 반드시 발생한다기보다 이런 정도의 효과를 기대할 수 있겠다.

첫째로 아이들에게 집중력과 자신감, 성취감을 준다는 것이다. 아이들은 일단 만다라를 색칠하거나 그리면서 집중을 하게 되고 그 과정을 통해 자신감과 그것을 다 해냈을 때 성취감을 주게 된다.

두 번째로 마음의 안정이다. 만다라는 원이라는 안정적인 도형을 바탕으로 균형 있는 모양을 가지고 있다. 또한 원의 중심 가운데로 모아지는 모양을 통해 자신의 중심(내면)을 느끼고 표현함으로써 내적 자신감을 가지게 되고 그로서 내적 안정을 찾는 것을 도와 준다.

세 번째로 창의력 향상이다. 다양한 문양의 자극과 내적인 교감을 통해 자연스럽게 자신만의 창의력 향상을 도와 준다.

그림에 빈번히 나타나는 형태와 연결된 개수(꽃잎이나 기하형태 등의 수)도 심리적 의미를 지닌다.

영. 0	비어 있는 원, 무(無), 영원, 완전 형태, 모든 것의 결핍, 허무
하나. 1	형태상으로 사람이 바로 서 있는 모습, 시작과 근원, 유일성, 일치와 통일, 신과 개별성, 내부의 모든 힘을 품은 중심, 개인, 초개인적, 자기중심, 어린아이의 체험
둘. 2	쌍둥이, 반대, 파트너, 짝을 지움, 친밀감, 창조, 생식, 대립, 구별, 갈등, 초기의 일체성을 극복, 이원론, 개인의 이중성
셋. 3	운동, 활력, 추진력, 비약, 과정, 남자와 여자 어린이, 새로움, 독립욕구, 역동적 진행, 새로운 것을 이룩함으로써 대립긴장이 풀림, 완성, 무의식으로 변형하는 운동
넷. 4	완벽함, 완결, 고요, 대립의 통일, 합리성, 의식화, 자기 자리를 찾으려는 자기인식에의 노력, 전체성, 동일성과 자기와의 긴밀한 연결, 에너지, 조화와 질서, 균형을 위한 노력
다섯. 5	일체성, 중앙, 사랑, 음양의 조화로운 결합, 악에 대한 방어, 건강, 성(性), 현실 관여, 개인적 꿈과 목적을 실현시키려는 노력, 오각의 별표, 현실적 인간
여섯. 6	여성과 남성, 일체성과 관철, 대립의 통일, 완전성, 창의적 과정의 완성, 만족, 고요
일곱. 7	하늘과 땅, 인격 수양의 길, 삶의 마지막, 성스러운 전통과 일치, 내적 활동, 신비, 자기 발견
여덟. 8	우주 질서와 균형, 행운, 조화, 영원성, 정신적 완전성의 길, 영원한 변화와 재생, 전체성
아홉. 9	창조적 정신, 하늘, 인간존재의 수수께끼, 긍정적 정신에너지, 합(合), 진실, 통일체 추구
열. 10	폐곡선, 일체와 전체성, 신의 원리, 덕과 윤리, 부부, 현실적 삶의 인식, 수학
열하나. 11	해결할 수 없는 갈등, 카오스, 경과 경계지점, 균형의 어려움, 죽음과 재생, 갈등
열둘. 12	일체와 전체성, 행운, 시공의 완성, 완전성, 구제, 종결, 우주 질서, 시간의 경과, 순환의 완성
열셋. 13	사기와 기만, 불행한 종말, 종말을 맞이하여야 하는 내적 과정, 양가감정, 이중 가치, 새 시작

개수는 만다라 구조와 기하 형태와 리듬감 있고 정돈된 분할을 위해 중요한 요인이 된다.

9. 만다라의 형태 상징

문양을 즉흥적으로 선택했을 시, 정신적 · 영적 상태를 표현한 것이라고 할 수 있다.

1) 기본 형태 상징

- 원 : 운동, 완전성, 신의 상징, 초월, 완벽, 무한, 자기체험, 영원
- 중앙에 중심점이 있는 원 : 원이 무(無), 공(空)이 존재하지 않는 것인 반면 중심점은 신적인 본질이나 자기를 상징
- 수평선 : 지상세계와 지하세계의 분리, 인류 근원적 모성에너지
- 수직선 : 속세와 신성의 결합, 모든 것의 관통 에너지
- 십자형 : 대립의 결합, 땅과 하늘, 영적 영역과 세속의 현실, 밝고 어두움, 무의식과 의식, 삶과 죽음, 고통, 새로운 자기중심을 형성
- 갈고리 모양의 십자형/만(卍)형 : 우주와 에너지의 운동, 전체성
- 오른쪽 방향 : 불행
- 왼쪽 방향 : 행복
- 나선형 : 변화와 역동, 생명력, 치유에너지, 의식을 구성하고 고려하는 능력, 신적 창의력
- 역삼각형 : 물, 무의식, 여성, 잠재력
- 피라미드형 : 불, 리비도, 생명력, 변화, 남성, 창의성

- 정삼각형 : 상실로 인한 삶과 죽음과 재생의 주제, 무의식 내용이 위를 향함
- 사각형 : 안정성, 조화와 균형(숫자 4), 판단력, 다른 요소들 사이의 균형, 합리적 사고
- 원안의 정사각형 : 땅과 하늘의 결합, 무게 중심에서의 대립, 자신의 충만한 에너지
- 육각형 별 : 대립의 통일, 완결과 조화, 만족

2) 그 외에 자연물과 동물 상징

- 공기 : 하늘의 신(제우스), 남성적 원리, 호흡, 양(陽), 활동성
- 구름 : 비옥함, 본질의 은폐 (안개구름-인간세계)와 사자(死者) 세계 사이의 신비한 영역
- 거미줄 : 여성성, 태아와 아동기의 상태와 기억, 끝없는 자기의 변화
- 달걀(알) : 생명에너지, 다산, 새로운 삶, 부활
- 칼 : 남성의 힘을 상징, 지도력, 위험, 정의 용기, 전쟁
- 꽃 : 봄, 아름다움, 영혼, 자궁, 생의 부활, 죽은 이에 대한 선물, 영혼의 묘사
- 나무 : 개혁적 삶, 의식화와 개인적 영역, 성장, 모성, 성장욕구, 발전, 무의식
- 날개 : 자유, 승리, 바람, 초자연적 존재, 태양신, 요정, 악마
- 달 : 여성의 생리주기, 여성의 인생, 어머니, 내적 지혜
- 태양 : 신(神), 신성, 빛, 남성, 우주적 지능, 부활 상징, 통치자 숭배, 예수, 선(善)
- 개 : 친구, 보초, 죽은자의 안내자
- 고양이 : 이중동물의 상징, 흉조(뱀과 비슷한 상징), 신성한 동물, 고집
- 말 : 고구한 동물, 요술과 관련된 연결, 청춘, 성욕, 빛의 상징
- 용 : 유력한 정신적 존재, 행운의 존재, 풍요, 음과 양의 원리, 카오스, 사탄의 상징

- 무지개 : 신과 인간의 연결(숫자 7), 남성과 여성적 원리의 성스러운 결합, 가치로운 것, 어린이의 내적 상처를 치유
- 물 : 변화, 새로운 단계로 넘어감, 생명의 문과 죽음의 문
- 미로 : 자신의 중심을 탐구, 목표를 위한 길, 미완성의 만다라와 비교
- 번개 : 깨달음, 직관적 인식, 환희, 지혜의 획득, 잠재된 내적 힘의 활성화
- 별 : 자기의식화, 추진력, 개별성, 영감, 감동
- 매듭 : 결합, 고정과 옭아맴, 해체, 힘의 발산
- 화살 : 목적 추구, 전쟁의 신(마르스)과 연결

10. 만다라를 통한 미술치료활동

Jung(1875-1961)은 20세기 초기 서구문화에서 최초로 만다라가 지니는 우주적 영적 의미를 발견하였다. Jung에 의하면 만다라는 모든 인간에게 각인된 원형으로 통일체의 상징이며, 정신적 성장을 위한 과정에서 꿈이나 그림의 형태로 즉흥적 · 무의식적으로 나타난다고 보았다.

이러한 만다라는 자신에게 침착하고 고요함을 주며, 자신과의 일체감을 경험시키며, 더불어 자아 존중감을 키워 주는 등 여러 가지 심리치료적 측면에 장점을 지니고 있다.

1) 만다라의 정의

인도 문헌에 의하면 '만다라'는 서책의 장, 국토의 구획 등을 의미하는데 쓰였다. '만다'는 중심 또는 본질을 의미하는 접두어이며, '라'는 소유 혹은 성취를 의미하는

접미사다.

즉 만다라는 중심과 본질을 얻는 것, 마음 속에 참됨을 갖추고 있거나 본질을 원만히 하는 것이라 볼 수 있다. 이러한 참됨을 알고 본질을 원만히 함은 자신이 자신을 볼 수 있다는 것으로 이러한 성격을 심리치료에 활용한다.

2) 만다라의 의미

① 만다라는 개인의 삶의 영역, 즉 소우주 영역을 나타낸다.

② 만다라는 우주적 영역을 나타낸다. 즉 자연의 신비를 상징적으로 표현하는 것이며, 인간은 우주의 질서와 조화의 신비 속에서 자신의 진정한 모습을 찾고자 하는데 만다라를 통해 이러한 모습과 본질을 깨닫고, 생명과 우주관계를 터득할 수 있게 된다.

③ 만다라는 신적 영역을 나타내며 내적인 관조와 명상을 투영하고 내면의 경험을 체험하도록 지도한다.

3) 만다라를 통한 미술치료활동의 실제

(1) 작업준비

① 편편한 책상과 고른 밑판이 준비되어야 한다.

② 한 책상에는 적어도 20가지 이상의 색이 있는 색연필이나 다른 색칠 도구를 두 세트 이상 비치해야 한다(집단시).

③ 집단활동시 한 책상에 네 명 정도가 함께 앉아, 재료들을 중앙에 두고 말없이 각자 자신의 만다라에 집중해야 한다.

④ 만다라를 그리는 개인의 선호와 기분에 따라 만다라의 형태나 기술이 달라지므로 무엇보다 여러 가지를 실험하는 시도가 필요하다.

(2) 만다라 제작

1 명상적인 분위기를 마련한다.

심신의 이완을 할 수 있는 장소와 분위기를 마련해야 한다. 고요한 분위기는 만다라를 그리기 위한 중요한 전제조건이기 때문이다. 따라서 그리는 공간은 정리되어 있어야 한다. 또한 명상을 위해 명상음악, 초나 향 등이 비치되어 있어야 한다.

2 모든 외적 준비가 끝나면 고요하고 명상적인 이완하는 연습을 시작한다.

예) *명상적 환경이 마련되었으면, 정신을 고요하게 하고 집중을 하기 위한 연습을 시작한다.

- 매트나 담요 위에 눕거나 두 발이 바닥에 닿고 등을 똑바로 기댈 수 있는 의자에 앉는다.
- 눈을 감고 자신의 내적 소리에 귀를 기울이도록 시도한다.
- 자신이 선택한 자세에서 두 손을 아랫배에 놓고 복식호흡을 하도록 한다. 복식호흡은 이완연습을 위한 준비과정에 중요한 요인이다. 호흡을 할 때 배가 규칙적으로 움직이고 있는지를 숙지한다.
- 호흡이 규칙적으로 되면 누운 자세를 한 사람은 두 팔과 두 손을 몸의 양 옆에 놓는다. 의자에 앉았으면 두 손을 펴서 무릎에 놓고 엄지손가락이 앞으로 향하도록 나란히 놓고 지도자의 말에 따른다.

3 만다라를 그린다.

- 만다라 그리기에는 문양이 있는 만다라를 선택해서 색칠하는 것과 스스로 만다라를 창작하는 것 두 가지의 방법이 있습니다. 만다라 그리기의 초보자의 경우나 나이가 어릴 경우는 만다라를 선택해서 색칠하는 방법부터 먼저 실시하는 것이 좋다. 또한 간단한 무늬부터 제시한다.
- 만다라 문양을 고를시 자신의 기분에 따라 문양을 선택할 때 효과적이다. 밑

의 두 가지 기분에 따라 문양을 선택할 수도 있으나, 가장 중요한 것은 만다라를 그릴 때 그 순간의 기분을 나타낼 수 있는 것을 선택하는 것이 좋다.
☞피곤하고 긴장된 날 : 윤곽이 분명하고 무늬가 작은 문양을 택한다.
☞기분이 저조하고 슬플 때 : 장미무늬나 원의 형태가 많은 문양을 선택

- 어느 정도 만다라의 문양과 친숙해지면, 자신이 스스로 만다라를 제작하여 그리기 시작한다.

만다라 그림을 그린 후 그림에 대해 옳다거나 틀렸다는 평가를 할 수 없으며 평가를 해서는 안 된다.

내담자는 자신이 그린 만다라에 자랑스러워하는 경우가 많다. 이러한 경우처럼 내담자가 자신의 만다라에 긍정적 반응을 보일 경우 타인에게 선물을 하기, 액자에 걸어 전시를 하는 등의 활동을 통해 만다라 그리기 활동에 흥미를 붙일 수 있다.

<만다라의 기본구조>

- 원 : 운동, 완전성, 신의 상징, 초월, 완벽성, 무한, 자기체험, 영원성
- 중앙에 중심점이 있는 원 : 원이 무, 공, 존재하지 않는 것을 나타내는 반면 중심점은 신적인 본질이나 자기를 상징한다.
- 수평선 : 지상세계와 지하세계의 분리, 인류의 근원적 모성에너지
- 수직선 : 속세와 신성의 결합, 모든 것을 관통하는 에너지
- 십자형 : 대립의 결합, 땅과 하늘의 연결, 영적인 영역과 세속의 현실, 밝음과 어두움, 무의식과 의식화, 생과 사, 고통, 자신의 어두운 면과 숨겨진 면을 인식, 본능을 극복, 삶의 어려움, 새로운 자기중심을 형성
- 갈고리 모양의 십자형/만자형 : 우주와 에너지의 운동, 전체성, 완벽성
  - 오른쪽 방향의 십자형 : 불행
  - 왼쪽 방향의 십자형 : 행복
- 나선형 : 변화와 역동, 생명력, 치유의 에너지, 전체성 추구, 의식을 구성하고 고려하는 능력, 개별화의 과정, 새로운 방향전환과 관련된 변화, 심층심리적

면에서 신적 창의성, 에너지 성장

- 역삼각형(꼭지점이 아래로 향한 삼각형) : 물, 무의식, 여성, 잠재력, 음
- 피라미드형 삼각형(꼭지점이 위로 향한 삼각형) : 불, 리비도, 생명력, 변화, 남성, 창의성, 양
  - 정삼각형으로서의 변화 : 상실로 인한 삶과 죽음과 재생의 주제를 다룸, 새로움, 창의성의 분출, 자아의식, 무의식의 내용이 위로 향함
- 중심을 향하는 삼각형 : 자신에 대한 내면적 공격
- 사각형 : 안정성, 조화와 균형(숫자4에 상응), 판단력, 인간적 완벽성, 서로 다른 요소들 사이의 균형, 정신에서 물질로의 변화, 합리적 사고, 목적 지향적 행동, 실행
- 원 안의 정사각형 : 땅(사각형)과 하늘(원)의 결합, 무게 중심에서의 대립, 자신의 에너지를 가진 충만함, 정화
- 육각형 별 : 대립의 통일, 중요한 작업을 완결함, 조화 만족

공기

하늘의 신(제우스), 남성적 원리, 정신, 호흡, 바람, 운동성, 양, 활동성

구름

비옥함, 비를 부름, 중요한 본질적인 것의 은폐

안개구름 : 인간세계와 사자의 세계 사이에 있는 신비한 영역

거미줄

여성성, 태아기와 아동기의 상태와 기억, 새로운 시작, 자신에게 형상을 부여함, 짜기, 끝없는 자기의 변화

계란

생명에너지, 다산, 새로운 삶, 부활

꽃

봄, 아름다움, 덧없음, 영혼, 자궁, 영원한 생의 부활, 사랑, 죽은 사람에 대한

작별선물, 영혼의 원형적 모사, 개인적 발전의 가속화

나무

자기 개혁적 삶, 전의식과 결합, 의식화와 초개인적 영역, 성장, 모성(방어, 그늘, 양분, 뿌리내리기), 개성, 뿌리박기, 다양한 현실영역 사이의 연결, 무의식, 땅과 하늘의 연결, 자기의 원형(융의 해석), 성장욕구, 삶, 발전, 성숙, 제단, 죽음과 부활

부활

끊임없는 영적 자기개혁, 변화, 죽음과 부활, 영적인 힘

날개

자유, 승리, 운동, 바람, 생각, 초자연적 존재(신, 천사 등), 태양신, 태양륜, 요정, 선녀, 정령, 악마(악마도 날개를 가질 수 있다)

남근

남성의 생식상징, 능력, 창의적 힘, 집요한 원리

눈

형안, 전지전능한 신의 눈빛, 자아

* 많은 눈들 : 무의식이 보는 것을 경고
* 한 개의 눈 : 자아상징

달

달의 순환주기와 여성의 생리주기, 여성의 인생 삼 주기(소녀, 어머니, 지혜로운 노년), 직관, 내적 지혜

닻

바다의 신을 상징, 정지, 안전, 신뢰, 희망

동물

본능적 관점, 충동적, 동물적, 비합리적이며 무의식의 관점, 개인의 무의식을 위협적이거나 도움이 되는 동물을 통하여 인식하게 함, 동물과의 동일시를 통한 무의식의 통합, 무의식 상태를 상징

* 개 : 인간의 충성스런 친구, 보초, 죽은 자의 안내자(이집트 신 아누비스의 저승을 위한 안내)
* 고양이 : 이중적 동물상징, 흉조, 뱀과 비슷한 상징, 신성한 동물(이집트), 밤의 동물, 고집, 자신만의 길을 가는 것
* 소 : 대지의 여신, 모성, 양분을 주는, 소뿔은 달과의 관계와 여성성을 상징
* 사자 : 지도자, 동물의 왕, 태양상징, 강력한 에너지, 빛의 상징, 용기, 야생성, 지혜, 힘, 정의, 악마를 방어, 일출과 일몰, 동쪽과 서쪽, 어제와 내일, 비옥함과 사랑의 신, 예수나 부처의 상징(종교에 따라), 무섭고 벌을 주는 권력
* 말 : 고귀한 동물, 요술과 관련된 동화와 연결, 자신의 주인과 함께 일함, 통제하지 못하는 본능, 빛의 상징, 이성으로 억제하는 힘, 청춘, 힘, 성욕, 남성성
* 늑대 : 의리, 용감함, 길을 찾는 자
* 코끼리 : 권력, 평화, 행운, 순결, 겸손, 지혜, 영원성, 강인함, 리비도, 잠재된 힘, 비공격적임, 지혜의 신
* 양 : 온순, 순결, 순수, 예수의 상징
* 뱀 : 뱀은 문화에 따라 다양하고도 중요한 의미를 지닌다. 남성의 성적 상징, 여성적 생산, 치유, 개혁, 회복, 복구, 우로보로스 뱀은 영원한 우주적 순환으로서 자신의 꼬리를 물고 있다. 척추의 위로 감고 있는 쿤다리니 뱀은 생명에너지 상징, 죽음, 죄악, 지하세계
* 호랑이 : 힘과 야생성(긍정적 · 부정적 상징), 왕의 덕, 정신적 노력, 내면의 빛, 고생이 지나고 빛이 밝아지거나 많아짐, 절제할 수 없는 본능, 위험한 폭력
* 용 : 유력한 정신적 존재, 행운을 가져다 주는 존재, 악마를 막아 주는 존재, 풍요, 남성적 힘, 음과 양의 원리, 황제의 상징, 괴물, 태고의 카오스, 사탄의 상징 높은 목적을 이루기 전의 어려움, 자아와 무의식의 퇴행적 힘과 싸움
* 토끼 : 달, 풍요, 어머니의 대지, 개혁적 삶, 성적 상징, 불안, 겁이 많은 주의깊은, 방심하지 않는
* 사슴 : 생명의 나무와 비교, 풍요, (정신적)성장, 노력, 빛을 발사, 불, 지혜,

고행, 하늘과 땅의 중개, 불모, 건조함, 신성한 동물, 생명의 물, 우울함, 외로움, 남성의 성적 정열

* 돼지 : 생산성, 풍요, 행운, 불결한 동물(유대인, 모슬렘), 천박함, 잔인함, 무식함, 무절제, 전투적 기백
* 달팽이 : 달의 상징, 지속적인 개혁과 갱신, 능력, 여성의 성기, 임신, 출생, 부활, 부적의 상징
* 쥐 : 복된 징후, 부를 가져옴, 태어나지 않은 어린이의 영혼, 죽은 자의 영혼, 변신한 마귀
* 닭 : 태양과 불의 상징, 어둠을 밝힘, 주의력, 다산, 번식력, 대담성, 용기, 전투, 영적 지도자, 부활, 빛의 승리, 자존심, 남성의 뻐기는 행동
* 원숭이 : 지혜, 지혜로운 삶, 행복한 삶, 성스러운 존재, 타락한 인간, 욕심, 허영, 호색, 뻔뻔스러움
* 게 : 물과 바다의 상징과 동일하게 쓰임, 태아, 자궁, 무의식, 부활(기독교), 예수, 달의 상징, 악의 상징(아프리카)

대지

대지의 여신, 여성적 원리, 음, 영혼, 안정성, 수동성

무지개

신과 인간의 연결(숫자7), 남성과 여성적 원리의 성스러운 결합, 태양으로의 복귀를 알림, 생산력, 가치로운 것, 원형적 부모, 탄생, 전체성, 개별화 목표, 인성의 새로운 탄생, 어린이의 내적 상처를 치유

무한대(쌍곡선, ∞)

무한한 시간과 공간, 합리성에서 초월성으로 통과, 두 개의 대립적 원리가 조화롭게 통일, 이완되고 중점적이며 집중력을 장려하는 효과

문

변화, 새로운 단계로 건너감, 생명의 문과 죽음의 문

물

생명의 물, 원천, 샘, 세례, 여성의 다산, 무의식, 감정, 정서, 여성성, 음, 수동성

물방울

다산, 비옥, 남성성, 내적 정화, 순결, 격정과 분노를 씻어냄, 깊은 감정

* 핏방울 : 상처, 깊은 상처에 대해 울고 있는가?

물고기

물의 상징과 일치한다. 여성과 남성의 성기, 초기 기독교의 예수 상징

매듭

풀기와 묶음, 결합, 고정과 옭아맴, 해체, 힘의 발산, 요술끈은 행운을 가져다 준다.

미로

자신의 중심을 탐구, 자발성, 목표를 위한 어려운 길, 미로는 미완성의 만다라형과 비교할 수 있다.

바퀴

역동성, 비약, 활력

번개

깨달음, 지혜와 영적 에너지 획득, 치유, 활동적이고 영적인 힘, 섬광과 같은 직관적 인식, 열과 환희, 지혜의 획득, 새로운 성장 단계, 심리적 에너지, 잠재된 내적 힘의 활성화

별

자기의식화, 추진력, 개별성, 영감, 창의성, 감동

* 오각형 별 : 두 발로선 인간(독립성), 두 발과 두 팔을 펼친 인간의 모습, 다섯 가지 원소(불, 물, 공기, 흙, 에테르), 다섯 감각, 건강한 자아정체감, 능력, 긍정적 자신감과 자아동일감, 추진력, 사명의식

* 무수한 별들 : 잠재력, 창의성, 결재의 목적

* 한 개의 별 : 개인적 유일성

불

생명력, 태양, 피라미드, 남성적 원리, 양, 활동성, 불은 따뜻하게 하고 부수고 자유를 주고 왜곡하고 순화하고 변화시키는 상징을 지닌다.

사슬(체인, 장신구)

연결, 묶임, 상황과 사람에 따라서 연대감이 될 수도 있고 속박된 느낌이 들 수도 있다.

새

하늘과 땅의 중개자, 불멸, 정신과 영혼의 중간 존재, 인간의 영혼, 신의 메시지, 변화, 영성, 정신, 판타지, 직관, 지혜, 적극적인 지적 역량, 절대 정신, 순수한 깨달음, 생명의 활력, 구제된 영혼, 꿈꾸는 사람

* 독수리 : 섬광을 가져오는 존재, 전쟁과 죽음
* 부엉이 : 어두움, 죽음, 지혜, 자주 독수리의 상징과 반대가 된다. 사자의 새를 상징(이집트, 인도), 공포와 죽음을 가져오는 새, 무지의 암흑을 지나 지혜에 이르는 상징, 학문의 상징, 불순함, 정신적 암흑, 종교적 인식, 어둠을 밝히는 빛
* 비둘기 : 신성한 정신, 순결과 평화
* 백조 : 빛, 순결, 우아함, 여성성, 진실과 죽음을 말하는 능력, 용기, 고상함

새의 무리

부정이나 부정적 행동, 사악한 욕심, 위험, 활기찬 힘, 더 높은 차원의 자아의식 도달

심장

사랑 행복, 태양, 용감성, 감정, 의지, 인식, 걱정, 기쁨

여성생식기(Y)

여성의 성적 능력, 성생활, 성욕, 음문은 물고기, 타원형, 눈, 살구, 입, 입술이나

편도로 표현되기도 한다.

왕관

고귀함, 왕, 태양(금관), 더 높은 영적 성숙(화관), 고통(가시관)

음양상징

원(원초적 하나) 안에 내포된 이원성

촛불

빛, 개인의 영혼, 정신과 물질의 관계, 신앙과 빛의 상징(가톨릭)

칼, 검

남성의 생명력 상징, 지도력, 정의, 용기, 남근의 상징(칼집은 여성적 보완), 위험, 수호천사의 무기, 전재의 신

탈

우리의 진짜 얼굴은 무엇인가라는 질문을 던질 수 있다. 초자연적 힘이나 신성

태양

신, 신성, 빛, 온기, 불, 생명원리, 남성, 최고의 우주적 지능, 부활의 상징, 저의, 통치자 숭배, 양의 원리, 선, 예수, 영양을 주는 원리, 모성적 원리, 건조함, 가뭄

* 검은 태양 : 죽음, 불치의 병, 최고의 원료(연금술), 형이상학적 불안과 우울

화살

목적 추구, 남성 상징, 전쟁의 신(마르스)과 연결

후광, 무리, 아우라

신의 빛

해바라기

태양, 통치, 신의 사랑, 생각과 감정이 신을 향한 영혼, 기도

참고 문헌

Alschuler, R. H. & Hattwick, L. W. (1947). *Painting and personality.* A study of young children Ⅱ. Chicago : University of Chicago Press.

American Psychological Association(1994). *Diagnostic and Statistical Manual of Mental Disorders*(4th Ed.). W. D.C. : APA.

Andrews, J., & Janzen, H. (1988). A global approach for the interpretation of the kinetic school drawing(KSD) : A quick scoring sheet, reference guide, and rating scale. *Psychology in the Schools, 25*(3), 217-238.

Atkinson, A. J. (1977). *John's family in Kinetic Family Drawings.* Bountiful. Utah L. Carr Publication.

Auerbach, J. G. (1950). Psychological observation on "doodling" in neurotics. *Journal Nervous Mental Disease, 3,* 304-332.

Baruch, D. W., & Miller, H. (1951). The Use of Spontaneous Drawings in Group Therapy. *American Journal of Psychotherapy. 5,* 45-58.

Bates, M. M., & Johnson, C. D. (1972). *Group leadership* : A Manual for Group Counseling leaders, Denver, Colorado : Love Publishing Company.

Beck, A. T. (1987). Cognitive models of depression. *Journal of Cognitive Psychotherapy, 1,* 5-37.

Betensky, M. (1973). *Self-discovery through self-expression.* Springfield, IL : Charles C. Thomas.

Bing, E. (1970). The conjoint family drawing, *Family. Process, 9*(2), 173, June.

Bowen, M. (1992). *Family Therapy in Clinical Practice.* London : Jason Aronson.Betensky, M. (1973). Patterns of visual expression in art psychotherapy. *Art Psychotherapy, 1*(2), Fall.

Buck, J. N. (1970). *The house-tree-person technique(revised manual).* Cali Western Psychological Services.

Burns, R. C. & Kaufman, S. G. (1970). *Kinetic Family Drawings.* New York : Brunner/Mazel.

Burns, R. C. (1982). *Self-growth in families: Kinetic Family Drawings(K-F-D) : An interpretive manual,* New York : Brunner/Mazel.

Burns, R. C. (1990). *Guide to Family Centered Circle Drawings : F-C-C-D with Symbol Probes and Visual Free Associatin.* New York : Brunner/Mazel.

Cane, F. (1950). *The Artist in Each of Us.* New York : Pantheon.

Chiang, H. M. & Maslow, A. H. (1969). *The healthy personality* : Reading. New York: VanNostrand.

Claman, L. (1980). The Squiggle Drawing Game in Child Psychotherapy, *American Journal Psychotherapy, 34*(33), 414-425.

Cohn, F. W. (1981). Art Therapy. Psychotic Expression and Symbolism. *The Arts in Psychotherapy, 8*(1).

Ehring, Wartegg(1939). Wartegg Zeichentest, WZT. Gestalturg und charakter in : Beiheft 84, 1939, Göttingen, 1953.)

Eng. H.(1954). *The Psychology of Children's Drawings*(2nd ed.). London : Routledge and Kegan Paul.

Eninor, Ulman (1975). *Art Therapy in Theory and Practice.* New York : Schocken Books.

Erickson, G. D., & Hogan, T. P. (1981). *Family Therapy* : An Introduction to Theory and Technique(2nd ed.). Monterey, CA : Books/Cole.

Fischer, R. (1969). *Art interpretation and art therapy.* In I. Jakab(Ed.), Psychiatry and Art. Basel : Karger, p. 33.

Fransis, D., Kaiser D., & Deaver, S.(2003). Using the Bird's Net Drawing(BND : Kaiser, 1996) : Art Therapy in America).

Freud, A. (1964). *The Psychoanalytical Treatment of Children.* New York : Schocken.

Gardner, H. (1982). *Art, Mind and Brain* : A Cognitive Approach to Creativity. New York : Basic Books.

GoldStein, J., Freud, A., & Solnit, A. (1975). *Beyond the Best Interests of the Child.* New York : The Free Press.

Haley, J. (1972). Family Therapy. In C. Sager & H. Kaplan 1972(Eds.). *Progress in Group and Family Therapy.* New York : Brunner/Mazel.

Hammer, E. F. (1971). *The clinical application of projective drawings.* Springfield, IL : C. C. Thomas.

Hammer. E. F. (1969). Hierarchical organization of personality and the H-T-P achromatic and chromatic In Buck. J. N. & Hammer E. F. (Eds.). Advance in House-Tree-Person techniques: Variations and applications. Los Angeles : Western Psychological Services, 1-35.

Harriet, Wadeson. (1980). *Art Psychotherapy.* New York : Wiley Interscience Publication.

Harris, D. B. (1963). *Children's drawings as measures of intellectual maturity.* A Revision and Extension of the Goodenough Draw- a Man Test New York : Harcourt, Brace, & World, Inc.

Heaterton, T. F., Herman, C. P., Polivy, J., king, G. A., & McGree, S. T. (1988). The measurement of restraint. An analysis of conceptual and psychometric issues. *Journal of Abnormal Psychology, 97*, 19-28.

Haeseler, N. (1982). Why are patients with Anorexia Nervosa responsive to Art Therapy? In A. DiMara, E. Kramer, & L. Regener. Art Therapy : *A Bride Between Two Worlds,* Falls Church, V.A. : American Art Therapy Association.

Heidi. S. Lack. (1996). *The Person- In-The Rain Projective Drawing as A Measure of children's coping capacity* : A concurrent Validity study using Rorschach, Psychiat. and Life History Variables. unpublised doctoral dissertation. The California School of Psychology at Almanda.

Howard, M. Knoff., & H. Thompson Prout(2000). *Kinetic Drawing System for Family and School : A Handbook.* Florida : Western Psychological Service.

Hulse, W. C. (1951). A catalogue for the qualitative interpretations of the house-tree -person(H-T-P). Los Angeles : Western Psychological Services.

Jolles, I. (1952). A Catalogue for the qualitative interpretation of the House Tree Person(H-T-P), L.A. : Western Psychological Services.

Judith, A. Rubin (1987) Approaches To Art Therapy, New York : Brunner Mazel Publishers.

Jung, C. G. (1979). World and image. Ballingen series Ⅶ. NJ : Princeton University Press.

Kramer, E. C.(1993). *Art as therapy with children.* Chicago, Illinois, Magnolia Street Publishers.

Kato, T., Ikura, H., & Kuboda, Y. (1978). The action of K-F-D and the child's attitude towards family members. Japanese Bulletin of Art Therapy, 9, 25-31.

Kellog, R. (1969). Analyzing children's art California : California National Press Books.

Knoff, H. M. & Prout. H. T. (1985). Kinetic drawing system for family and school : A handbook. Los angeles: Western Psychological Services.

Koppitz, E. M. (1968). Psychological evaluation of children's human figure drawing. New York : Grune and Stratton.

Kramer, E. M. & Ulman, E. (1982). Art Therapy. in C. R. Reynolds & T. B. Guthin (Eds.). The handbook of School Psychology. New York : John Wiley & Sons. 656-666.

Kubler-Ross, E. (1975). *Death : The Final Stage of Growth.* Englewood Cliffs, N.J. : Prentice-Hall.

Kwiatkowska, H. (1978). Family Art Therapy, Springfield, IL : C. C. Thomas.

Lahey, B. B. Loeber, R., Quay, H. C., Frick, P. J., Grimm J.(1992). *Oppositional Defiant Disorders : Issues to be resolved for DSM-IV.* J Am Aced Child Adolesce Psychiatry, 31: 539.

Landgarten, H. B. (1983). Art psychotherapy for depressed elders. Clinical Gerontologist, 2(1/2). Haworth Press, New York : Winter.

Landergarten, H. B. (1987). *Family Art Psychotherapy. A Clinical Guide and Casebook,* N.Y. : Brunner/Mazel.

Lowenfeld, V., & Britain, W. L. (1975). Creative and Mental Growth (6th ed.). New York : Macmillan.

Machover, K. (1949). Personality projection in the drawing of the human figure. Springfield. IL : C. C. Thomas.

Malchiodi, C. A. (1998). Medical Art Therapy with Children. London & Philadelphia : The Jessica Kingsley Publishers.

Maslow, A. H. (1962). Toward a psychology of being . New York : Van Nostrand.

Meyers, D. (1978). Toward an objective evaluation procedure for the kinetic family drawings(K-F-D). *Journal of Personality Assessment. 42,* 358-365.

Minuchin, S., Montalvo, B., Guerney, B., Rosman, B., & Shumer, F. (1967). Families of the Slums : An Exploration of their Structure and Treatment. New York : Basic Books.

Naumburg, M. (1966). Dynamically Oriented Art Therapy : It's Principles and Practices. New York : Grune & Stratton.

O'Hare, D. (1981, Ed.). Psychology and the Arts. New Jersey : Humanities Press.

Ogden, D. (1981). *Psycho-diagnostics and Personality Assessment : A Handbook* (2nd, ed.), L.A. : Western Psychological Services.

Osorio, Brana, J. (1996). The Kinetic Family Drawing as a measure of Minuchin's structural family concepts among hispanic American Families with substance-abusing and nonsubstance-abusing adolescents. Doctoral dissertation. Texas Woman's University.

Papp, P. (1977, Ed.). Family Therapy : Full-Length Case Studies. New York : Gardner Press.

Paul, N. L., & Grosser, G. (1965). Operational mourning and its role in conjoint family therapy. *Community Mental Health Journal*, 1(4), 339-345.

Perls, F. (1973). *The Gestalt Approach and Eye Witness to Therapy.* New York : Bantam Books. 우재현, 정덕규 역, 게슈탈트 치료(이론과 실제). 대구 : 한국교류분석협회-정암서원, 1994).

Peterson, C. S. (1977). Roots as shown in kinetic family drawings. The commentary, bountiful. UT : Carr Publishing Co.

Prout, H. T. & Celmer. D. S. (1984) School drawings and academic achievement : A validity study if the kinetic school drawing technique. *Psychology in the schools. 21,* 176-180.

Prout, H. T., & Phillips, P. D. (1974). A clinical note : The kinetic school drawing. *Psychology in the Schools, 11*(3), 303-306.

Rhyne, J. (1962). The Gestalt Art Experience. Palo Alto, CA : Science and Behavior Books.

Rorschach, H. (1967). Psychodiagnostic, PUF(鈴木陸夫 譯 : 新·完譯精神診斷學, 金子書房, 1998).

Rubin, J. A. (1987). *Approaches to Art Therapy.* N.Y. : Brunner/Mazel, Inc.

Rudolf, Arnheim(1986). New Essays an the Psychology of Art. Berkley University of California Press.

Silver, R. A. (2002). Draw-a-Story; Screening for Depression and emotional needs. New York : Albine Press.

Takano, S. & Kurihara. R. (1992). Using the Squiggle-Drawing Game in Assessment of Preschool Children. Tsukuba Psychological Research, 14.

Ulman, E. (1992). Art Therapy : Problem of Definition. American Journal of Art Therapy. Vol. 30.

Wadeson, H. S. (1980). Art Psychotherapy. N.Y. : John Wilry & Sons.

Winnicott, D. W. (1971). Therapeutic Consultations in Child Psychiatry. New York : Basic Books.

皆藤章(1994). **風景構成法-その基礎と實踐**. 東京 : 誠信書房.

皆藤章(2004). **風景構成法の時期とその語る**. 東京 : 誠信書房.

皆藤章, 川寄克哲(2002). **風景構成法の事例と展開-心理臨床の體驗**. 東京 : 誠信書房.

大伴茂(1951). 教育技術入門 : 調査・診断・指導. 東京 : 黎明書房.

大伴茂(1957). 人物画による性格診断法. 東京 : 黎明書房.

福屋武人・松原由枝(1966). 描畵を技法としてどう使うか-ワルテッグ描畵テストを中心に -**臨床描畵研究, XI**. 東京 : 金剛出版, 3-22.

山中康裕(1990). 繪畵療法とイメ-ジ, MSSM法の紹介をかねて(水鳥惠一 編). **現代のエスプリ, 275**. 至文堂.

山中康裕(1990). コラ-ジュ療法の發展的利用. 森谷寬之他 編, **コラ-ジュ療法入門**, 大阪 : 創元社.

山中康裕(1992). なぐリ描き法(氏原寬 外 編). **心理臨床大事典**, 東京 : 培風館.

山中康裕(1993). 私のスクイグル. **臨床描畵研究, Ⅷ**. 51-69., 東京 : 金剛出版.

中井久夫(1982). 相互限界吟味を加味したSquiggle. **藝術療法, 13** : 17-21.

中井久夫(1985). **精神醫學の經驗, 治療**. 岩崎 : 岩崎學術出版社.

石川 元(1990). **家族繪畵療法**. 東京 : 海鳴社.

加藤孝正(1986). 動的家族畵(KFD). **臨床描畵研究**. I, 89-104.

加藤孝正, 江口昇勇(1990). 圓中心家族繪畵入(Parents-Self-Centered Drawing : PSCD). 東京 : 金剛出版.

加藤孝正·神戸誠(2000). **學校畵·家族畵ハンドブック**. 東京 : 金剛出版.

高橋雅春(1994). **描畵 テスト入門-HTPテスト**. 東京 : 文教書院.

高橋雅春(1994). **樹木畵テスト**. 東京 : 文教書院.

杉浦京子(1994). **コラージュ療法**. 東京 : 川島書店.

杉浦京子(1994). **コラ-ジュ療法-基礎的研究と實際**. 東京 : 川島書店.

찾아 보기

내 용

인 명

저자 소개

장선철(張善喆)

〈학력 및 경력〉

대구교육대학, 대구대학교 특수교육학과, 고려대대학원(교육학석사), 건국대 대학원(교육학박사), 초 · 중 · 고 특수학교 교사, 부산경상대학교 유아교육과 교수, 고려대, 상명대, 건국대, 조선대, 부산교대 외래교수

(현) 전주대학교 상담심리학과 교수

〈저서〉

유아생활지도(2009, 태영출판사), 현대인의 정신건강(2007, 동문사) 외 20권

이은진(李恩珍)

〈학력 및 경력〉

일본 筑波대학대학원 임상심리학 석사 연구과정, 대구대학교 재활과학대학원 재활과학과 미술치료전공(석사), 대구대학교 대학원 특수교육학과 정서행동장애아 교육전공(박사), 한일장신대학교 아동미술학과 겸임교수, 우석대학교 유아특수교육과 겸임교수, 원광대학교 대학원 예술치료학과 강의교수 및 초빙교수, 대구대학교 특수교육재활과학연구소 연구교수, 원광대학교 마음인문학연구소 HK연구교수, 전남대학교 특수교육과, 호원대학교 유아교육과, 전주교육대학교 대학원 초등미술과, 순천향대학교 청소년상담학과, 대전대학교 보건스포츠대학원 예술치료학과, 대구한의대학교 한방미술치료학과, 조선대학교 대학원 상담심리학과 강사

(현) 전주대학교 교육대학원 특수교육 전공 객원교수

〈저서〉

미술치료(공저, 2010, 동문사), 예술심리치료의 이해(공저, 2008, 창지사)

양대종(楊大鐘)

〈학력 및 경력〉

독일 훔볼트(Humboldt)대학교 철학과(철학박사), 독일 레겐스부르크(Regensburg)대학교 (석사), 고려대학교 철학과(학사), 서울대, 고려대, 경희대, 건국대, 수원대, 원광대, 군산대 강사

(현) 독일 훔볼트(Humboldt)대학교 사회철학연구소 교수자격논문 집필연구원(Habilitand), 원광대 마음인문학연구소 HK연구교수

〈저역서〉

*Die Problematik des B*egriffs der Gerechtigkeit in der Philosophie von Friedrich Nietzsche, Duncker & Humblot, Erfahrung und Denken. Band 96, 2005.

Was ist der Mensch?, Humanprojekt Interdisziplinäre Anthropologie, de Gruyter, 2008

빌헬름 폰 훔볼트, 인간 교육론 외, 책세상, 고전의 세계, 책세상, 2012, 몸-마음 에콜로지, 공동체, 2012, 종교, 마음을 말하다, 공동체, 2013, 마음의 인문학, 동서양의 마음이해, 공동체, 2013(공저), 문화관광부 우수도서 선정, 마음과 마음, 동서 마음 비교, 공동체, 2013, 치유와 도야, 마음의 실천적 이해, 공동체, 2013, 우리 시대의 인간상, 공동체, 2014

미술치료의 이해

초판발행 2015년 2월 25일
재판발행 2017년 2월 10일

2017. 2.

저 자 장선철 · 이은진 · 양대종
발행인 김현태
발행처 태영출판사

주 소 (08301) 서울 구로구 구로동 104-10 동남오피스텔 201호
전 화 02 · 839-3757, 839-3752
팩 스 02 · 837-3754
등 록 2005년 5월 30일 제12-421호
홈페이지 http://www.taeyeongbook.co.kr
E-mail tys2005@hanmail.net
ISBN 978-89-6302-155-3 93370
정 가 18,000원

* 잘못 만들어진 책은 교환해 드립니다.